Expert IT

3e édition

Angular

Développez vos applications web avec le framework JavaScript de Google

ISBN : 978-2-409-03408-4
Imprimé en France

Editions ENI
ZAC du Moulin Neuf
Rue Benjamin Franklin
44800 St HERBLAIN

Tél. 02.51.80.15.15
Fax 02.51.80.15.16

e-mail : editions@eni.fr
http://www.editions-eni.com

Auteurs : Sébastien OLLIVIER, Daniel DJORDJEVIC, William KLEIN
Collection **Expert IT** dirigée par Émilie VILLETORTE

Table des matières

Chapitre 3
Fondamentaux d'Angular

Chapitre 4
TypeScript

Chapitre 5
Angular CLI

Chapitre 6
Les composants

Chapitre 7
Les services

Chapitre 8
L'injection de dépendances

Chapitre 9
Le requêtage HTTP

Chapitre 10
Les interactions utilisateur

Chapitre 11
Les formulaires

Chapitre 12
Le routage

Chapitre 13
Les directives

Chapitre 14
Tester son application

Chapitre 15
Le cross-platform avec Angular

Chapitre 16
Pour aller plus loin

Avant-propos

1. Pourquoi cet ouvrage ?

Depuis sa création, le Web a énormément évolué. On est passé de sites web statiques, ne proposant que très peu d'interactions et positionnant l'utilisateur en tant que simple lecteur, à des sites hautement interactifs, positionnant maintenant l'utilisateur au centre des actions. Aujourd'hui, et encore plus demain, nous pouvons même offrir des fonctionnalités identiques à celles proposées par les clients lourds : fonctionnement sans connexion, notifications push, accès au périphérique de device (Bluetooth, vidéo, etc.). Les frameworks de développement web ont évolué pour s'adapter et profiter de ces changements. C'est le cas d'Angular.

Fort de son expérience avec AngularJS, sans doute le framework le plus populaire et abouti du début des années 2010, Google a décidé de repartir de zéro pour la nouvelle version de son framework web. Profitant des possibilités apportées par les dernières évolutions, Google propose avec Angular un framework léger, rapide, open source, basé sur le langage TypeScript et donc totalement adapté aux nouvelles spécificités du développement Web Front.

Cet ouvrage a été écrit dans le but de faire découvrir ce formidable framework, ou d'en approfondir la compréhension, pour vous permettre de construire des applications web toujours plus évoluées et performantes.

2. À qui s'adresse cet ouvrage ?

Cet ouvrage est destiné à tous les intervenants, et plus précisément aux développeurs Web Front, désirant comprendre et mettre en œuvre le framework Angular.

Pour les développeurs souhaitant le découvrir, cet ouvrage leur permettra d'acquérir tous les fondamentaux nécessaires à la réalisation d'un projet et d'avoir une vue globale du framework.

Les développeurs ayant une connaissance solide d'Angular y trouveront également des informations plus poussées, afin de comprendre en profondeur le fonctionnement interne du framework.

Afin de garantir une bonne compréhension du sujet, il est nécessaire de connaître les bases du fonctionnement du Web et d'avoir des notions des langages HTML et JavaScript.

3. Structure de l'ouvrage

Cet ouvrage peut être lu de plusieurs manières. Il peut être parcouru dans son intégralité et utilisé comme support de formation afin d'avoir une vue complète du framework. Il peut également être consulté chapitre par chapitre, pour se documenter sur une fonctionnalité précise.

Les premiers chapitres sont consacrés aux sujets incontournables pour commencer avec le développement Angular. L'introduction place le contexte du framework Angular : pourquoi a-t-il été créé ?, sur quelles bases ?, etc. Le chapitre suivant explique comment créer sa première application alors que le chapitre Fondamentaux d'Angular introduit les éléments indispensables à maîtriser pour commencer le développement d'une application. Le chapitre TypeScript décrit le langage de Microsoft, utilisé dans le framework de Google, alors que le chapitre Angular CLI documente l'outil en ligne de commande mis à disposition par l'équipe de Google.

Ensuite, l'ouvrage continue avec des chapitres expliquant plus en détail des briques précises du framework. Il y sera vu ce qu'est un composant, un service ou une directive, ainsi que comment les utiliser. Le fonctionnement de l'injection de dépendances ainsi que du routage dans l'application seront traitées. Enfin, on étudiera comment créer un formulaire et réagir aux interactions de l'utilisateur.

Le livre se poursuit avec deux sujets importants, mais pas forcément toujours mis en place, que sont les tests et le cross-platform. On y apprendra à tester une application Angular, que ce soit au travers de tests unitaires ou d'intégration (end-to-end) et quelles sont les possibilités offertes pour rendre une application cross-platform.

L'ouvrage se termine sur un chapitre consacré à des sujets plus avancés, nécessitant une connaissance un peu plus poussée. On y verra notamment comment effectuer le rendu côté serveur et ce que cela implique en termes de gain, et comment fonctionne le moteur de détection de changements, responsable de la mise à jour des bindings.

Chapitre 1
Introduction

1. État des lieux du développement web

Depuis sa création, dans les années 1990, jusqu'à nos jours, le Web a énormément évolué.

Initialement conçu pour partager des documents statiques sur Internet, on peut aujourd'hui utiliser de vraies applications directement depuis notre navigateur. Utilisation sans connexion, notifications *push*, interactions avec le *device* (accès à l'orientation, accès à la caméra), etc., la majorité des fonctionnalités disponibles historiquement sur les applications clients lourds le sont maintenant en Web.

Pour cela, les moteurs **JavaScript** des navigateurs et les API **HTML** ont dû évoluer. Les navigateurs proposent maintenant des moteurs extrêmement optimisés permettant d'exécuter du code JavaScript de manière rapide même sur des *devices* bas de gamme. Les API HTML sont devenues plus complètes, notamment avec l'arrivée de **HTML 5** qui a apporté énormément (stockage dans le navigateur, animations **CSS 3**, etc.). Ceci permet de proposer beaucoup plus de fonctionnalités.

Les outils ont également changé. JavaScript étant devenu un langage prédominant, alors qu'avant il n'était utilisé qu'avec parcimonie, de nombreux frameworks et IDE ont vu le jour afin de proposer une meilleure expérience de développement. **Node.js**, créé en 2009, permet d'exécuter du code JavaScript en dehors d'un navigateur et est vite devenu un outil indispensable dans le développement *front*. Des frameworks comme **React**, **Angular**, **Vue.js** et bien d'autres ont été créés afin de faciliter la création d'applications web.

2. Angular

Angular est un framework permettant de créer des applications clientes web. Plus qu'un framework, Angular se présente même comme une plateforme de développement permettant de créer des applications web et mobiles.

Aujourd'hui, la version d'Angular est la 12. Ce livre a été initialement écrit pour Angular 4, puis une seconde édition pour Angular 8, quelques semaines après sa sortie. Les propos de ce livre se basent sur la version 12, et quelques changements pourraient survenir encore pour les versions suivantes.

Les efforts faits par l'équipe d'Angular pour les versions allant de la 8 à la 12 sont principalement axés sur Ivy, le nouveau moteur de rendu de l'application, améliorant les performances. L'objectif est de rester à jour avec les technologies web du moment tout en améliorant la qualité de vie du développeur.

Ce framework s'appuie sur plusieurs principes présentés dans les sections suivantes.

2.1 Organisation par composants

L'organisation d'une application Angular se fait par composants. Un composant correspond à un élément réutilisable, indépendant et responsable d'une seule action métier.

De cette manière, une application sera faite de l'assemblage d'un ensemble de composants. Cela permet une meilleure organisation, une meilleure testabilité et donc une meilleure maintenabilité.

2.2 TypeScript

Bien qu'il soit possible de développer son application en pur JavaScript, Angular est écrit en **TypeScript** et il est conseillé de faire son développement d'applications également en TypeScript.

Ce langage, développé par **Microsoft**, *open source* et se transcompilant en JavaScript, apporte du typage et une phase de compilation au développement front. Ces deux éléments assurent une meilleure stabilité du code puisqu'il est vérifié à la compilation.

2.3 Les spécifications ES7

EcmaScript 7, la spécification JavaScript en cours de support par les navigateurs, apporte un ensemble d'éléments : mot-clé `let`, template de chaîne de caractères, paramètres par défaut, gestion des modules, etc.

Angular a basé son architecture sur ces spécifications. C'est notamment le cas pour l'utilisation des modules ES7, à ne pas confondre avec les modules Angular, qui permettent de déclarer des éléments puis de les importer.

2.4 DOM Virtuel

L'une des tâches les plus impactantes en termes de performances dans le développement *front* est la manipulation du **DOM** (DOM signifie *Document Object Model* et représente la structure d'une page HTML sous la forme d'un arbre). Chaque opération visant à interagir, que ce soit en lecture ou en écriture, avec les nœuds HTML est coûteuse et doit être minimisée au maximum.

La librairie React a introduit une nouvelle façon de gérer cette problématique : le **DOM Virtuel**. Angular utilise ce mécanisme.

L'idée du DOM Virtuel est d'avoir une représentation en mémoire du DOM. Chaque modification, au lieu d'être effectuée sur le DOM physique, sera effectuée sur le DOM Virtuel, donc de manière beaucoup plus performante. Le framework Angular s'occupera ensuite de synchroniser les modifications effectuées sur le DOM Virtuel vers le DOM physique.

Les modifications peuvent ainsi être appliquées de manière différentielle, en une seule fois. Le gain de performance est majeur.

2.5 Rendu côté serveur possible

Depuis l'arrivée de Node.js, il est possible d'exécuter du code JavaScript côté serveur, c'est-à-dire en dehors du navigateur. Grâce à NodeJS, combiné à la fonctionnalité de DOM Virtuel, Angular peut être exécuté côté serveur afin de renvoyer une vue déjà pré-calculée.

Dans une architecture sans rendu côté serveur, le navigateur va télécharger tous les *assets* de l'application (fichiers HTML, CSS, JavaScript, images, etc.). Ensuite, il va exécuter le JavaScript et l'application va pouvoir commencer son rendu. Ce séquençage pose deux problèmes. Le premier est qu'entre le moment où le navigateur commence à télécharger les *assets* et le moment où l'application a terminé son rendu, l'utilisateur n'aura rien d'affiché (ou alors uniquement un message statique). Le second problème vient du **SEO** (ou référencement). Les *crawler* (robots d'indexation) des moteurs de recherche vont analyser une page vide puisqu'au moment de l'analyse de la page, l'application n'aura pas eu le temps d'effectuer son rendu (il existe cependant des solutions alternatives).

Dans une architecture avec rendu côté serveur, le navigateur va télécharger de manière classique tous les *assets* de l'application. Il va pouvoir afficher la page pré-calculée côté serveur et exécuter le JavaScript. L'application Angular va pouvoir se rendre dans le DOM Virtuel et un différentiel pourra être fait pour mettre à jour le DOM physique si nécessaire. Le temps d'affichage est très nettement raccourci et les *crawler* peuvent facilement indexer le contenu.

3. AngularJS vs Angular

AngularJS est un framework web créé en 2009.

À l'époque, le développement web était totalement différent de ce qu'on connaît de nos jours. Les API HTML 5 étaient en cours de spécifications (terminées en 2014), Node.js venait à peine de sortir une première *release* et n'était pas aussi populaire et implanté qu'aujourd'hui, etc. Niveau architecture, les sites web étaient très majoritairement rendus uniquement côté serveur. Côté client, pour dynamiser les pages, des librairies comme **jQuery** étaient utilisées.

AngularJS a révolutionné le développement de site web. Ce framework a apporté toutes les briques techniques nécessaires au développement d'applications s'exécutant totalement côté client : *Templating, binding,* navigation sans rafraîchissement du navigateur, etc. Mais ce framework n'est plus optimisé pour le Web d'aujourd'hui et ne tire pas parti des différentes possibilités apportées ces dernières années.

S'est alors posée la question des nouvelles versions d'AngularJS. L'équipe de **Google** a décidé de repartir d'une feuille blanche afin de développer un nouveau framework adapté aux nouvelles spécificités du Web, sans avoir à payer le prix de la maintenance et de la rétrocompatibilité.

Migrer une application AngularJS vers Angular

Initialement, l'équipe de Google n'avait pas prévu de fournir un chemin de migration d'une application AngularJS vers une application Angular.

Face aux réactions négatives de la communauté utilisant AngularJS, cette décision a été revue et une migration est désormais possible, bien qu'elle reste assez fastidieuse.

Pour cela, Google a continué à faire évoluer AngularJS pour utiliser les principes de composants. De cette manière, les dernières versions d'AngularJS proposent une syntaxe très proche de ce qu'on peut avoir sur Angular, ce qui facilite la migration.

Conscient qu'il n'est pas possible de migrer la totalité d'une application AngularJS, à moins qu'elle ne soit assez petite, un module `UpgradeModule` a été créé permettant de faire cohabiter au sein d'une même application du code Angular avec du code AngularJS.

La documentation d'Angular propose un guide très détaillé sur le processus de migration décrit précédemment. Afin de ne pas paraphraser inutilement, vous pouvez vous référer à ce guide très complet pour plus de détails :
https://angular.io/guide/upgrade

Mettre à jour la version d'une application Angular

En ce qui concerne les migrations de version d'Angular (comme Angular 11 à 12 par exemple), un site a été mis en place pour accompagner les développeurs (https://update.angular.io/). Les migrations sont plutôt simples en général. Cependant, il est nécessaire de ne pas sauter de versions majeures, c'est-à-dire que pour passer de la version 10 à la 12, il faut d'abord passer de la 10 à la 11 puis de la 11 à la 12.

Chapitre 2
Ma première application

1. Introduction

Ce chapitre va vous permettre de créer votre première application Angular. Vous y verrez comment procéder manuellement puis comment procéder avec les outils proposés par l'équipe d'Angular.

2. Le setup

2.1 Installation de npm

Comme avec beaucoup de frameworks web récents, le développement d'une application Angular se fait en se basant sur les outils de Node.js, notamment **npm**.

Remarque

Node.js est un moteur d'exécution qui s'exécute côté serveur, en opposition au JavaScript s'exécutant dans les navigateurs, côté client. Il est notamment utilisé dans le développement web pour apporter un ensemble d'outils à la machine de développement. ***npm*** *(Node Package Manager) est le gestionnaire de paquets de Node.js et permet d'installer simplement de nouveaux modules venant enrichir le runtime Node.js.*

L'installation de Node.js est donc indispensable au développement Angular. Son installation se fait directement depuis le site web officiel : https://nodejs.org/

Pour vérifier la bonne installation de Node.js, il suffit de taper la commande `npm` dans une console.

Si vous avez déjà installé Node.js, vous pouvez vérifier la version de **npm** via la commande `npm -v` (essayer de garder une version relativement à jour est toujours une bonne idée).

```
C:\Angular12>npm -v
7.20.1
```

2.2 Installation d'Angular CLI et initialisation du projet

Les équipes d'Angular ont mis à disposition une Command Line Interface (CLI), soit une interface de ligne de commande. Cette CLI permet de créer une application prête à l'utilisation, sans se soucier de toutes les contraintes d'un projet web avec TypeScript.

Au-delà de la création, la CLI permet de manager son application Angular au fil des développements.

Pour installer Angular CLI de manière globale sur notre machine, nous allons utiliser npm avec la commande suivante :

```
npm install -g @angular/cli
```

Une fois installé, on peut s'assurer que la CLI est disponible en essayant la commande `ng` :

```
C:\Angular12>ng
Available Commands:
  add Adds support for an external library to your project.
  analytics Configures the gathering of Angular CLI usage metrics. See https://angular.io/cli/usage-analytics-gathering.
  build (b) Compiles an Angular app into an output directory named dist/ at the given output path. Must be executed from
 within a workspace directory.
  deploy Invokes the deploy builder for a specified project or for the default project in the workspace.
  config Retrieves or sets Angular configuration values in the angular.json file for the workspace.
  doc (d) Opens the official Angular documentation (angular.io) in a browser, and searches for a given keyword.
  e2e (e) Builds and serves an Angular app, then runs end-to-end tests.
  extract-i18n (i18n-extract, xi18n) Extracts i18n messages from source code.
  generate (g) Generates and/or modifies files based on a schematic.
  help Lists available commands and their short descriptions.
  lint (l) Runs linting tools on Angular app code in a given project folder.
  new (n) Creates a new workspace and an initial Angular application.
  run Runs an Architect target with an optional custom builder configuration defined in your project.
  serve (s) Builds and serves your app, rebuilding on file changes.
  test (t) Runs unit tests in a project.
  update Updates your application and its dependencies. See https://update.angular.io/
  version (v) Outputs Angular CLI version.
```

Remarque

On peut déjà constater que de nombreuses commandes sont disponibles. Nous allons aborder plus en détail ces commandes dans le chapitre dédié à Angular CLI.

Pour créer une première application nommée « sandbox », il suffit de lancer la commande :

```
ng new sandbox
```

La CLI demande quelques informations complémentaires pour pouvoir initialiser le projet, comme le fait d'ajouter le routing Angular ou non, et le format de feuille de style désiré. Par exemple, il est possible de choisir du LESS ou SASS directement, sinon il est tout à fait possible de rester en pur CSS.

Une fois les choix saisis, la CLI va initialiser l'application en créant de nombreux fichiers qui composent cette application.

Nous pouvons voir que les deux premiers fichiers sont `angular.json` et `package.json`. Tous deux sont des fichiers de configuration essentiels pour l'application, le premier propre à Angular, et le deuxième propre à toute application créée avec npm.

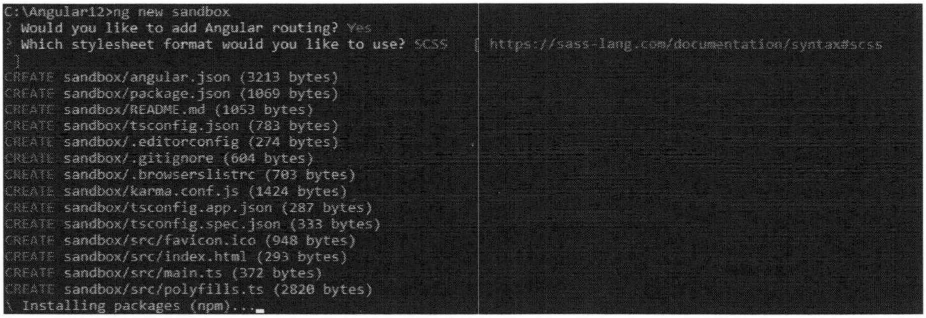

Les autres fichiers ne nous intéressent pas pour le moment, contrairement aux fichiers qui composent le socle initial de notre application, c'est-à-dire le module principal app.module.ts et le premier composant app.component constitué de plusieurs fichiers.

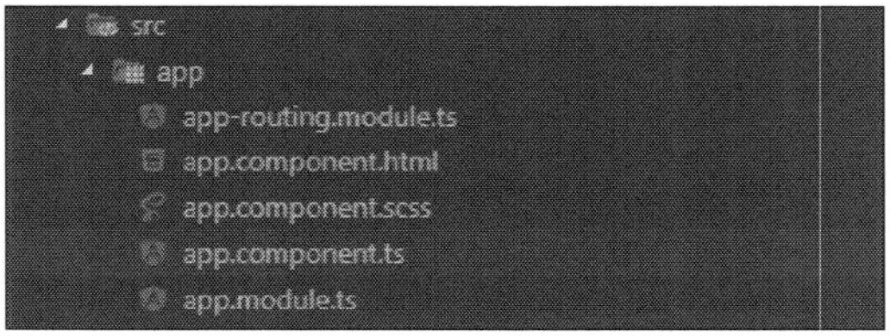

Commençons par regarder comment est structuré ce premier composant de l'application.

3. Mon premier composant

Pour composer une application, il est nécessaire d'avoir un composant racine qui contient toute l'application. Son nommage par défaut est AppComponent et c'est ce nom qu'on utilise de manière générale, car très explicite.

Un composant est formé de trois fichiers : le TypeScript, le HTML ainsi que la feuille de style. Par exemple, nous pouvons avoir :

– app.component.html : fichier HTML
– app.component.ts : fichier TypeScript
– app.component.css : feuille de style

```
import { Component } from '@angular/core';

@Component({
 selector: 'app-root',
 templateUrl: './app.component.html',
 styleUrls: ['./app.component.scss']
})
export class AppComponent {
 title = 'sandbox';
}
```

Tout d'abord, le composant est une classe TypeScript qui est décorée avec le décorateur `@Component`. Dans le décorateur, nous pouvons spécifier le sélecteur, c'est-à-dire la balise qui va correspondre au composant. Cela veut dire qu'en écrivant `app-root` dans du HTML, c'est le composant `AppComponent` qui va être chargé.

La classe possède une propriété `title` qui va pouvoir être exploitée par la suite dans le HTML, pour l'afficher par exemple.

Remarque

Les décorateurs seront abordés en détail plus tard, il faut juste comprendre ici qu'il faut rajouter une information sur la classe TypeScript pour la définir en tant que composant Angular.

Ensuite, il y a l'URL vers le fichier template HTML, c'est le fichier qui va décrire le rendu HTML du composant.

Par défaut, la CLI met à disposition un contenu HTML prédéfini qui affiche le nom de l'application.

```
<h1>
 Welcome to {{ title }}!
</h1>
```

Puis juste en dessous, quelques liens utiles pour du développement Angular sont proposés.

```
<h2>Here are some links to help you start: </h2>
<ul>
 <li>
   <h2><a target="_blank" rel="noopener"
href="https://angular.io/tutorial">Tour of Heroes</a></h2>
 </li>
```

```
 <li>
   <h2><a target="_blank" rel="noopener"
href="https://angular.io/cli">CLI Documentation</a></h2>
 </li>
 <li>
   <h2><a target="_blank" rel="noopener"
href="https://blog.angular.io/">Angular blog</a></h2>
 </li>
</ul>
```

La notion de composant sera vue plus en détail dans le chapitre Fondamentaux d'Angular. Pour l'instant, il est juste nécessaire de savoir qu'un composant correspond à une classe TypeScript représentant un élément de base d'une application Angular. Une application Angular est un composant et est composée d'un ensemble de composants.

4. Mon premier module

Un module représente un conteneur regroupant l'ensemble des éléments de l'application. Comme pour le composant, nous avons besoin d'un module racine dans lequel nous allons pouvoir ajouter notre composant `AppComponent`. Sans trop de surprises, le nom de ce module est `AppModule`.

Un module est représenté par une classe TypeScript décorée par `NgModule`.

```
import { BrowserModule } from '@angular/platform-browser';
import { NgModule } from '@angular/core';

import { AppRoutingModule } from './app-routing.module';
import { AppComponent } from './app.component';

@NgModule({
 declarations: [
   AppComponent
 ],
 imports: [
   BrowserModule,
   AppRoutingModule
 ],
 providers: [],
 bootstrap: [AppComponent]
})
export class AppModule { }
```

Le décorateur NgModule permet d'indiquer trois informations importantes :

- Les imports : liste des modules que notre module va importer.
- Les déclarations : liste des éléments, composants et autres, à inclure dans le module.
- Le bootstrap : élément sur lequel l'application Angular va démarrer.

Le module précédent importe le module BrowserModule contenant tous les éléments de base permettant de construire une application, enregistre le composant créé précédemment et le déclare en tant que composant sur lequel l'application doit démarrer. Ensuite, on peut aussi voir le AppRoutingModule qui est le module par défaut créé par la CLI (quand on a demandé un module de routing à la création) qui va nous permettre de définir les URL de chaque page.

5. Lancement de l'application

Nous avons donc l'AppComponent et l'AppModule. L'AppModule sait qu'il doit démarrer avec l'AppComponent, il ne reste plus qu'à indiquer à l'application d'utiliser l'AppModule.

Pour cela, nous avons besoin du fichier main.ts.

```
import { enableProdMode } from '@angular/core';
import { platformBrowserDynamic } from
'@angular/platform-browser-dynamic';

import { AppModule } from './app/app.module';
import { environment } from './environments/environment';

if (environment.production) {
 enableProdMode();
}

platformBrowserDynamic().bootstrapModule(AppModule)
 .catch(err => console.error(err));
```

Nous pouvons voir le `enableProdMode()` qui va optimiser l'application pour de la production si c'est nécessaire, sinon en cours de développement, cela permettra d'avoir un peu plus d'outils pour débugger.

L'import de `platformBrowserDynamic` permet d'avoir accès à la méthode permettant de démarrer le module sur un navigateur.

Remarque

Le démarrage de l'application dans un conteneur autre que le navigateur, notamment côté serveur, sera vu dans un prochain chapitre.

Enfin, le fichier `index.html` est le fichier qui sera affiché dans le navigateur :

```
<!doctype html>
<html lang="en">
<head>
 <meta charset="utf-8">
 <title>sandbox</title>
 <base href="/">

 <meta name="viewport" content="width=device-width,
initial-scale=1">
 <link rel="icon" type="image/x-icon" href="favicon.ico">
</head>
<body>
 <app-root></app-root>
</body>
</html>
```

La page HTML contient uniquement une balise `app-root`, correspondant au sélecteur du composant AppComponent.

Pour lancer l'application, la CLI met à disposition la commande suivante :

```
ng serve
```

L'application sera lancée sur un serveur HTTP de développement. Plus précisément, c'est webpack qui est utilisé derrière.

L'application est alors disponible sur l'URL http://localhost:4200.

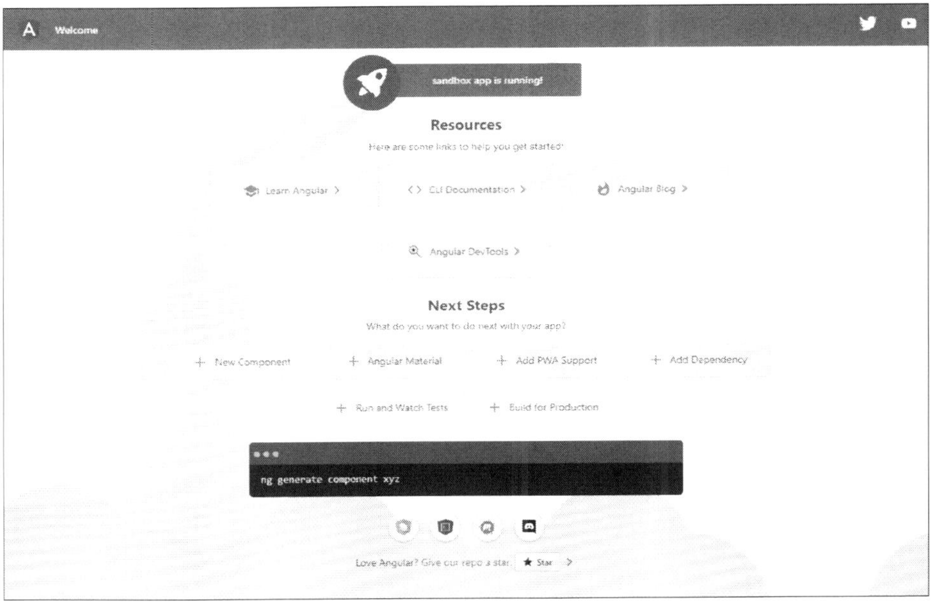

Remarque

La CLI d'Angular sera vue plus en détail dans un chapitre lui étant consacré.

Chapitre 3
Fondamentaux d'Angular

1. Introduction

Dans ce chapitre seront vus les éléments fondamentaux d'Angular, qui permettent de comprendre et de créer une application Angular simple.

2. Les composants

Un composant correspond à une classe exposant une vue et définissant la manière dont l'utilisateur interagit avec cette vue. Il s'agit de l'élément de base d'une application Angular, une application étant elle-même un composant.

Un composant peut être lui-même composé d'un ou de plusieurs composants, une application correspondant donc à un assemblage de ces éléments. L'idée est qu'un composant doit être indépendant pour être réutilisable, peu importe les composants le référençant.

Remarque

Pour les développeurs AngularJS, un composant Angular remplace ce qu'on connaissait sous le nom de contrôleur (controller). Par contre, la notion de scope n'existe plus.

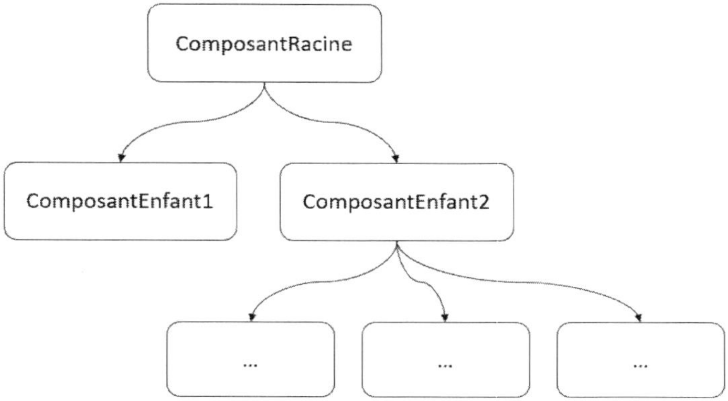

Le schéma précédent illustre le principe de composabilité apporté par les composants d'Angular. Un composant racine, appelé **ComposantRacine**, définit la base de l'application. Ce composant s'appuie sur les composants nommés **ComposantEnfant1** et **ComposantEnfant2**. Ce dernier composant est lui-même composé de plusieurs autres composants.

Comme dit précédemment, un composant Angular correspond à une classe `TypeScript`. Cette classe peut déclarer des propriétés et des méthodes qui seront exposées en tant que modèle du composant et donc accessibles depuis la vue.

```
export class TodolistComponent {
}
```

La classe `TypeScript` précédente représente un composant.

Pour indiquer à Angular que cette classe doit être considérée comme un composant, il faut lui ajouter un décorateur.

Remarque

La notion de décorateur sera vue en détail plus loin dans ce chapitre.

Le décorateur `@Component` permet de considérer la classe associée comme un composant. Cet attribut possède un ensemble de propriétés définissant le comportement général de ce composant, notamment :

- `selector` : indique le sélecteur CSS identifiant le composant dans le template. À chaque fois que ce sélecteur sera rencontré, Angular créera une nouvelle instance du composant correspondant.
- `template` ou `templateUrl` : template associé au composant (respectivement en *inline* ou dans un fichier séparé).

```
import { Component } from '@angular/core';

@Component({
 selector: 'app-todolist',
 template: '<h1>Ma Todo List</h1>'
});
export class TodolistComponent {
    [...]
}
```

Le décorateur précédent spécifie que la classe `TodolistComponent` est un composant. Quand Angular rencontrera l'élément HTML `app-todolist`, une nouvelle instance de `TodolistComponent` sera créée.

Pour utiliser le décorateur `@Component`, il est nécessaire de l'importer via l'instruction `import { Component } from '@angular/core';`.

3. Les templates

Un template est du HTML représentant une vue. Cette vue décrit à Angular comment doit être rendu le composant auquel il est associé.

L'association entre un composant et un template se fait via les propriétés `template` ou `templateUrl` du décorateur `@Component`. Ils permettent respectivement de déclarer un template directement dans l'attribut ou de définir une URL vers un fichier correspondant au template.

```
import { Component } from '@angular/core';

@Component({
 selector: 'app-todolist',
 template: '<h1>Ma Todo List</h1>'
```

```
});
export class TodolistComponent {
   [...]
}
```

Le template est ici défini directement dans le décorateur `@Component`.

Si le template est trop grand, il est préférable de l'externaliser dans un fichier séparé et de le référencer via la propriété `templateUrl`.

```
import { Component } from '@angular/core';

@Component({
 selector: 'app-todolist',
 templateUrl: './todo-list.component.html',
});
export class TodoListComponent {
   [...]
}
```

Le template est ici défini via la propriété `templateUrl`.

```
<h1>Ma Todo List</h1>
```

Le code précédent correspond au fichier `todo-list.component.html`.

3.1 Binding

La notion de binding permet de créer une relation entre les données d'un composant et les valeurs affichées dans les vues. Grâce à cela, nous n'avons pas à nous soucier des problématiques techniques liées à la synchronisation des données entre la vue et le contrôleur.

La déclaration d'un binding se fait dans la vue, via une syntaxe Angular `{{xx}}`.

```
import { Component } from '@angular/core';

@Component({
 selector: 'app-todolist',
 template: '<h1>{{listName}}</h1>'
});
export class TodolistComponent {
    listName = 'Ma Todo List';
}
```

Le composant précédent déclare une propriété `listName` contenant le nom de la liste. Le template associé injecte la valeur de cette propriété dans le nœud `<h1>`.

La "double moustache" permet d'injecter du contenu dans la vue. Une relation de type `one-way binding` est alors créée. Cette relation implique que si le composant modifie les données, la vue sera automatiquement mise à jour. Par contre l'inverse n'est pas vrai, si la vue est mise à jour, le composant ne le sera pas.

Il est également possible de rendre le contenu d'un attribut HTML dynamique en profitant du binding. Pour cela, il faut entourer l'attribut de crochet :

```
<button [disabled]="!isDirty">Save</button>
```

L'exemple de code précédent permet de désactiver le bouton si le flag `isDirty` est à `true`.

```
<img [src]="thumbnailUrl">
```

L'exemple de code précédent permet d'afficher une image en utilisant la propriété `thumbnailUrl` du modèle.

Angular offre également la possibilité de créer des bindings de type *two-way*. Avec ce type de binding, la vue sera mise à jour automatiquement lorsque les données du composant seront modifiées, mais contrairement au binding *one-way*, les données du composant seront également mises à jour lorsque la vue évoluera.

Pour utiliser ce type de binding, il faut utiliser la syntaxe `[(xxx)]`.

```
import { Component } from '@angular/core';

@Component({
   selector: 'app-todolist',
   template:
   `<h1>{{listTitle}}</h1>
    <input type='text' name='todoLabel' [(ngModel)]='newTodo' />`
})
export class TodolistComponent {
   listName = 'Ma Todo List';
   newTodo: string = '';
}
```

Le composant précédent déclare une propriété `newTodo` correspondant au libellé de la nouvelle tâche. Le template déclare un champ `input` lié à cette propriété. Si la valeur de la propriété est modifiée dans le composant, la valeur du champ sera également modifiée. De la même manière, si la valeur du champ est modifiée, la valeur de la propriété sera modifiée en conséquence.

Remarque

`ngModel` est une directive permettant d'établir une relation de type two-way entre une propriété du modèle et la vue. Il est également possible d'établir une relation de type two-way entre un composant parent et un composant enfant, en renseignant le nom de la propriété à binder entre [( )]. Un moyen mnémotechnique simple pour retenir la syntaxe est le « banana in a box ».

3.2 Événements JavaScript

Angular permet de réagir aux événements JavaScript déclenchés depuis la vue, afin de notifier le composant. Ce type de binding, permettant à un élément HTML de déclencher une action d'un composant, est appelé l'*event binding*.

Pour l'utiliser, il suffit d'ajouter à l'élément HTML un attribut correspondant au nom de l'événement JavaScript sur lequel on souhaite réagir entre parenthèses et d'y associer une méthode du composant à appeler :

```
import { Component } from '@angular/core';

@Component({
   selector: 'app-todolist',
   template:
   `<h1>{{listTitle}}</h1>
    <form (submit)='createTodo()'>
       <input type='text' name='todoLabel' [(ngModel)]='newTodo' />
    </form>`,
})
export class TodolistComponent {
   listTitle = "Ma Todo List";
   todos: string[] = [];
   newTodo: string = '';

   createTodo() {
     if (this.newTodo) {
```

```
        this.todos.push(this.newTodo);
        this.newTodo = '';
      }
    }
}
```

Le composant précédent déclare une méthode `createTodc` qui va être responsable de créer une nouvelle tâche en la rajoutant dans la liste `todos`.

Le template contient quant à lui un formulaire. L'événement de soumission du formulaire est bindé à la méthode de création d'une nouvelle tâche via l'attribut (`submit`). De cette manière, lorsque l'utilisateur validera le formulaire, la méthode `createTodo` sera exécutée.

3.3 Listes

Les templates Angular permettent également d'itérer sur des collections du composant en définissant la manière dont sera affiché chaque élément à l'aide d'un template. Pour cela, il faut ajouter la directive `ngFor` sur l'élément HTML en spécifiant la collection à itérer :

Remarque

La notion de directive sera vue un peu plus tard dans ce chapitre, et de manière plus approfondie dans le chapitre Les directives.

```
<li *ngFor='let todo of todos'>
    ...
</li>
```

La balise HTML portant l'attribut `ngFor` et son contenu seront dupliqués autant de fois qu'il y a d'éléments dans la collection. Chaque duplication sera contextualisée avec l'élément sur lequel on itère de façon à ce que les bindings déclarés dans le template s'appliquent à l'élément courant.

```
import { Component } from '@angular/core';

@Component({
   selector: 'app-todolist',
   template:
   `<h1>{{listTitle}}</h1>
     <ul>
       <li *ngFor='let todo of todos'>
```

```
          {{todo}}
        </li>
      </ul>`,
})
export class TodolistComponent {
   listTitle = "Ma Todo List";
   todos: string[] = [];
}
```

Le composant précédent déclare une liste de tâches todos. Le template associé utilise la directive `ngFor` sur l'élément HTML `<li>`.

La syntaxe `let todo of todos` permet d'indiquer que l'on souhaite itérer sur la collection todos, et que chaque élément sera affecté à la variable `todo`.

Pour chaque élément de la liste `todos`, le nœud HTML `<li>` sera dupliqué. Chaque duplication sera contextualisée de manière à ce que la variable `todo` corresponde à l'élément itéré.

Dans la portée du template, en plus d'avoir accès à l'élément itéré, la directive `ngFor` fournit les informations suivantes :

- `index` : permet d'avoir accès à l'index de l'élément itéré dans la collection.
- `first` : permet de savoir si l'élément itéré est le premier élément de la collection.
- `last` : permet de savoir si l'élément itéré est le dernier élément de la collection.
- `even` : permet de savoir si la position de l'élément itéré dans la collection est une position paire.
- `odd` : permet de savoir si la position de l'élément itéré dans la collection est une position impaire.

```
import { Component } from '@angular/core';

@Component({
   selector: 'app-todolist',
   template:
   `<h1>{{listTitle}}</h1>
     <ul>
       <li *ngFor='let todo of todos; let i = index'>
         ({{i}}) {{todo}}
```

```
        </li>
      </ul>`,
})
export class TodolistComponent {
   listTitle = "Ma Todo List";
   todos: string[] = [];
}
```

Le template du composant a été modifié. La syntaxe `let i = index` permet d'affecter l'index de l'élément itéré dans la variable `i`.

Cette variable est ensuite bindée pour être affichée dans le template.

La directive `ngFor` profite du mécanisme de binding pour automatiquement mettre à jour le HTML généré lorsque la liste associée évolue, qu'un élément soit ajouté, supprimé ou déplacé.

3.4 Afficher/cacher un élément

Angular permet d'afficher ou de cacher un élément de plusieurs manières.

La première des manières consiste à utiliser l'attribut HTML `[hidden]` en renseignant une expression égale à `true` pour cacher l'élément.

```
import { Component } from '@angular/core';

@Component({
   selector: 'app-todolist',
   template:
   `<h1>{{listTitle}}</h1>
    <div [hidden]='todos.length'>Aucun élément</div>
    <ul>
       <li *ngFor='let todo of todos; let i = index'>
         ({{i}}) {{todo}}
       </li>
    </ul>`,
})
export class TodolistComponent {
   listTitle = "Ma Todo List";
   todos: string[] = [];
}
```

Dans le template du composant précédent, une `div` contenant le message **Aucun élément** est affichée en fonction du nombre d'éléments dans la liste `todos`.

Cette solution permet d'afficher ou de cacher un élément en utilisant un mécanisme CSS.

```
<h1>Ma Todo List</h1>
<div>Aucun élément</div>
▶<ul>…</ul>
```

Dans le cas où la collection ne contient aucun élément, la `div` générée ne possédera pas d'attributs.

```
<h1>Ma Todo List</h1>
<div ng-reflect-hidden="1" hidden>Aucun élément</div>
▶<ul>…</ul>
```

Dans le cas où la collection contient un élément, la `div` générée sera accompagnée de l'attribut `hidden`, puisque l'expression `todos.length` retournera la valeur `true` (puisque la notion truthy falsy de JavaScript va transformer le tableau non vide en booléen à true). Cet attribut HTML indiquera au navigateur de cacher cette `div`.

Il est également possible de cacher un élément en utilisant la directive `ngIf`.

```
import { Component } from '@angular/core';

@Component({
   selector: 'app-todolist',
   template:
   `<h1>{{listTitle}}</h1>
     <ul>
       <li *ngFor='let todo of todos; let i = index'>
         <hr *ngIf='i>0' />
         {{todo}}
       </li>
     </ul>`,
})
export class TodolistComponent {
   listTitle = "Ma Todo List";
   todos: string[] = [];
}
```

Dans le template du composant précédent, une balise `hr` est utilisée dans le template du `ngFor`. La directive `ngIf` permet ici d'afficher le `hr` uniquement si l'index est supérieur à zéro, donc pour tous les éléments sauf le premier.

La différence entre l'utilisation de l'attribut `hidden` et l'utilisation de la directive `ngIf` est que cette directive, contrairement à l'attribut, ne va pas générer l'élément rattaché.

```
▼<li>
   <!--template bindings={}-->
   "
         Tâche 1
       "
 </li>
▼<li>
   <!--template bindings={}-->
   <hr>
   "
         Tâche 2
       "
 </li>
```

Le code précédent correspond à la page générée par le composant. On peut noter que sur la première occurrence du `li`, l'élément `hr` n'a pas été généré. Sur la seconde occurrence, par contre, comme l'expression `i` devient vraie, l'élément a été généré.

Remarque

La syntaxe entre l'utilisation du `hidden` et du `ngIf` est différente. Le `hidden` doit être encadré de crochets alors que le `ngIf` doit être précédé d'une étoile. Cette différence vient du fait que l'utilisation du `hidden` correspond à un binding d'attribut alors que `ngIf` est une directive. Les bindings d'attributs doivent être entourés de crochets alors que les directives doivent être précédées d'une étoile.

De la même manière que la directive `ngFor`, la directive `ngIf` et l'attribut `hidden` profitent du mécanisme de binding. De cette manière, une modification de la valeur du composant associée à l'attribut `hidden` ou à la directive `ngIf` modifiera le HTML généré.

3.5 Liens

L'attribut `href` Angular permet de créer des liens dynamiques, en fonction des valeurs du modèle du composant. Pour cela, il suffit de renseigner une expression renvoyant l'URL cible.

```
import { Component } from '@angular/core';

@Component({
   selector: 'app-todolist',
   template:
   `<h1>{{listTitle}}</h1>
     <div [hidden]='todos.length'>Aucun élément</div>
     <ul>
       <li *ngFor='let todo of todos; let i = index; let odd = odd'>
         <hr *ngIf='i'/>
         <a [href]='"http://google.fr/#q=" + todo'
target='_blank'>{{todo}}</a>
       </li>
     </ul>
     <form (submit)='createTodo()'>
       <input type='text' name='todoLabel' [(ngModel)]='newTodo' />
     </form>`,
})
export class TodolistComponent {
   listTitle = "Ma Todo List";
   todos: string[] = [];
   newTodo: string = '';

   createTodo() {
     if (this.newTodo) {
       this.todos.push(this.newTodo);
       this.newTodo = '';
     }
   }
}
```

Dans l'exemple précédent, le template du composant a été modifié pour ajouter un hyperlien `a`. Sur ce lien, l'attribut `[href]` est positionné et l'expression `'"http://google.fr/#q=" + todo'` permet de faire pointer ce lien sur la recherche Google en utilisant une concaténation.

Il est également possible d'utiliser l'attribut `href` HTML, le natif plutôt que celui d'Angular, en spécifiant cette fois-ci une chaîne de caractères. Il est cependant possible d'utiliser du binding au sein de cette expression.

```
<a href='http://google.fr/#q={{todo}}' target='_blank'>{{todo}}</a>
```

Le lien a été modifié pour utiliser l'attribut HTML. Cette fois, on n'utilise plus de concaténation mais un binding via l'expression `{{todo}}`.

Remarque

Il est également possible de mettre en place de la navigation au sein même de l'application Angular. Nous verrons ce principe et ses possibilités dans un prochain chapitre.

3.6 Styles

De la même manière que les parties précédentes, il est possible de profiter du mécanisme de binding pour appliquer dynamiquement des styles CSS. De cette manière, on peut refléter visuellement l'état du composant.

Pour cela, Angular propose notamment l'attribut `ngClass`. Cet attribut prend en valeur un objet JavaScript dont les noms des propriétés correspondent aux classes à appliquer et dont les valeurs des propriétés correspondent aux expressions déterminant si la classe doit être appliquée ou non.

```
import { Component } from '@angular/core';

@Component({
   selector: 'app-todolist',
   template:
   `<h1>{{listTitle}}</h1>
     <div [hidden]='todos.length'>Aucun élément</div>
     <ul>
       <li *ngFor='let todo of todos; let i =
index; let odd = odd' [ngClass]="{'alternate': !!odd }">
       <hr *ngIf='i'/>
         {{todo}}
       </li>
     </ul>
     <form (submit)='createTodo()'>
      <input type='text' name='todoLabel' [(ngModel)]='newTodo' />
```

```
      </form>`,
      styles: [`
        .alternate {
          background-color: gray;
        }
      `]
})
export class TodolistComponent {
   listTitle = "Ma Todo List";
   todos: string[] = [];
   newTodo: string = '';

   createTodo() {
     if (this.newTodo) {
       this.todos.push(this.newTodo);
       this.newTodo = '';
     }
   }
}
```

Le composant précédent déclare une classe CSS nommée `alternate` dans son décorateur `@Component`.

Remarque

Les possibilités offertes par le décorateur `@Component` seront vues plus en détail dans un chapitre dédié aux composants.

La balise `li` a été modifiée pour y ajouter l'attribut `ngClass`. La syntaxe `{'alternate': !!odd }` permet d'appliquer la classe CSS `alternate` si l'expression `!!odd` est vraie, c'est-à-dire si l'élément itéré est un élément dont l'index est impair, la variable `odd` ayant été affectée dans la directive `ngFor`.

Il est également possible d'appliquer des styles *inline*, sans passer par une classe. Pour cela, il faut utiliser l'attribut `style` suffixé par le nom de la propriété sur laquelle on souhaite agir. Cet attribut prend en valeur le style à appliquer, sachant qu'il est possible d'utiliser des expressions pour déterminer ce style.

Par exemple, `style.font-size` permettra d'agir sur la propriété CSS `font-size`, alors que `style.text-decoration` permettra d'indiquer si on souhaite modifier la décoration du texte (le souligné par exemple).

```
import { Component } from '@angular/core';

@Component({
   selector: 'app-todolist',
   template:
   `<h1>{{listTitle}}</h1>
     <div [hidden]='todos.length'>Aucun élément</div>
     <ul>
       <li *ngFor='let todo of todos; let i =
index; let odd = odd' [style.background-color]='!!odd ? "gray" : ""'>
       <hr *ngIf='i'/>
         {{todo}}
       </li>
     </ul>
     <form (submit)='createTodo()'>
       <input type='text' name='todoLabel' [(ngModel)]='newTodo' />
     </form>`
})
export class TodolistComponent {
   listTitle = "Ma Todo List";
   todos: string[] = [];
   newTodo: string = '';
   createTodo() {
     if (this.newTodo) {
       this.todos.push(this.newTodo);
       this.newTodo = '';
     }
   }
}
```

La propriété `styles` du décorateur `@Component` a été supprimée, de même que l'attribut `ngClass` de la balise `li`.

Cet attribut a été remplacé par l'attribut `style.background-color`, permettant d'agir sur la propriété CSS correspondant à la couleur de fond. L'expression associée, `!!odd ? "gray" : ""`, permet de retourner la valeur `gray` pour appliquer un fond gris si l'élément itéré est un élément dont l'index est impair, et une chaîne vide pour garder un fond transparent si l'élément itéré est un élément dont l'index est pair.

La dernière possibilité offerte par Angular est l'utilisation de l'attribut `ngStyle`. De la même manière que la méthode précédente, cet attribut permet d'appliquer du style *inline*, mais cette fois-ci sur plusieurs propriétés en même temps.

```
import { Component } from '@angular/core';

@Component({
   selector: 'app-todolist',
   template:
   `<h1>{{listTitle}}</h1>
     <div [hidden]='todos.length'>Aucun élément</div>
     <ul>
       <li *ngFor='let todo of todos; let i =
index; let odd = odd' [ngStyle]='{
           "background-color": !!odd ? "gray" : "",
           "font-style": "italic"
         }'>
         <hr *ngIf='i'/>
         {{todo}}
       </li>
     </ul>
     <form (submit)='createTodo()'>
      <input type='text' name='todoLabel' [(ngModel)]='newTodo' />
     </form>`,
})
export class TodolistComponent {
   listTitle = "Ma Todo List";
   todos: string[] = [];
   newTodo: string = '';

   createTodo() {
     if (this.newTodo) {
       this.todos.push(this.newTodo);
       this.newTodo = '';
     }
   }
}
```

Le template du composant précédent a été modifié pour que le nœud `li` utilise l'attribut `ngStyle`. Cet attribut stipule que les lignes d'index impair auront une couleur de fond grise, et que toutes les lignes seront en italique.

3.7 Directives

Une directive est un élément du framework qui va directement interagir avec le DOM de la page. Il existe trois types de directives.

Les directives d'attributs ont pour rôle de modifier l'élément HTML sur lequel elles sont associées. C'est par exemple le cas de la directive `ngClass`.

```
import { Component } from '@angular/core';

@Component({
  selector: 'app-todolist',
  template:
  `<h1>{{listTitle}}</h1>
    <div [hidden]='todos.length'>Aucun élément</div>
    <ul>
      <li *ngFor='let todo of todos; let i =
index; let odd = odd' [ngClass]="{'alternate': !!odd }">
      <hr *ngIf='i'/>
        {{todo}}
      </li>
    </ul>
    <form (submit)='createTodo()'>
      <input type='text' name='todoLabel' [(ngModel)]='newTodo' />
    </form>`,
    styles: [`
      .alternate {
        background-color: gray;
      }
    `]
})
export class TodolistComponent {
  listTitle = "Ma Todo List";
  todos: string[] = [];
  newTodo: string = '';

  createTodo() {
    if (this.newTodo) {
      this.todos.push(this.newTodo);
      this.newTodo = '';
    }
  }
}
```

La directive `ngClass` est ici associée à l'élément HTML `li` dans le template du composant. Son rôle est d'appliquer ou non une classe CSS.

Le second type de directive correspond aux directives structurelles. Leur rôle est de modifier l'élément HTML sur lequel elles sont attachées, dans le but d'ajouter, modifier ou supprimer des éléments HTML. C'est par exemple le cas de la directive `ngFor`.

```
import { Component } from '@angular/core';

@Component({
  selector: 'app-todolist',
  template:
  `<h1>{{listTitle}}</h1>
    <div [hidden]='todos.length'>Aucun élément</div>
    <ul>
      <li *ngFor='let todo of todos; let i =
index; let odd = odd' [ngClass]="{'alternate': !!odd }">
      <hr *ngIf='i'/>
        {{todo}}
      </li>
    </ul>
    <form (submit)='createTodo()'>
      <input type='text' name='todoLabel' [(ngModel)]='newTodo' />
    </form>`,
    styles: [`
      .alternate {
        background-color: gray;
      }
    `]
})
export class TodolistComponent {
  listTitle = "Ma Todo List";
  todos: string[] = [];
  newTodo: string = '';

  createTodo() {
    if (this.newTodo) {
      this.todos.push(this.newTodo);
      this.newTodo = '';
    }
  }
}
```

La directive `ngFor` est ici associée à l'élément HTML `li` dans le template du composant. Son rôle est de créer un nœud `li` par élément de la collection itérée.

Le dernier type de directives correspond en fait aux composants. En effet, les composants héritent des directives en proposant en plus un template.

Remarque

Pour les développeurs AngularJS, les directives Angular correspondent aux directives AngularJS. La différence se situe principalement dans le fait qu'une directive Angular ne contient pas de template, alors qu'une directive AngularJS peut en contenir un.

4. Les décorateurs

Les décorateurs Angular permettent de décrire au framework comment interpréter un élément.

Le décorateur `@Component` a par exemple été utilisé tout au long de ce chapitre pour indiquer que la classe associée doit être interprétée comme un composant.

```
import { Component } from '@angular/core';

@Component({
 selector: 'app-todolist',
 template: '<h1>Ma Todo List</h1>'
});
export class TodolistComponent {
   [...]
}
```

Sans le décorateur `@Component`, la classe aurait été considérée comme une classe `TypeScript` simple, sans lien avec un composant.

Le gros avantage des décorateurs est de bien séparer la partie métier des informations techniques.

Il existe de nombreux autres décorateurs qui seront découverts tout au long du livre, comme par exemple `@Input`, `@Inject`, `@Injectable`, `@ViewChild`.

5. Les pipes

Dans une application Angular, il n'est pas rare d'effectuer une transformation sur un élément avant de l'afficher. L'exemple le plus simple est celui d'une date. Lorsqu'une date est affichée, c'est rarement sous le format traditionnel JavaScript. En effet, une date JavaScript s'affiche au format suivant : `Sun Jul 10 2016 17:03:07 GMT+0200 (Paris, Madrid (heure d'été))` alors qu'un utilisateur a plutôt l'habitude de la lire sous un format plus accessible, comme `10/06/2017`. Le pipe est l'élément qui va permettre de gérer ces transformations.

Remarque

Pour les développeurs AngularJS, les pipes Angular correspondent aux filtres AngularJS.

5.1 Utiliser un pipe

Un pipe s'utilise directement dans le template d'un composant. Il suffit d'appliquer l'opérateur pipe (|) entre la valeur à transformer et le pipe que l'on souhaite utiliser.

Dans l'exemple ci-dessous, c'est le pipe `date` (un pipe fourni par Angular) qui est utilisé afin de rendre la date du jour plus lisible.

```
import { Component } from '@angular/core';

@Component({
  selector: 'today',
  template: `<p>Nous sommes le {{today | date}}</p>`
})
export class TodayComponent {
  today = new Date();
}
```

Cependant, dans cet exemple, le template généré ressemblera à cela : `Nous sommes le Jul 10, 2016`. En effet, Angular va utiliser par défaut le format de date américain. Pour spécifier le format à appliquer à la date, il faut passer des paramètres au pipe.

Les paramètres se placent directement derrière le nom du pipe séparés par un double-point (:). Pour modifier le format d'affichage de la date, il faut lui passer en paramètre le format à appliquer :

```
<p>Nous sommes le {{today | date:"MM/dd/yyyy"}}</p>
```

Avec ce template, le composant retournera maintenant : `Nous sommes le 07/10/2016`.

En général, nous souhaitons pouvoir définir une locale (variable définissant la localisation) pour les dates. Le pipe `date` se branche sur l'internationalisation Angular, il est possible de définir au niveau du module la locale par défaut. Cela se fait en utilisant la fonction `registerLocaleData` et en lui donnant en paramètre la locale que l'on veut. Ensuite, il suffit de dire que le token `LOCALE_ID` doit utiliser notre locale.

```
import localeFr from "@angular/common/locales/fr";
import { LOCALE_ID, NgModule } from "@angular/core";
registerLocaleData(localeFr, "fr-FR");

@NgModule({
  declarations: [AppComponent],
  imports: [BrowserModule, AppRoutingModule],
  providers: [{ provide: LOCALE_ID, useValue: "fr-FR" }],
 bootstrap: [AppComponent]
})
export class AppModule {}
```

Ainsi, dans un composant, nous pouvons utiliser le pipe comme on le désire.

```
<ul>
  <li>{{date | date: 'short'}}</li>
  <li>{{date | date: 'medium'}}</li>
  <li>{{date | date: 'long'}}</li>
  <li>{{date | date: 'full'}}</li>
  <li>{{date | date: 'dd/MM/yyyy'}}</li>
</ul>
```

Le résultat sera bien en français grâce à la locale par défaut `fr-FR`.

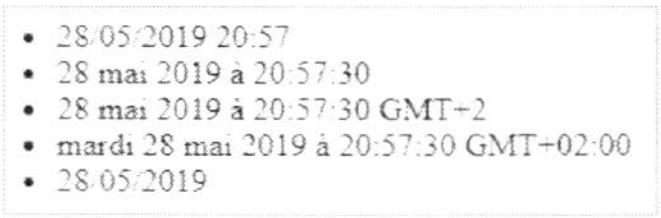

Remarque

Pour information, il est possible de spécifier la locale lors d'un appel, le deuxième paramètre étant la timezone et le troisième la locale.

5.2 Les pipes du framework

Angular met à disposition plusieurs pipes.

Le pipe `date` a déjà été mis en évidence dans la partie précédente. Celui-ci sert donc à mettre en forme une date et il est possible de personnaliser le format de sortie grâce à ses paramètres.

Le pipe `async` prend en entrée une promise ou un observable et en affiche le résultat.

Remarque

La notion de promise et d'observable sera vue dans le chapitre Les services.

Les pipes `uppercase` et `lowercase` permettent de mettre une valeur respectivement en majuscule et en minuscule.

Le pipe `json` transforme l'élément qui lui est passé en chaîne de caractères le représentant au format json. Il est surtout utile en phase de développement pour afficher graphiquement la valeur d'un objet.

Le pipe `decimal` permet de mettre en forme un objet de type `number`. Il possède un paramètre permettant de spécifier le format de sortie (nombre de chiffres à afficher pour la partie entière, nombre maximum et minimum de chiffres à afficher pour la partie décimale).

Le pipe `percent` permet l'affichage d'un nombre sous la forme d'un pourcentage.

Le pipe `currency` affiche les nombres dans un format monétaire. Il possède un paramètre permettant de spécifier la monnaie à utiliser.

Le pipe `i18nSelect` permet l'affichage d'un texte en fonction d'une clé. Il prend en paramètre le tableau d'équivalence clé-valeur à utiliser.

Le pipe `i18nPlural` affiche un texte en fonction d'un nombre. Il prend en paramètre le tableau d'équivalence clé-valeur à utiliser. Les clés ont la forme suivante : pour les "=N" où N représente le nombre associé à la valeur. Il est également possible d'utiliser la clé "other". Dans ce cas, le caractère "#" peut être utilisé dans la valeur. Ce caractère sera remplacé par le nombre passé au pipe.

```
<div>
{{ messages.length | i18nPlural: {
    '=0': Pas de messages.',
    '=1': 'Un message.',
    'other': '# messages.'
 }
}}
</div>
```

Dans l'exemple ci-dessus, lorsque le tableau messages ne contient pas d'élément, le texte "Pas de messages." sera affiché. Lorsqu'il contient exactement un élément, le texte "Un message." sera affiché. Enfin, lorsqu'il contient plus d'un message, par exemple trois, le texte "3 messages." sera affiché.

Les pipes `replace` et `slice` fonctionnent comme leurs fonctions éponymes sur les types `string` et `array`.

5.3 Créer un pipe

5.3.1 Les pipes de transformation

Afin de faire son propre pipe, il faut créer une classe qui implémente l'interface `PipeTransform`. Cette interface contient une seule méthode avec la signature suivante : `transform(value: any, ...args: any[]): any;`. Il est donc nécessaire d'implémenter cette méthode.

Le premier paramètre est la valeur sur laquelle est appliqué l'opérateur pipe (|). Les suivants sont ceux qui sont passés en tant que paramètres lors de l'appel au pipe (séparé par un double point). Le retour de cette méthode est ce qui sera utilisé dans le binding où est appelé le pipe.

```
import { PipeTransform } from '@angular/core';

export class GreetingPipe implements PipeTransform {
  transform(value: string, isMale: boolean): string {
    return 'greeting';
  }
}
```

Il est également nécessaire d'ajouter le décorateur `@Pipe` la classe. Il faut spécifier le nom de notre pipe dans ce décorateur. C'est ce nom qui sera utilisé ensuite dans le template pour faire appel à ce pipe.

```
import { Pipe, PipeTransform } from '@angular/core';

@Pipe({ name: 'greeting' })
export class GreetingPipe implements PipeTransform {
  transform(value: string, isMale: boolean = true): string {
    return 'greeting'
  }
}
```

Dans l'exemple ci-dessous, le pipe retourne une phrase d'accueil en fonction d'un nom. Ce pipe possède également un paramètre optionnel permettant de faire la distinction entre homme et femme.

```
import { Pipe, PipeTransform } from '@angular/core';

@Pipe({ name: 'greeting' })
export class GreetingPipe implements PipeTransform {
  transform(value: string, isMale: boolean = true): string {
    if (isMale) {
      return `Bonjour monsieur ${value}`;
    } else {
      return `Bonjour madame ${value}`;
    }
  }
}
```

Pour utiliser ce pipe dans un composant, il faut encore l'enregistrer au sein de celui-ci. Pour cela, il faut ajouter le type du pipe dans la métadonnée `pipes` du décorateur `@Component`.

Dans l'exemple ci-dessous, le pipe `GreetingPipe` est ajouté au composant `GreetingComposant` et est utilisé dans le template de ce composant.

```
import { GreetingPipe } from './greeting.pipe'
import { Component } from '@angular/core

@Component({
    moduleId: module.id,
    selector: 'greeting'
    template: `<p>{{ name | greeting:isMale }}</p>`,
    pipes: [GreetingPipe]
})
export class GreetingComponent {
    name: string = "John Doe";
    isMale: boolean = true;
}
```

Le résultat d'un tel composant est `Bonjour monsieur John Doe`.

5.3.2 Les pipes filtres

Jusqu'à présent, nous n'avons vu que des pipes retournant des chaînes de caractères après avoir effectué une transformation. Cependant, la signature de la méthode `transform` de l'interface `PipeTransform` nous permet de retourner n'importe quel type (`any`).

Les pipes peuvent donc être utilisés autrement que pour la transformation. En effet, il est possible d'utiliser un pipe pour effectuer un filtre, en l'associant à un `ngFor` par exemple. Pour cela, il suffit que le pipe prenne en paramètre un tableau et retourne un tableau du même type, mais filtré.

```
import { Component, Pipe, PipeTransform } from '@angular/core'

export class Personne {
    name: string;
    isMale: boolean;
}

@Pipe({ name: 'maleOnly' })
export class MaleOnlyPipe implements PipeTransform {
    transform(value: Personne[]): Personne[] {
        return value.filter(x => x.isMale);
    }
}
```

```
@Component({
    moduleId: module.id,
    selector: 'personnes',
    template:
    `<p *ngFor="let personne of personnes | maleOnly">{{ personne.name
}}</p>`,
    pipes: [MaleOnlyPipe]
})
export class PersonnesComponent {
    personnes: Personne[] = [
        { name: "John", isMale: true },
        { name: "Sarah", isMale: false },
        { name: "Michel", isMale: true },
    ]
}
```

Dans l'exemple ci-dessus, on crée un pipe `MaleOnlyPipe`. Ce pipe prend en entrée un tableau de `Personne`. Ce pipe utilise la méthode `filter` exposée par le type `Array` en JavaScript afin de retourner un tableau ne contenant que les objets dont la propriété `isMale` est vrai.

Le pipe `maleOnly` est ensuite utilisé dans le template du composant `PersonnesComponent`. La directive `ngFor` dans ce template ne va donc itérer que sur les `Personne` dont le booléen `isMale` est vrai (ici John et Michel).

5.4 Les pipes purs et impurs

Il existe deux catégories de pipe dans Angular : les pipes purs et les pipes impurs. La différence entre ces catégories se fait au niveau du rafraîchissement des pipes, c'est-à-dire quand Angular réexécute le pipe afin de mettre à jour l'interface utilisateur.

Un pipe pur ne se réexécute que lorsque Angular détecte un changement sur une valeur de type primitif ou lors d'un changement de référence pour les objets de ce type. Plus pragmatiquement, un pipe pur ne se réexécutera pas lorsqu'un élément est ajouté dans un tableau ou lorsqu'une propriété d'objet est modifiée. En revanche, un pipe impur se réexécutera à chaque changement.

Par exemple, ces modifications ne déclencheront pas de mise à jour sur un pipe pur.

```
this.personnes[0].name = "Jonathan";
this.personnes.push({ name: "Eric", isMale: true});
```

En effet, ces modifications ne changent pas la référence de l'objet `personnes`.

En revanche, cet exemple déclenchera une nouvelle exécution du pipe.

```
this.personnes = this.personnes
                    .concat(({ name: "Eric", isMale: true})
```

Dans cet exemple, une affectation est effectuée sur l'objet `personnes`, sa référence s'en trouve modifiée et le pipe s'exécute à nouveau.

Ainsi, un pipe pur est bien plus performant, et il faut éviter dans la plupart des cas d'utiliser les pipes impurs. Dans le cadre d'un filtre, le pipe est facilement remplaçable par une seconde propriété dans le composant, qui serait mise à jour manuellement lorsque les filtres ou les données changent.

```
export class PersonnesComponent {
    personnes: Personne[] = [
        { name: "John", isMale: true },
        { name: "Sarah", isMale: false },
        { name: "Michel", isMale: true },
    ];

    males: Personne[];

    constructor() {
        this.males = this.personnes.filter(x => x.isMale);
    }

    addPersonne(personne : Personne){
        this.personnes.push(personne);
        if(personne.isMale){
            this.males.push(personne);
        }
    }
}
```

Dans l'exemple ci-dessus, c'est la propriété `males` qui devra être bindée à la vue. Cette propriété est initialisée dans le constructeur et n'est mise à jour que lorsque c'est nécessaire. Ainsi Angular ne va mettre à jour la vue que lorsque les données à afficher ont réellement changé.

Pour rendre un pipe impur, il suffit d'ajouter la métadonnée `pure` à `false` dans le décorateur du pipe. L'utilisation de pipe impur ne doit être envisagée que lorsque la performance n'est pas la priorité ou à des fins de débogage.

```
@Pipe({
    name: 'maleOnly',
    pure: false
 })
```

6. Les modules

Un module permet d'organiser une application en blocs fonctionnels ou techniques. Il est également le point d'entrée d'une application Angular.

De la même manière qu'un composant, un module se déclare via une classe `TypeScript` et doit être décoré par l'attribut `@NgModule` :

```
@NgModule({
  imports: [BrowserModule],
  declarations: [AppComponent],
  bootstrap: [AppComponent],
})
export class AppModule { }
```

Cet attribut possède notamment les propriétés suivantes :

- `imports` : permet d'importer des modules, afin de pouvoir utiliser tous les éléments de ces modules dans le module courant.
- `declarations` : définit tous les éléments embarqués dans le module (composants, directives, pipes, etc.).
- `bootstrap` : définit le composant racine de l'application.
- `providers` : définit les éléments (services par exemple) qui seront injectables dans tous les composants du module.

Remarque

Si vous utilisez la CLI d'Angular, le fichier du module sera automatiquement mis à jour lorsque vous créerez des composants, filtres, etc.

Un exemple de module que l'on rencontre couramment correspond au module de routing. Il permet d'isoler le module applicatif, contenant tout le fonctionnement métier, de la déclaration des routes qui risquerait de polluer le code.

```
const routes: Routes = [
{ path: '', redirectTo: '/list', pathMatch: 'full' },
{ path: 'list', component: ListComponent },
{ path: 'detail/:id', component: DetailComponent }
];

@NgModule({
imports: [ RouterModule.forRoot(routes) ],
exports: [ RouterModule ]
})
export class AppRoutingModule {}
```

Remarque

La notion de routing sera vue plus en détail dans le chapitre lui étant consacré.

Remarque

Un module Angular ne correspond pas à un module JavaScript défini par EcmaScript 6. En JavaScript, chaque fichier correspond à un module, et chaque objet défini dans un fichier appartient à ce module. L'utilisation des mots-clés `export` et `import` permettent ensuite respectivement d'exposer un objet et d'en importer un depuis un autre module.

Remarque

Pour les développeurs AngularJS, un module Angular reprend les mêmes principes qu'un module AngularJS.

7. Observable et promise

JavaScript est un langage par nature fortement asynchrone. L'aspect asynchrone est géré historiquement via le mécanisme de callback.

```
myAsynchronousMethod(function(data) {
    console.log(data)
});
```

Remarque

La méthode précédente est asynchrone. Le callback passé en paramètre est exécuté lorsque l'appel asynchrone est terminé.

Les callbacks, bien que fonctionnels, présentent beaucoup de limitations : gestion des erreurs, chaînage d'appels asynchrones, etc.

Pour cela, ES6 (*EcmaScript 6*) propose une spécification : les *Promises*. Une promise est une "promesse" permettant d'exécuter du code seulement lorsque l'action asynchrone est terminée.

Les promises possèdent trois états : *pending* lorsque l'action asynchrone est en cours, *fulfilled* lorsque l'action a été réalisée avec succès et *rejected* lorsque l'action a généré une erreur.

```
myAsynchronousMethod.then(function(data) {
    console.log(data);
}, function(error) {
    console.error(error);
});
```

La méthode précédente est asynchrone et expose une promise. Les paramètres passés en argument correspondant au callback de succès et d'erreur.

Angular utilise également la notion d'observable, introduite par la librairie RxJS. À la différence d'une promise, un observable peut être résolu plusieurs fois afin de renvoyer plusieurs valeurs. Les observables possèdent également un ensemble de méthodes permettant d'y effectuer des opérations.

```
myAsynchronousMethod.subscribe(function(data) {
    console.log(data);
}, function(error) {
    console.error(error);
});
```

La méthode précédente est asynchrone et expose un observable. Les paramètres passés en argument correspondant au callback de succès et d'erreur. Le callback de succès va pouvoir être appelé plusieurs fois.

Remarque

Pour plus d'informations sur les observables et promises, vous pourrez vous référer à la section leur étant dédiée du chapitre Les services.

8. Préparer l'application pour la production

Par défaut, Angular s'exécute dans un mode de développement. Ce mode de développement est fait pour qu'Angular expose des informations sur l'état de l'application et effectue un nombre de vérifications supplémentaires afin d'aider l'équipe de développement.

L'une de ces vérifications est par exemple d'effectuer deux cycles d'exécutions au lieu d'un seul. Cela permet de s'assurer que les valeurs bindées n'ont pas changé entre ces deux cycles, dans le but de déceler des effets de bords pouvant engendrer des erreurs.

Le côté négatif du mode de développement est l'impact sur les performances. Ces vérifications supplémentaires prennent évidemment du temps et ne s'avèrent pas nécessaires lorsque l'application est déployée en production.

L'activation du mode production se fait en appelant la méthode `enableProdMode`.

```
Import { enableProdMode } from '@angular/core';

enableProdMode();
```

Il est nécessaire d'effectuer l'import de la méthode `enableProdMode` depuis `@angular/core` avant de pouvoir l'appeler.

Cette méthode est à appeler avant le bootstrap de l'application.

```
Import { enableProdMode } from '@angular/core';

enableProdMode();
bootstrap(...);
```

Chapitre 4
TypeScript

1. JavaScript

Le langage JavaScript s'est imposé depuis quelques années comme le langage indispensable au développement d'applications web.

Initialement, JavaScript a été créé comme un langage de scripting utilisé pour apporter un peu de dynamisme aux sites web statiques. Mais au fil du temps, à l'aide de la popularisation de frameworks comme jQuery ou AngularJS, l'utilisation du langage JavaScript est devenue de plus en plus importante, jusqu'à permettre la création d'applications 100 % front, possédant des fonctionnalités identiques à ce que l'on peut faire en application client lourd (mode offline, notifications, etc.).

JavaScript est un langage assez différent de ce que l'on a l'habitude de rencontrer. Tout d'abord, JavaScript est un langage interprété, le code écrit étant directement exécuté sans phase de compilation préalable.

JavaScript est également un langage dynamiquement typé, c'est-à-dire qu'un élément peut changer de type en cours d'exécution. Une variable d'un certain type peut ainsi se voir affecter une valeur d'un autre type.

```
var maFonction = function() {
    console.log("I'm a function");
}
maFonction = 27;
```

Exemple du typage dynamique JavaScript. La variable est initialisée en tant que fonction puis prend une valeur entière.

Enfin, JavaScript est un langage par nature monothreadé, fortement asynchrone et basé sur un mécanisme d'événements non bloquants. Malgré sa nature monothreadée, JavaScript est donc par design un langage très performant, permettant de tirer parti de la totalité des performances des ressources lui étant allouées (au contraire du modèle de langage multithreadé permettant de paralléliser un ensemble de traitements).

Lorsque l'on développe une application en JavaScript, sa forte dynamicité devient rapidement un handicap. Comment faire pour s'assurer que le code que l'on écrit est syntaxiquement valide ? Comment effectuer des phases de refactoring sans apporter des régressions ?

```
var maFonction = function() {
    console.log("I'm a function");
}
maFunction();
```

Dans le code précédent, il y a une erreur d'orthographe à l'appel de la méthode `maFonction`. L'erreur ne sera visible qu'à l'exécution du code.

```
var maFonction = function(param) {
    console.log("I'm a function with a param " + param);
}
maFonction();
```

Dans le code précédent, la méthode `maFonction` est appelée sans paramètre. À l'exécution, la console affichera le message `"I'm a function with a param undefined"`.

```
var maFonction = function() {
    console.log("I'm a function");
}
maFonction = 4;
maFonction();
```

Dans le code précédent, on affecte un entier à la variable `maFonction`, qui était une fonction. L'exécution de ce code renverra l'erreur suivante : `"maFonction is not a function"`.

Il existe un ensemble d'outils, comme **jslint**, permettant de valider la qualité du code écrit mais ne permettant pas de se substituer à de vraies phases de compilation.

2. TypeScript

L'une des solutions à ces problématiques a été la création de langages qui se transcompilent en JavaScript, c'est-à-dire que la compilation génère des fichiers JavaScript. C'est notamment le cas de TypeScript, porté par Microsoft et utilisé par Angular.

D'autres langages similaires existent, comme **Dart** ou **CoffeeScript**, mais TypeScript est sans doute aujourd'hui l'un des plus complets.

TypeScript est donc un langage compilé et typé fortement qui génère du JavaScript compréhensible par tous les navigateurs.

Remarque

D'autres solutions ont été trouvées, comme la création de nouveaux langages comme Flash ou Silverlight pouvant être interprétés par les navigateurs grâce à l'installation de plug-ins. Ces langages ont signé leur fin le jour où les navigateurs ont décidé de ne plus les supporter. L'avantage de TypeScript est qu'il génère du code JavaScript totalement compréhensible nativement, c'est-à-dire sans l'aide de plug-ins, par tous les navigateurs. Cette solution est donc pérenne dans le temps.

Le typage fort de ce langage va permettre d'associer un type à un élément et empêcher cet élément de changer de type. Ce typage fort permet donc une stabilité supérieure du code puisqu'il sera possible de prédire le type d'un élément, et en conséquence ses différentes valeurs possibles.

```
var id: number;
```

La phase de compilation de TypeScript permet de valider syntaxiquement le code. Si celui-ci n'est pas valide syntaxiquement, c'est-à-dire si le développeur a fait usage d'une propriété sur un objet qui n'existe pas ou qu'il utilise un type de manière non conforme, la compilation du code TypeScript indiquera cette erreur. Les phases de refactoring, qui s'avéraient extrêmement compliquées et dangereuses, sont beaucoup plus simples. De manière générale, le code sera beaucoup plus robuste et stable.

```
var id: number;

 Type '"1234"' is not assignable to type 'number'.

 var id: number
id = "1234";
```

De nombreux éditeurs, notamment **Visual Studio**, **VSCode** ou **Sublime-Text** pour n'en citer que quelques-uns, comprennent le langage TypeScript et proposent de nombreux outils, comme l'autocomplétion, les erreurs de compilation directement dans l'éditeur, etc.

2.1 Syntaxe

La syntaxe de TypeScript est assez différente de ce qu'on a l'habitude de voir en JavaScript, voici un tour d'horizon des principaux éléments.

2.1.1 Variables

La déclaration d'une variable se fait de la façon suivante :

```
var maVariableBooleenne : boolean;
```

Le type est défini en suffixant la définition d'une variable par son type, séparé par ':'. Il existe un ensemble de types de base : `boolean`, `number`, `string`, `[]` pour un tableau, etc.

Dans l'optique de garder la possibilité de profiter du typage dynamique de JavaScript, TypeScript introduit le type `any`.

```
var maVariableDynamique : any;
```

Dans ce cas, TypeScript ne vérifiera pas le type de cette variable à la compilation.

Si le type d'une variable n'est pas précisé, TypeScript la considérera comme étant de type any.

2.1.2 Fonctions

La déclaration d'une fonction se fait de manière classique.

```
function maFonction() : void {
    ...
}
```

Le type de retour de la fonction se définit de manière identique au type d'une variable. Le type void indique qu'il n'y a aucun retour.

Si la fonction prend des paramètres en entrées, ces paramètres se typent de manière identique aux variables :

```
function maFonction(monParametre : string, monAutreParametre :
boolean) : void {
    ...
}
```

2.1.3 Classes

La notion de classe est apparue en JavaScript avec EcmaScript 6. Cette notion existe depuis plusieurs versions de TypeScript.

Remarque

À ce jour, la notion de classe introduite par EcmaScript 6 n'est pas encore supportée par tous les navigateurs récents, notamment par Internet Explorer 11. Il n'est donc pas encore possible de l'utiliser si l'on souhaite cibler tous les navigateurs récents.

```
class Person {
    name : string;
    age: number;

    constructor(name : string, age: number) {
        this.name = name;
        this.age = age;
```

```
    toString() {
        return `Hi I'm ${this.name} and I'm ${this.age} years old!`;
    }
}
```

Le mot-clé `class` permet d'indiquer que l'on est en train de créer une classe.

Il est également possible de créer de l'héritage entre classes :

```
class Developer extends Person {
    constructor(name, age, language) {
        super(name, age);
        this.language = language;
    }

    toString() {
        return super.toString() + ` :: I'm a Developer who likes
${this.language}`;
    }
}
```

La relation d'héritage se déclare via le mot-clé `extends`. Il est ensuite possible d'accéder aux éléments de la classe parente via la méthode `super`.

TypeScript introduit également la notion de visibilité sur les propriétés. Il est possible de déclarer une propriété `private`, qui ne sera accessible que depuis la classe courante, `protected`, qui ne sera accessible que depuis la classe courante ou les classes héritant de la classe courante, et enfin une propriété `public` qui sera accessible depuis l'extérieur de la classe. Par défaut, si aucune visibilité n'est spécifiée, une propriété sera `public`.

```
class Modifier {
    public myPublicProperty: string;
    protected myProtectedProperty: string;
    private myPrivateProperty: string;
}
```

2.1.4 Arrow Function

L'un des pièges que l'on rencontre souvent quand l'on débute avec le JavaScript est l'utilisation de this.

En JavaScript, le this se comporte légèrement différemment des autres langages de programmation. Sa valeur est déterminée à partir de la façon dont la fonction est appelée.

```
function Person(age) {
    this.age = age;

    this.growOld = function() {
        this.age++;
    }
}

var person = new Person(1);
setTimeout(person.growOld(), 0);
```

Dans l'exemple précédent, le this utilisé dans la fonction growOld n'est pas le this attendu. Le this correspondra à l'objet Windows et non à la propriété person.

Il est courant en JavaScript de devoir enregistrer la valeur du this avant d'appeler une fonction. Cela permet d'y avoir accès même à l'intérieur de la cette fonction.

```
function Person(age) {
    var that = this;
    this.age = age;

    this.growOld = function() {
        that.age++;
    }
}

var person = new Person(1);
setTimeout(person.growOld(), 0);
```

La variable that permet d'enregistrer la référence du this, et donc de pouvoir s'y référer plus tard.

La méthode `bind`, introduite par EcmaScript 5, permet de définir la valeur du `this` pour une fonction, indépendamment de la façon dont elle est appelée.

```
function Person(age) {
    this.age = age;

    this.growOld = function() {
        this.age++;
    }
}

var person = new Person(1);
setTimeout(person.growOld.bind(person), 0);
```

Afin d'éviter ces contournements peu élégants, TypeScript a introduit la notion d'*arrow function*, via l'opérateur =>, également défini par EcmaScript 6. En utilisant ce type de fonction, le `this` sera automatiquement enregistré, comme dans l'exemple précédent.

```
function Person(age) {
    this.age = age;

    this.growOld = () => {
        this.age++;
    }
}
```

Le code JavaScript généré sera alors le suivant :

```
function Person(age) {
    var _this = this;
    this.age = age;
    this.growOld = function () {
        _this.age++;
    };
}
```

2.1.5 Union type

Les unions types permettent de définir une valeur qui peut avoir plusieurs types. Cela permet de profiter de la dynamicité du langage JavaScript tout en gardant un typage pour plus de sécurité.

```
var pet : Fish | Bird;
```

La variable `pet` peut avoir comme type soit `Fish` soit `Bird`.

2.1.6 Interface

TypeScript permet également d'apporter des notions n'existant pas en JavaScript. C'est notamment le cas avec les interfaces.

```
interface ISender {
    send(message: string): boolean;
}
```

Un point intéressant à noter sur les interfaces est que TypeScript ne générera pas de code JavaScript correspondant. En effet, la notion d'interface n'existant pas en JavaScript, celle-ci est uniquement utilisée pour définir des contrats qui seront validés à la compilation et ne nécessite pas de génération de code.

Les interfaces TypeScript sont également utilisées pour représenter les modèles de notre application. L'avantage par rapport à l'utilisation de classe est que l'on ne va pas générer de code inutile.

```
interface Customer {
    name: string;
    firstName: string;
    email: string;
    age: number;
}
```

L'interface précédente définit les propriétés qui représenteront un customer.

```
var c : Customer = {
    name: 'Ollivier',
    firstName: 'Sébastien',
    email: 'sebastien.ollivier@test.fr',
    age: 31
}
```

Le code précédent crée un customer en se basant sur l'interface, notamment pour valider le typage à la compilation.

Le code généré par ces deux portions de TypeScript sera le code suivant :

```
var c = {
    name: 'Ollivier',
    firstName: 'Sébastien',
    email: 'sebastien.ollivier@test.fr',
    age: 31
};
```

2.1.7 Générique

Il est également possible d'utiliser des génériques en TypeScript, notion n'existant pas en JavaScript.

```
class Greeter<T> {
    greeting: T;

    constructor(message: T) {
        this.greeting = message;
    }
    greet() {
        return this.greeting;
    }
}
```

L'instanciation de ce type générique se fait simplement en spécifiant le type souhaité :

```
let greeter = new Greeter<string>("Hello, world");
```

2.1.8 Les décorateurs

Les décorateurs (proposition d'EcmaScript 7 disponible en TypeScript) sont des annotations qui permettent de modifier une classe et ses propriétés au moment de son implémentation.

```
@Component({
  selector: 'my-component',
  template: '<div>Hello my name is {{name}}.</div>'
})
class MyComponent {
  constructor() {
    this.name = 'Sébastien'
  }
}
```

Dans l'exemple précédent, la décoration `@Component` d'Angular permet d'indiquer que la classe `MyComponent` correspond à un composant. Le code nécessaire pour déclarer cette classe en tant que composant sera automatiquement injecté à la compilation, évitant ainsi d'avoir à déclarer du code technique.

Elles sont très souvent utilisées par Angular, comme on le verra dans les chapitres suivants, pour apporter du sens à certains éléments, sans avoir à alourdir le code.

2.2 Typings

L'un des avantages de TypeScript est donc de pouvoir typer les variables, pour notamment profiter de la validation à la compilation. Dans ce sens, TypeScript apporte un ensemble de types simples.

Mais lorsque l'on utilise des librairies tierces (jQuery, Angular, Moment, React), il est nécessaire de déclarer les types de ces librairies pour profiter de la compilation de TypeScript. Sans ces types, tous les éléments de la librairie seront considérés en tant que type any, et ne seront donc pas validés à la compilation.

Les déclarations de types TypeScript d'une librairie se font dans des fichiers que l'on appelle les typings. Ce sont des fichiers d'extension `d.ts` et leur objectif est de contenir la déclaration de tous les éléments de la librairie qu'il couvre.

Remarque

Les typings ne contiennent que des interfaces ou des déclarations, pour qu'ils n'engendrent pas une génération de code lors de la compilation TypeScript.

```
declare module Math {
    export interface Calculator {
        addition(a: number, b: number): number;
    }
}
```

Le typing précédent déclare une interface nommée `Calculator`, dans un module nommé `Math`, qui contient une méthode `addition`, prenant en entrée deux nombres et renvoyant un nombre.

Les typings sont exposés en tant que paquet npm, généralement préfixé par `@types/`.

```
npm install @types/lodash --save-dev
```

La commande précédente permet d'installer le paquet npm `@types/lodash` contenant les typings de la librairie lodash. Le flag `--save-dev` permet de sauvegarder cette dépendance en tant que dépendance de développement, étant donné qu'elle n'est utilisée que pour le développement et non pour faire fonctionner l'application.

2.3 Compilation

TypeScript est donc un langage et vient accompagné d'un compilateur, **tsc**, qui va permettre de transformer les fichiers TypeScript en fichier JavaScript.

Ce compilateur prend en entrée un ensemble de paramètres permettant de définir comment la compilation se fera. Voici quelques exemples de paramètres :

- `target` : permet de définir la version d'EcmaScript cible ("ES3, "ES5", etc.).
- `noImplicitReturns` : déclenche une erreur si tous les chemins d'une fonction ne retournent pas de valeur.

Remarque

Vous pourrez trouver la liste exhaustive à l'URL suivante :
https://www.typescriptlang.org/docs/handbook/compiler-options.html

Le fichier de configuration `tsconfig.json` contient ces paramètres de compilation. Il est à placer dans un répertoire pour indiquer que celui-ci correspond à la racine d'un projet TypeScript.

```
{
    "compilerOptions": {
        "typeRoots" : ["./typings"]
    }
}
```

Voici un exemple simple de fichier `tsconfig.json`.

Il contient également d'autres options permettant de configurer la manière dont la compilation va s'exécuter, notamment `compileOnSave` qui sert à indiquer si la compilation doit se déclencher à chaque sauvegarde d'un fichier TypeScript.

```
{
    "compileOnSave": true,
    "compilerOptions": {
        "noImplicitAny" : true
    }
}
```

Voici un second exemple simple de fichier `tsconfig.json`.

La compilation se fait ensuite via la ligne de commande suivante :

```
tsc
```

Cette commande va se servir du fichier `tsconfig.json` pour récupérer tous les paramètres.

Les outils assimilés à des Task Runner (exécuteur de tâches s'exécutant en JavaScript et très souvent utilisé dans le développement Web Front pour automatiser certaines tâches de build), comme **Gulp**, **Grunt** ou **Webpack**, surcouchent cette logique de compilation pour fournir un environnement de développement plus agréable et automatisé.

2.4 EcmaScript 6 et 7 dès maintenant

Ce qui est également intéressant lorsque l'on utilise TypeScript est le fait de pouvoir utiliser EcmaScript 6 et 7 sans attendre leur support total sur les différents navigateurs.

Remarque

Les spécifications du langage JavaScript, appelé EcmaScript, évoluent en continu. La version aujourd'hui supportée par l'ensemble des navigateurs est EcmaScript 5. EcmaScript 6, en partie supporté par les navigateurs récents, et EcmaScript 7 apportent notamment de nouvelles syntaxes et de nouvelles API (HTML et/ou CSS).

Depuis sa version 2.1, TypeScript supporte par exemple les mots-clés `await / async` permettant d'écrire du code asynchrone de manière séquentielle, c'est-à-dire sans callback :

```
function delay(ms) {
    return new Promise(function (resolve) {
        setTimeout(resolve, ms);
    });
}

async function asyncAwait() {
    await delay(1000);
    await delay(1000);
}
```

Le code TypeScript précédent, utilisant une syntaxe EcmaScript 7, sera transformé en code EcmaScript 5 à la compilation.

De cette manière, il n'est plus nécessaire de se soucier des problématiques de support par les navigateurs des spécifications EcmaScript, TypeScript se chargeant pour nous de générer du JavaScript compatible.

2.5 Angular et TypeScript

Lors de la refonte d'AngularJS, l'équipe en charge du développement de la nouvelle version a présenté un nouveau langage, **AtScript**, dont l'objectif était d'apporter un ensemble de *features* (annotations, etc.) en plus du typage statique. Après quelques itérations, l'équipe de Google a décidé d'utiliser la solution de Microsoft TypeScript. Les deux entreprises se sont synchronisées pour faire évoluer le langage TypeScript, en ajoutant notamment les annotations.

Il est également possible de créer une application directement en JavaScript, sans passer par le langage TypeScript. On perd alors tous les bénéfices énoncés dans ce chapitre mais l'équipe d'Angular n'a pas voulu forcer ce choix.

Pour la suite du livre, les exemples de code seront tous basés sur le langage TypeScript. D'expérience, TypeScript apporte tellement de stabilité à l'application et tellement de gain de productivité qu'il devient vite l'outil indispensable d'Angular et le compagnon inséparable du développeur.

Chapitre 5
Angular CLI

1. Introduction

L'objectif de ce chapitre est de présenter la CLI développée par les équipes d'Angular. En passant par la définition de celle-ci et les différentes commandes qu'Angular CLI apporte, le but est de pouvoir se lancer dans un projet Angular et de voir les bénéfices que la CLI peut apporter.

2. Qu'est-ce qu'Angular CLI ?

2.1 La définition

Angular CLI est une *Command Line Interface* (interface en ligne de commande, en français) développée par les équipes d'Angular même. Cette CLI permet de créer des projets dans lesquels la CLI pourra ajouter des fichiers et plus exactement des entités Angular. Il sera possible d'ajouter des modules, des composants, des services ou bien des directives en une ligne de commande.

Mais ce n'est pas tout, un projet créé avec Angular CLI est configuré par défaut pour fonctionner avec de nombreuses tâches transverses qu'implique une application web TypeScript. Nous parlons ici de bundling des sources, de minification, mais aussi des outils qui permettent de tester son application ou même de la déployer.

Remarque

Le bundling est l'opération qui consiste à mettre en commun les différentes parties de l'application afin de constituer un seul paquet final : un bundle. La minification quant à elle, a pour objectif de réduire la taille du code source en renommant les variables et fonctions par des noms plus courts, sans pour autant avoir un impact sur le fonctionnement du code.

Remarque

Historiquement, Angular CLI a migré depuis SystemJS vers Webpack pour la partie module loader, tout en bénéficiant de tout ce que permet de faire Webpack en tant que Task Runner, cela veut dire que les tâches telles que le bundling sont faites avec Webpack.

Pour les développeurs web débutants, ou du moins n'ayant pas une bonne maîtrise de Webpack, il est assez intéressant d'avoir une build déjà prête qui fait tout le travail, et qui permet ainsi au développeur de se concentrer sur l'essentiel : son code et son application. D'un autre point de vue, cela implique que la configuration Webpack est une boîte noire pour le développeur, avec tout de même des points d'extensions, limités, qui sont dans le fichier `angular.json`. Nous allons voir en détail, dans la suite du chapitre, ce que contient ce fichier.

S'il fallait résumer Angular CLI : c'est un outil qui permet de générer et de piloter un projet Angular sans se soucier des problématiques transverses du développement web, avec tout l'outillage pour développer et déployer son application. Un projet peut alors être lancé très rapidement, en quelques secondes, avec une infrastructure toute prête, c'est un énorme gain de temps.

Remarque

Pour information, depuis Angular 6, la CLI a énormément changé. Par exemple, la configuration était basée sur un fichier `.angular-cli.json` jusqu'à Angular 5, puis à partir d'Angular 6, nous sommes passés à un fichier `angular.json` dont la structure n'a plus rien à voir. Un site est mis à disposition par les équipes d'Angular (https://update.angular.io/) et guide les développeurs dans leur processus de mise à jour de la version d'Angular au sein des projets. En réalité, tout est quasiment automatisé.

2.2 Les commandes principales

2.2.1 Créer un nouveau projet Angular CLI : ng new

Pour créer un nouveau projet Angular CLI, il suffit d'utiliser la commande `ng new`, en lui spécifiant le nom de l'application. Par défaut, l'application sera créée dans un répertoire du même nom.

Syntaxe de la création d'un nouveau projet Angular CLI

```
ng new <nom de l'application>
```

La CLI demande en premier si l'on veut ajouter le routing sur notre composant principal, l'AppComponent donc.

Ensuite, il faut choisir le format de feuille de style utilisé dans l'application, vous pouvez choisir du SASS/SCSS ou du LESS, ou bien rester en CSS classique. À noter qu'il est possible de changer le format de feuille de style a posteriori, c'est tout simplement de la configuration pour la CLI. Si la configuration est demandée ici, c'est pour les premiers composants qui seront générés.

Remarque

Ce chapitre est conçu pour mettre en avant les commandes principales qui seront les plus utilisées par les développeurs pendant les phases de développement. Angular CLI possède une grande quantité de commandes avec chacune de nombreux paramètres. Afin de ne pas être trop redondant avec la documentation d'Angular CLI, pour avoir plus d'informations ou découvrir toutes les commandes, il est intéressant d'explorer la documentation sur GitHub : https://github.com/angular/angular-cli/ ou bien le site Internet https://cli.angular.io/.

2.2.2 Compiler l'application : ng build

Pour compiler l'application, la simple commande de base `ng build` suffit.

Syntaxe pour compiler l'application

```
ng build
```

Les fichiers générés, appelés *build artifacts* de manière générale, sont placés dans le répertoire `dist/` à la racine du projet.

Angular CLI embarque un système de gestion de *build targets* et d'environnements. Cela permet au développeur de compiler en mode développement ou production (*build targets*) puis de choisir quel environnement il veut cibler. Par exemple, si l'application front Angular utilise une API, il est courant d'avoir une API de développement et une API de production.

Compiler en développement ou production

Par défaut, l'application est toujours compilée en mode développement. Par opposition, lorsque l'application est compilée en mode production, Angular CLI va optimiser les packages de l'application en utilisant des concepts tels que l'*uglifying* et le *tree-shaking*.

Le principe de l'*uglifying* vient principalement de la librairie **UglifyJS**, qui est une librairie JavaScript qui permet de minifier les fichiers. C'est un principe très courant dans le développement web qu'il ne faut pas négliger, l'objectif étant d'enlever les caractères qui sont inutiles au bon fonctionnement du code. Cela permet de réduire la taille du bundle final et d'offrir aux utilisateurs des temps de chargement plus rapides.

Quant au *tree-shaking*, l'objectif est d'enlever le code qui n'est pas utilisé. Pour cela, lors de la compilation, les exports qui ne sont pas utilisés dans le reste de l'application seront retirés du bundle final. Plus précisément, c'est grâce aux modules ES6 et les imports/exports, que le *tree-shaking* peut détecter les modules non utilisés, via les exports qui ne sont tout simplement pas référencés.

Pour compiler en mode développement ou production, il suffit de renseigner le paramètre `--configuration`.

Un alias existe pour la production avec `--prod`.

Exemples de commandes pour compiler en production

```
// avec une seule application (par défaut)
ng build --configuration=production
ng build --prod

// avec plusieurs applications, il faut spécifier le nom
de l'application ng build monAppli --configuration=production
ng build monAppli --prod

// exemples avec la syntaxe ng run
ng run sandbox:serve:production
```

Les fichiers d'environnements

À la création du projet, deux fichiers d'environnements sont créés : `environment.prod.ts` et `environment.ts`.

L'objectif est de définir les paramètres de l'application Angular qui sont spécifiques à chaque environnement. Le cas d'école est l'URL d'une API qui alimente l'application en données.

Les paramètres de base sont ceux qui sont présents dans le fichier `environment.ts`. Ensuite, en fonction de l'environnement ciblé par la compilation, le fichier sera remplacé par celui correspondant.

En regardant le contenu du premier fichier `environment.ts`, on peut voir une première propriété, un booléen `production` qui est à `false`, le tout dans une constante qui est exposée.

Contenu du fichier `environment.ts`

```
export const environment = {
  production: false
};
```

Quant au fichier `environment.prod.ts`, on retrouve la même structure, mais avec le booléen à `true`.

Ainsi, on peut ajouter des propriétés dans ces fichiers et les utiliser dans son application. Pour l'utiliser, il suffit d'importer la constante `environment`.

```
import { environment } from '../environments/environment';
```

Puis les propriétés sont accessibles tout naturellement.

```
if(environment.production)
{
  // Code spécifique à la production
}
if(!environment.production)
{
  // Code à ne pas exécuter en production
}
```

L'environnement ciblé est défini par la configuration spécifiée, cela se passe dans le fichier de configuration `angular.json`.

Exemple de la configuration de production par défaut

```
"configurations": {
  "production": {
    "fileReplacements": [
      {
        "replace": "src/environments/environment.ts",
        "with": "src/environments/environment.prod.ts"
      }
    ],
  }
}
```

Extraire le style dans des feuilles de style séparées

Par défaut, la compilation injecte les feuilles de style globales de l'application dans le bundle JavaScript final. Il est possible de les extraire dans un fichier CSS dédié : `styles.bundle.css`.

Pour cela, il suffit d'utiliser le paramètre `--extract-css`.

Exemple de commande pour extraire le CSS global

```
ng build --extract-css
```

Avoir plus d'informations sur la compilation

Par défaut, Angular CLI n'affiche qu'un résumé de ce qu'il se passe lors de la compilation, il est possible d'augmenter la verbosité de celle-ci grâce au paramètre `verbose`.

Exemple de commande pour activer la verbosité

```
ng build --verbose
```

2.2.3 Lancer l'application avec ng serve

Lors des développements, il est toujours intéressant d'optimiser le temps de développement en minimisant les processus transverses. Exécuter la commande `ng build` après chaque modification peut être vite fatigant et surtout anti-productif. Pour cela, il existe la commande `ng serve`, qui lance **webpack-dev-server**, un serveur "express" Node.js qui utilise **webpack-dev-middleware** pour exposer les fichiers nécessaires, afin que l'application puisse être testée directement à chaque modification de fichier.

Cela veut dire que lorsque le développeur modifie un fichier, que ce soit un template HTML ou bien un fichier TypeScript d'un composant, webpack-dev-middleware détecte la modification et relance la compilation du projet directement.

Ainsi, il suffit de lancer la commande `ng serve` avant de se lancer dans les développements, puis Angular CLI s'occupe du reste.

Remarque

Au même titre que la commande `ng build`, `ng serve` possède le même arsenal de paramètres, permettant au développeur de tester en production, ou sur un environnement particulier.

Une fois la commande lancée, on peut voir que le serveur, webpack-dev-server, est lancé sur l'adresse http://localhost:4200. La console affiche alors la durée de la compilation et, par étape, les fichiers qui sont générés ainsi que leur taille.

Sortie de la console lors de la compilation

```
C:\Angular12\sandbox>ng serve
√ Browser application bundle generation complete.

Initial Chunk Files   | Names         |      Size
vendor.js             | vendor        |   2.39 MB
polyfills.js          | polyfills     | 510.54 kB
styles.css, styles.js | styles        | 383.79 kB
main.js               | main          |  57.18 kB
runtime.js            | runtime       |   6.61 kB

                      | Initial Total |   3.33 MB

Build at: 2021-10-26T12:25:10.790Z - Hash: 0b46597955628938ae33 - Time: 5279ms

** Angular Live Development Server is listening on localhost:4200, open your browser on http://localhost:4200/ **


√ Compiled successfully.
```

Choisir l'intervalle auquel la détection des modifications des fichiers est exécutée

Certains développeurs ont la manie de sauvegarder le code à la moindre modification. Or, chaque modification de fichier entraîne une compilation avec une courte fréquence de détection. Il est possible de définir cet intervalle de détection des modifications en renseignant les millisecondes voulues avec le paramètre `poll`.

Exemple pour une détection des modifications des fichiers toutes les 10 secondes

```
ng serve --poll=10000
```

2.2.4 Exécuter les tests avec Angular CLI

L'exécution des tests, qu'ils soient unitaires ou *end-to-end* (de bout en bout), est intégrée directement dans Angular CLI.

Remarque

L'objectif de cette section est uniquement de montrer en surface les commandes pour lancer les tests. Pour aller plus en profondeur, veuillez-vous référer au chapitre Tester son application.

Exécuter les tests unitaires

En utilisant la commande `ng test`, une compilation est exécutée avec **Karma**. Karma est un outil de terminal JavaScript qui va lancer le navigateur, charger le code de l'application et exécuter les tests fait avec **Jasmine**.

Karma est un outil développé par l'équipe qui développe Angular. Quant à Jasmine, c'est un framework de tests unitaires très répandu dans l'univers du Web.

Automatiquement, Karma va détecter les modifications dans le code et relancer la routine, de la même manière qu'un `ng serve` le ferait.

Il est donc possible de spécifier `--watch=false` si on ne désire pas lancer de détection de modifications.

Syntaxe pour lancer les tests unitaires

```
ng test
```

Exécuter les tests end-to-end

Les tests end-to-end peuvent être réalisés avec plusieurs frameworks de tests. Historiquement, Protractor était le framework de référence pour les applications Angular, mais les équipes d'Angular ont décidé de passer à Cypress sur les dernières versions, ce dernier étant plus rapide et permettant des tests plus fiables.

Cypress est un framework de test *end-to-end* pour les applications Angular. Le framework exécute les tests sur l'application dans un navigateur, en simulant les interactions d'un utilisateur.

Pour ajouter Cypress à son application, il suffit d'exécuter la commande :

```
ng add @cypress/schematic
```

Syntaxe pour lancer les tests e2e (end-to-end)

```
ng e2e
```

2.3 Les commandes de scaffolding

Un système de génération automatisé est mis en place avec Angular CLI, permettant de générer des entités grâce à de simples commandes. De manière générale, des alias existent sur chaque commande.

Par exemple, la commande de base `ng generate` peut aussi s'écrire `ng g`.

Voici une vue d'ensemble des commandes de génération mise à disposition par Angular CLI :

Entité	Commande	Alias
Composant	`ng generate component <nom du composant>`	`ng g c`
Pipe	`ng generate pipe <nom du pipe>`	`ng g p`
Directive	`ng generate directive <nom de la directive>`	`ng g d`
Service	`ng generate service <nom du service>`	`ng g s`
Guard	`ng generate guard <nom du guard>`	`ng g g`

Entité	Commande	Alias
Module	`ng generate module <nom du module>`	`ng g m`
Enum	`ng generate enum <nom de l'énumération>`	`ng g e`
Class	`ng generate class <nom de la classe>`	`ng g class`
Interface	`ng generate interface <nom de l'interface>`	`ng g i`
Application	`ng generate application <nom de l'application>`	`ng g app`

Ces commandes sont paramétrables, afin de simplifier encore plus la vie du développeur.

Remarque

Un projet Angular CLI est composé d'une application à sa création. Cependant, il est possible de créer plusieurs projets au sein de ce projet, comme, par exemple, d'autres applications ou des librairies de code. Nous aborderons cela plus en détail dans la section Configurer un projet Angular CLI.

2.4 La génération d'un composant

Une application Angular possède généralement plusieurs composants, selon sa taille, et le développeur va devoir donc les créer un à un. Pour faciliter ce processus, Angular CLI permet via de nombreux paramètres de générer un composant qui correspond aux besoins du développeur.

Remarque

De nombreux paramètres sont disponibles sur d'autres entités comme les services, les pipes, etc. Pour plus d'informations, se référer à la documentation disponible sur le GitHub d'Angular CLI.

La commande suivante permet de générer un composant :

```
ng generate component <nom du composant>
```

Lors de la création d'un composant avec cette commande, les imports vont être faits par défaut, c'est-à-dire que les modules Angular seront déjà dans les imports du fichier TypeScript du composant. Il est aussi important de savoir que le composant va être déclaré dans le module par défaut, celui du dossier depuis lequel les lignes de commandes sont exécutées. Il est bien évidemment possible de spécifier le module dans lequel nous voulons déclarer le composant qui va être fraîchement créé grâce aux paramètres de la ligne de commande.

Remarque

Pour le nommage des composants, il faut prendre en compte le fait qu'Angular CLI ajoute automatiquement `Component` à la fin de la classe `Typescript` générée. On peut se retrouver alors avec des composants nommés `TestComponentComponent`.

Définir le module dans lequel le composant va être déclaré

Pour définir un module particulier pour le nouveau composant, il suffit d'utiliser le paramètre `--module`.

Syntaxe avec le paramètre module

```
ng generate component <nom du composant> --module=<nom du module>
```

Exemple de commande pour déclarer le composant dans un module spécifique

```
ng generate component new-sample --module=some-module
```

Commande équivalente avec alias

```
ng g c new-sample -m=some-module
```

Au niveau du composant en soi, rien de particulier n'est fait par Angular CLI.

Spécifier un mode de détection des changements

Il est possible de choisir le mode de détection du composant grâce au paramètre `--change-detection`.

Syntaxe avec le paramètre de détection des changements

```
ng generate component <nom du composant> --change-detection=<stratégie>
```

Exemple de commande pour créer un composant en stratégie 'on push' :

```
ng generate component new-sample --change-detection=OnPush
```

Commande équivalente avec alias

```
ng g c new-sample -cd=OnPush
```

Avec cette commande, Angular CLI va importer l'énumération `ChangeDetectionStrategy` du module `@angular/core` pour configurer le paramètre `changeDetection` du décorateur `@Component`.

```
import { Component, OnInit, ChangeDetectionStrategy }
from '@angular/core';
@Component({
  selector: 'app-testapp',
  templateUrl: './new-sample.component.html',
  styleUrls: ['./ new-sample.component.css'],
  changeDetection: ChangeDetectionStrategy.OnPush
})
export class NewSampleComponent implements OnInit {

  constructor() { }

  ngOnInit() {
  }
}
```

Remarque

Pour en savoir plus sur la détection des changements, veuillez-vous référer au chapitre Pour aller plus loin - La détection de changement.

Ne pas créer de dossier pour le composant

Par défaut, Angular CLI crée un dossier du nom du composant pour y regrouper les différents fichiers du composant. Il est fortement recommandé de garder cette notion de dossier pour un composant, cependant, si c'est nécessaire, il est possible de s'en passer avec `--flat`.

Syntaxe pour ne pas créer un dossier

```
ng generate component <nom du composant> --flat
```

Exemple de commande pour créer un composant sans dossier :

```
ng generate component component-without-folder --flat
```

Exporter le composant depuis le module

Par défaut, Angular CLI déclare uniquement le nouveau composant dans le module, qu'il soit précisé ou non avec le paramètre `--module`.

Composant déclaré dans le décorateur `@NgModule`

```
@NgModule({
    declarations: [
        DeclaredComponent
    ],
```

Remarque

Un composant déclaré dans un module est un composant utilisable dans ce même module.

Lors du développement de composants au sein d'un module commun, il est nécessaire d'exporter ces composants au sein de leur module, afin qu'ils puissent être importés par les autres modules Angular. Pour cela, Angular CLI permet d'exporter directement les composants à leur création, ce qui évite au développeur de faire cette manipulation a posteriori.

Composant déclaré ET exporté dans le décorateur `@NgModule`

```
@NgModule({
    declarations: [
        ExportedComponent
    ],
    exports: [ExportedComponent]
})
export class RandomModule { }
```

Encore une fois, tout se passe dans le décorateur `@NgModule`, la déclaration, suivi de l'export du même composant. Ainsi, dans l'exemple précédent, un autre module pourra importer le module `RandomModule`, et utiliser librement le composant `ExportedComponent`.

Syntaxe pour rajouter le composant dans les exports du module

```
ng generate component <nom du composant> --export
```

Exemple de commande pour créer un composant exporté

```
ng generate component component-exported --export
```

Définir le template et/ou le style en inline

Lorsqu'on crée un composant avec Angular CLI, en plus du fichier TypeScript définissant la classe du composant, deux fichiers séparés sont créés. Le premier est un fichier HTML correspondant au template du composant et le deuxième est une feuille de style pour le style du composant. Même si cette pratique est, elle aussi, fortement recommandée pour la séparation des responsabilités, il arrive qu'on veuille déclarer le template et/ou le style en *inline* dans le composant.

Syntaxe pour déclarer le template et le style en inline

```
ng generate component <nom du composant> --inline-template
--inline-style
```

Exemple de commande pour créer un composant avec template et style en inline

```
ng generate component component-inline --inline-template
--inline-style
```

Commande équivalente avec alias

```
ng g c component-inline -it -is
```

Ce ne sont donc plus les propriétés `styleUrls` et `templateUrl` du décorateur `@Component` qui sont utilisées, mais `styles` et `template`.

```
import { Component, OnInit } from '@angular/core';

@Component({
    selector: 'app-component-inline',
    template: `
      <p>
        component-inline Works!
      </p>
    `,
    styles: []
})
export class ComponentInlineComponent implements OnInit {

    constructor() { }

    ngOnInit() {
  }
}
```

Remarque

Il est fortement déconseillé de déclarer le template ou le style en inline pour respecter la structure de son projet. En général, cela est plus utilisé pour des POC (Proof of Concept : démonstration de faisabilité) ou des démonstrations brèves.

Le composant et son préfixe

Sans configuration, Angular CLI rajoute un préfixe au niveau du sélecteur du composant. Ainsi, un composant nommé `component-noparams` et créé sans aucun paramètre aura le sélecteur suivant :

```
selector: 'app-component-noparam'
```

Par défaut, le préfixe défini par Angular CLI est `app`. Il est possible de définir pour chaque composant un nouveau préfixe, ou bien de ne pas ajouter de préfixe.

Syntaxe pour retirer le préfixe

```
ng generate component <nom du composant> --prefix
ng generate component <nom du composant> --prefix=false
```

Syntaxe pour spécifier un autre préfixe

```
ng generate component <nom du composant> --prefix=<nouveau préfixe>
```

Exemple de commande pour spécifier un préfixe personnalisé

```
ng generate component component-prefix --prefix=customprefix
```

Commande équivalente avec alias

```
ng g c ccmponent-prefix -p=customprefix
```

Remarque

Par exemple, il est possible de préfixer le composant par le nom du feature module auquel il appartient. Ainsi, il est facile d'identifier à quelle fonctionnalité appartient un composant.

Les tests unitaires

La convention définie par Angular CLI est d'avoir un fichier de tests unitaires (.spec.ts) pour chaque fichier Typescript généré, et c'est donc par défaut que ce fichier est aussi généré. Si vous utilisez votre propre framework de test, ou si tout simplement vous ne voulez pas de tests unitaires, il est possible de dire à Angular CLI de ne pas les générer.

Syntaxe du paramètre --skip-tests

```
ng generate component <nom du composant> --skip-tests=<boolean>
```

Exemple de commande pour ne pas générer les tests unitaires

```
ng generate component component-notests --skip-tests=true
```

Remarque

Pour en savoir plus sur les tests unitaires avec Angular CLI : voir la section Exécuter les tests avec Angular CLI de ce chapitre.

View Encapsulation

Il est possible de choisir la *View Encapsulation* (encapsulation de la vue) du composant.

Syntaxe pour spécifier une View Encapsulation

```
ng generate component <nom du composant> --view-encapsulation=<type
de view encapsulation>
```

Exemple de commande pour une View Encapsulation native

```
ng generate component component-ve-emulated -view-encapsulation=Emulated
```

Commande équivalente avec alias

```
ng g c component-ve-emulated -v=Emulated
```

Remarque

Pour en savoir plus sur la View Encapsulation, veuillez-vous référer au chapitre Les composants - Les composants Angular et la View Encapsulation.

3. Configurer un projet Angular CLI

3.1 Schéma du fichier de configuration d'Angular CLI

Le fichier `angular.json` est essentiel, il possède de nombreuses propriétés. Il va permettre de gérer le workspace ainsi que les configurations des différents projets de l'application Angular. Il est important de connaître les configurations principales afin de s'assurer la bonne prise en main d'un projet réalisé à l'aide d'Angular CLI.

Prenons l'exemple d'un projet Angular CLI en affichant uniquement les nœuds principaux.

Commande pour créer le projet Angular CLI

```
ng new cli-sample8
```

Contenu (avec détail tronqué) du fichier angular.json

```
{
  "$schema": "./node_modules/@angular/cli/lib/config/schema.json",
  "version": 1,
  "newProjectRoot": "projects",
  "projects": {
    "cli-sample8": {
      "projectType": "application",
       "schematics": {
        "@schematics/angular:component": {
          "style": "scss"
        }
      },
      "root": "",
      "sourceRoot": "src",
      "prefix": "app",
      "architect": {
        "build": {...},
        "serve": {...},
        "extract-i18n": {...},
        "test": {...},
      }
    }},
  "defaultProject": "cli-sample8"
}
```

À la racine du fichier, nous retrouvons les propriétés suivantes :

- `$schema` : le lien vers le fichier `schema.json` qui permet d'avoir l'auto-complétion dans l'éditeur pour le fichier `angular.json`.
- `version` : la version de la configuration que le développeur définit.
- `projects` : le nœud qui va contenir les projets et leurs configurations.
- `defaultProject` : étant donné qu'il peut y avoir plusieurs projets, c'est le projet par défaut qui sera utilisé pour les commandes, si aucun projet n'est spécifié.
- `newProjectRoot` : c'est le dossier (relatif ou absolu) dans lequel seront créés les nouveaux projets (applications, librairies).

Dans le nœud `projects`, nous pouvons voir qu'une application `cli-sample8` a été créée.

Nœud projectType

"projectType": "application",

Le type du projet peut être une application ou une librairie. Ici, c'est une application.

Nœud schematics

```
"schematics": {
  "@schematics/angular:component": {
    "style": "scss"
  }
},
```

Dans ce nœud, il est possible de définir toutes les propriétés par défaut pour les commandes de génération au sein du projet. À la création de ce projet, le préprocesseur SCSS a été choisi, ainsi, nous pouvons retrouver cette information ici.

Il est possible de spécifier tous les paramètres disponibles pour la commande `ng generate`, comme `changeDetection`, `export`, `flat`, `inlineStyle`, `inlineTemplate`, etc.

À noter qu'il est possible de configurer cela sur tous les projets, en rajoutant à la racine du fichier :

```
"schematics": {
  "@schematics/angular:component": {
    "spec": false,
    "changeDetection": "OnPush",
    "viewEncapsulation": "Native",
    "flat": false
  }
},
```

Noeud architect/build

C'est le nœud qui configure les options pour le `ng build`.

Le builder est le package npm utilisé pour créer le bundle.

```
"builder": "@angular-devkit/build-angular:browser",
```

Les `options` représentent les options pour le `bundling`. L'`outputPath` est le dossier où seront déposés les bundles finaux. L'`index` est le fichier HTML de base sur lequel l'application va se lancer. Nous retrouvons aussi les `polyfills`, les `assets` ou bien les `styles` et `scripts` globaux à appliquer sur l'application.

```
"options": {
  "outputPath": "dist/cli-sample8",
  "index": "src/index.html",
  "main": "src/main.ts",
  "polyfills": "src/polyfills.ts",
  "tsConfig": "tsconfig.app.json",
  "inlineStyleLanguage": "scss",
  "assets": [
    "src/favicon.ico",
    "src/assets"
  ],
  "styles": [
    "src/styles.scss"
  ],
  "scripts": []
}
```

Ensuite viennent les `configurations`. Par défaut, des configurations de production et de développement sont mises en place.

```
"configurations": {
  "production": {
    "budgets": [
      {
        "type": "initial",
        "maximumWarning": "500kb",
        "maximumError": "1mb"
      },
      {
        "type": "anyComponentStyle",
        "maximumWarning": "2kb",
        "maximumError": "4kb"
      }
    ],
    "fileReplacements": [
      {
        "replace": "src/environments/environment.ts",
        "with": "src/environments/environment.prod.ts"
      }
    ],
    "outputHashing": "all"
  },
  "development": {
    "buildOptimizer": false,
    "optimization": false,
    "vendorChunk": true,
    "extractLicenses": false,
    "sourceMap": true,
    "namedChunks": true
  }
}
```

On y retrouve plusieurs points de configuration du bundle final.

Par exemple, en développement, les `sourceMap` sont activés, permettant de faire le lien entre le JavaScript et le TypeScript, ce qui ne nous intéresse pas en production pour des raisons de performances.

Il y a une notion de `budget` pour s'assurer que la taille de son bundle n'excède pas une certaine limite aussi.

Nœud architect/serve

Ce nœud va se baser sur le nœud architect/build pour ensuite redéfinir les propriétés voulues.

```
"serve": {
  "builder": "@angular-devkit/build-angular:dev-server",
  "options": {
    "browserTarget": "cli-sample8:build"
  },
  "configurations": {
    "production": {
      "browserTarget": "cli-sample8:build:production"
    }
  }
```

On peut voir via les `browserTarget` que ce sont les nœuds build qui sont utilisés. Aussi, le `builder` est maintenant le dev-server.

3.2 Gérer les assets lors de la compilation

En regardant la configuration des assets dans le fichier `angular.json`, les assets spécifiés sont :

– Le répertoire `assets`

– Le fichier `favicon.ico`

La configuration des assets par défaut

```
"assets": [
    "assets",
    "favicon.ico"
]
```

C'est alors tout le répertoire `assets` et le fichier `favicon.ico` qui sont copiés dans le répertoire de sortie. Derrière ces rouages se trouve *node-glob*, une librairie qu'Angular CLI utilise et qui permet de faire correspondre des fichiers selon des patterns utilisés par le shell. Il est alors possible d'utiliser des astérisques, des parenthèses et autres caractères permettant de représenter ces patterns de fichier.

Par exemple, pour retrouver tous les fichiers `.js` qui sont présents dans les dossiers et sous-dossiers (de manière récursive), il est possible d'utiliser le pattern suivant.

Exemple d'un pattern "Glob"

```
**/*.js
```

Dans le cas des assets du projet Angular, plusieurs scénarios sont alors imaginables. Par exemple, si l'objectif est de récupérer uniquement les fichiers PNG, quel que soit le nom du fichier, la configuration serait :

```
"assets": [
    "**/assets/*.png"
]
```

En découpant le pattern précédent de droite à gauche, nous avons :

- `*.png` : tous les fichiers .png, quel que soit leur nom.
- `assets/` : les fichiers .png doivent se trouver dans un dossier "assets".
- `**/` : c'est une recherche dans les dossiers de manière récursive, cela veut dire que le dossier "assets" peut se trouver à n'importe quel endroit.

Ensuite, il est important de savoir qu'Angular CLI a besoin d'un répertoire d'entrée ainsi que d'un répertoire de sortie. La configuration par défaut peut alors être écrite de manière plus verbeuse, avec un objet qui contient trois propriétés.

Tout d'abord, la propriété `glob` possède le pattern de correspondance pour aller choisir les fichiers à prendre en compte.

Ensuite, la propriété `input` est relative à la propriété `root` du projet.

Tandis que la propriété `output` est relative à la propriété `outputPath` du projet.

Si les propriétés `input` et `output` ne sont pas spécifiées, les chemins respectifs seront alors `root` et `outputPath`, car les propriétés en question permettent tout simplement d'étendre le chemin vers le répertoire à prendre en compte.

La configuration des assets par défaut, découpée et explicite

```
"assets": [
    { "glob": "**/*", "input": "./assets/", "output": "./assets/" },
    { "glob": "favicon.ico", "input": "./", "output": "./" },
]
```

Pour rappel, par défaut, la racine du projet est "`src`", tandis que le répertoire `outputPath` est "`dist`".

Cela veut dire qu'avec la configuration qui précède, la build va aller chercher tous les fichiers qui correspondent au pattern `**/*` dans le répertoire `src/assets` pour les déplacer dans le répertoire `dist/assets`.

Copier des assets depuis les node_modules

Pour aller plus loin, il est possible de récupérer des assets qui sont présents dans des répertoires externes, comme les `node_modules` par exemple.

Il suffit de manier habilement la configuration avec les propriétés `glob/input/output`. En gardant la configuration par défaut et en rajoutant une règle supplémentaire, il est possible d'aller récupérer les fichiers d'un dossier d'un package externe, et de les copier à l'endroit désiré.

Transfert des fichiers d'un package externe vers le dist

```
"assets": [
    "assets",
    "favicon.ico",
    {
        "glob": "**/*",
        "input": "../node_modules/mon-package/assets",
        "output": "./assets/external"
    }
]
```

En découpant l'exemple ci-dessus, tout d'abord, le `glob` spécifie qu'il faut récupérer tous les fichiers de manière récursive.

L'`input` est tout simplement le répertoire dans le package `mon-package` où sont les assets à récupérer.

L'`output` spécifié est alors `dist/assets/external`. Le développeur peut alors utiliser les assets de manière tout à fait standard dans son application, avec l'URL `/assets/external/exemple-fichier.png`.

3.3 Intégrer une librairie externe

Pour intégrer une librairie externe, il suffit d'installer la librairie depuis npm et de l'importer à l'endroit désiré dans le code.

Installer lodash

```
npm install lodash --save
```

Remarque

Ne pas oublier le paramètre `--save` pour enregistrer l'ajout de la dépendance dans le package .json.

Si la librairie ne contient pas les typings, c'est-à-dire le fichier de définition TypeScript, cela peut être gênant pour l'expérience de développement, car aucune autocomplétion ne sera présente, résultant de l'absence de typage pour la nouvelle librairie installée. C'est le cas de lodash par exemple.

Heureusement, il existe sur npm, pour la plupart des librairies, les typings associés avec une convention sur le nom du package, en rajoutant le préfixe `@types/`.

Ainsi, pour intégrer les définitions de lodash, il suffit d'installer le package `@types/lodash`, cette fois-ci en dépendance de développement.

Installer @types/lodash

```
npm install @types/lodash --save-dev
```

Une fois ceci fait, il est possible d'importer la librairie de manière tout à fait standard dans l'application, puis d'utiliser cette librairie.

```
import { Component } from '@angular/core';

// Import de l'opérateur concat de lodash
import { concat } from 'lodash';

@Component({
    selector: 'app-root',
    templateUrl: './app.component.html',
    styleUrls: ['./app.component.css']
})
export class AppComponent {
    constructor() {
        debugger;
        let list1 = [0, 1, 2];
        let list2 = [3, 4, 5];

        // Utilisation de l'opérateur importé
        let result = concat(list1, list2);
        // L'objet result devient : [0, 1, 2, 3, 4, 5]
    }
}
```

3.4 Intégrer un préprocesseur CSS

Les préprocesseurs CSS les plus connus sont **LESS** et **SASS**, et Angular CLI permet leur utilisation. Il n'y a aucune configuration requise pour ajouter le support de ces préprocesseurs.

Il suffit de changer l'extension des fichiers `.css` en `.scss` pour SASS, ou `.less` pour LESS et la compilation Angular CLI s'occupe du reste.

Lors de la création du projet, la CLI demande le préprocesseur par défaut à utiliser. Si à la création vous avez choisi d'utiliser du CSS, mais que vous souhaitez passer en SCSS par exemple, il suffit de modifier le fichier `angular.json` à la racine pour les prochains composants générés.

```
"schematics": {
  "@schematics/angular:component": {
    "style": "scss"
  }
},
```

3.5 Ajouter des entités de manière globale

3.5.1 Ajouter un script globalement

Il arrive souvent que certaines librairies nécessitent l'ajout de certains scripts de manière globale à l'application.

Habituellement, il faut ajouter le script dans le fichier `index.html` et le tour est joué.

Avec Angular CLI, que ce soit une libraire externe venant des `node_modules`, ou un script interne qui doit être globalisé, il suffit d'ajouter le chemin vers le script dans la propriété `scripts` du fichier `angular.json`.

Charger un script externe de manière globale

```
"scripts": [
    "../node_modules/external-lib/dist/script.js"
]
```

À la compilation, le script sera rajouté dans le fichier `index.html` dans une balise `<script>`.

Sachez qu'il est possible de charger le script à son utilisation grâce au *lazy loading* (chargement différé en français). Cela permet de charger le script uniquement lorsqu'il le faut, ainsi, si l'application n'a nullement besoin de faire appel au script, il ne sera pas chargé du tout.

Pour charger un script en lazy, il suffit d'utiliser le format de configuration avec un objet. Il faut alors renseigner l'`input` et rajouter la propriété `lazy`.

Charger un script de manière globale et en lazy

```
"scripts": [
    {
        "input": "internal-script.js",
        "lazy": true
    }
]
```

3.5.2 Ajouter une feuille de style globalement

Pour ajouter une feuille de style de manière globale, c'est exactement identique à l'ajout d'un script. Initialement, il y a déjà un fichier qui est référencé, nommé `styles`, avec l'extension choisie à la création de l'application (`css`, `less`, `sass`...).

Pour un projet créé en mode SASS, ce sera alors le fichier `styles.scss` qui sera créé, et ajouté dans la configuration.

Le fichier styles.scss importé de base

```
"styles": [
    "styles.scss"
]
```

Il est alors possible d'ajouter les styles qui doivent être globaux dans ce fichier.

Pour découper en plusieurs fichiers, il y a plusieurs choix, soit tout est importé directement dans le fichier `styles.scss`, et le fichier sert donc de passerelle pour concaténer tous les styles.

Multiples imports depuis styles.scss

```
@import 'style1';
@import 'style2';
@import 'style3';
```

Ou alors, il suffit de rajouter les fichiers dans la configuration Angular CLI.

Chaque fichier est ajouté unitairement dans `angular.json`

```
"styles": [
    "style1.scss",
    "style2.scss",
    "style3.scss"
]
```

Comme pour les scripts, il est possible de charger en différé les feuilles de style.

Feuille de style lazy-loadé

```
"styles": [
    {
        "input": "styles.scss",
        "lazy": true
    }
]
```

Profiter du includePaths de SASS

Lorsque SASS est utilisé, il est intéressant de centraliser ses variables dans des fichiers séparés. Par exemple, les couleurs de l'application peuvent se retrouver dans un fichier `colors.scss`.

Contenu du fichier colors.scss

```
$main-color: #c1c1c1;
$secondary-color: #e7aac1;
```

Pour les utiliser dans une autre feuille de style, il faudrait alors ajouter un import relatif vers ce fichier `colors.scss`. Cela varie donc en fonction de l'emplacement du fichier duquel l'import doit être fait.

Pour pallier cela, SASS permet de spécifier les chemins à inclure, d'où le nom `includePaths`, lors de la résolution des imports. En rajoutant le fichier `colors.scss` dans ces `includePaths`, il est alors possible de ne plus préciser le chemin entier du fichier et de ne donner que son nom.

Pour cela, il faut rajouter la propriété `stylePreprocessorOptions.includePaths` dans `angular.json` et lui spécifier le dossier à référencer.

Ainsi, la bonne pratique est de créer un dossier nommé `style-paths` à la racine de l'application, et de configurer son fichier en conséquence.

Référencer le dossier style-paths
avec includePaths sur les options d'un projet

```
"stylePreprocessorOptions": {
    "includePaths": [
        "style-paths"
    ]
}
```

À partir de maintenant, il est donc possible d'importer les couleurs de l'application simplement et d'utiliser les variables exposées.

Import simple grâce aux includePaths

```
// Il n'y a pas besoin de spécifier le chemin vers le fichier colors.scss
@import 'colors';

div {
    background: $main-color;
}
```

4. Compilation Ahead-Of-Time (AOT)

Avant d'aborder la notion de compilation *Ahead-Of-Time*, il est important de comprendre que l'application Angular est compilée, et que cette compilation peut avoir lieu dans le navigateur ou dans NodeJS, car le framework Angular peut être lancé sur n'importe quelle plateforme avec une machine virtuelle JavaScript.

Aussi, il n'y a qu'un seul compilateur Angular. Ce qui compte vraiment, c'est le timing ainsi que l'outillage de cette compilation, et c'est à partir de ces deux critères que deux types de compilation existent, la compilation *Ahead-Of-Time* (**AOT**) et la compilation *Just-In-Time* (**JIT**). Avec la compilation AOT, le compilateur s'exécute une seule fois au moment de la compilation en utilisant un seul jeu de librairies. Par opposition, en compilation JIT, la compilation a lieu à chaque fois, pour chaque utilisateur, en utilisant alors un paquet de librairies différentes.

Par défaut, l'AOT n'était pas activé jusqu'à Angular 9. Grâce à Ivy, le nouveau moteur de rendu, l'AOT est désormais activé par défaut à tout moment. Il est tout de même essentiel de comprendre la différence entre JIT et AOT.

Le flux de développement en compilation JIT est le suivant :

- Développement de l'application Angular en TypeScript.
- L'application est compilée avec le compilateur TypeScript `tsc`, ce qui donne un premier code JavaScript.
- Création des bundles de l'application.
- Minification de l'application.
- Déploiement de l'application.

Ainsi l'application est déployée. Lorsqu'un utilisateur utilise l'application, et ouvre donc son navigateur, le flux continu :

- L'application et ses assets sont téléchargés sur le client.
- Le bootstrap de l'application Angular se fait.
- Le processus de compilation Just-In-Time se lance, c'est-à-dire que le JavaScript pour chaque composant de l'application est généré.
- L'application peut enfin être rendue.

Dans le cas d'une compilation AOT, le flux est différent :

- Développement de l'application Angular en TypeScript.
- L'application est compilée avec le compilateur Angular `ngc`, qui vient du package `@angular/compiler-cli`.
  - Les templates sont compilés avec le compilateur Angular et un code TypeScript est généré.
  - Le code TypeScript est compilé en JavaScript.
- Création des bundles de l'application.
- Minification de l'application.
- Déploiement de l'application.

Les étapes semblent plus complexes, mais cela permet ensuite à l'utilisateur de ne passer que par ces étapes :

- L'application et ses assets sont téléchargés sur le client.
- Le bootstrap de l'application Angular se fait.
- L'application peut enfin être rendue.

Avec la compilation AOT, on saute donc l'étape de compilation côté client, cela implique une meilleure expérience utilisateur, plus fluide et plus rapide. L'application peut être rendue immédiatement après avoir téléchargé les sources, sans attendre que la compilation se fasse.

Le bundle peut aussi être allégé car il n'y a plus besoin de télécharger le compilateur Angular, l'application étant déjà compilée. Et le compilateur Angular est une très grande partie des sources Angular.

Aussi, le compilateur AOT détecte les erreurs de binding dans les templates au moment de la compilation, et notifie le développeur, ce qui n'est pas le cas en compilation JIT.

Enfin, les templates HTML et les composants sont compilés dans des fichiers JavaScript bien avant d'être servis au client. Cela veut dire qu'il y a moins d'opportunités pour les injections malveillantes.

Aparté sur le tree-shaking

Pour rappel, le *tree-shaking* permet de réduire la taille du bundle final de l'application en retirant des portions de code source de l'application et des librairies qui ne sont pas utilisées.

Dans une application Angular, de nombreux modules Angular peuvent ne pas être utilisés, il est alors très intéressant d'avoir ce mécanisme lors de la compilation.

Vis-à-vis de la compilation AOT, il est important de comprendre que ce sont deux mécanismes différents, mais complémentaires. Le *tree-shaking* se fait sur du code JavaScript et, de son côté, la compilation AOT couvre une partie plus large de l'application pour la générer en JavaScript, permettant ainsi au *tree-shaking* d'être plus effectif, car il peut opérer sur un code plus conséquent.

Chapitre 6
Les composants

1. Introduction

Ce chapitre présente la pierre angulaire d'Angular, les composants. L'objectif est dans un premier temps de savoir ce qu'est un composant et quels sont les parties qui le structurent. Dans un second temps, il est primordial d'aborder les différents types de paramètres que peut avoir un composant : les inputs et outputs. Ensuite, dans une application, plusieurs composants cohabitent et doivent interagir entre eux, cela mène à des interactions entre composants, concept qui peut être représenté sous la forme de plusieurs mécanismes. Enfin, des notions plus spécifiques à Angular comme la View Encapsulation et la détection des changements sont abordées.

2. Qu'est-ce qu'un composant ?

2.1 Une première définition

Le composant est la structure fondamentale d'une application Angular. Comme on peut le retrouver dans d'autres frameworks, ou avec les Web Components tout simplement, l'application est découpée en composants, pouvant contenir eux-mêmes d'autres composants.

Les objectifs principaux, qui sont aussi des atouts, sont la réutilisation ainsi qu'un découpage logique. Supposons qu'une application est censée gérer une liste d'une entité spécifique. Il y aura alors de nombreux éléments à afficher, par le biais d'une liste par exemple. Nous allons donc créer un composant affichant un seul et unique élément, et boucler autour de celui-ci pour afficher tous les éléments.

Par exemple, dans une page contenant un en-tête et listant des articles, deux composants peuvent être déjà identifiés : l'article et l'en-tête.

L'idée est donc de créer ces deux composants une seule fois, et de les réutiliser lorsqu'il est nécessaire de les intégrer.

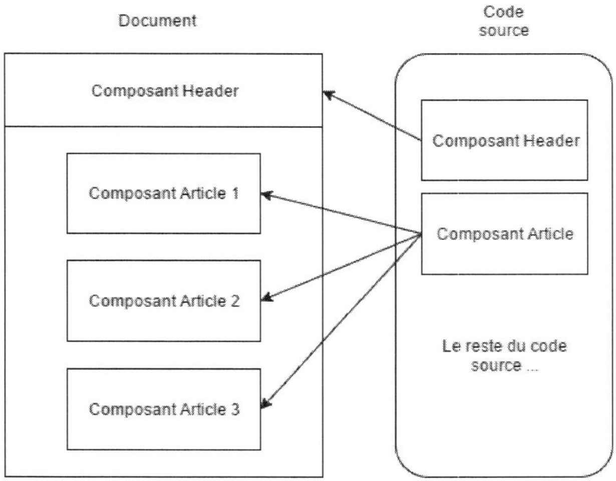

La structure d'un composant est découpée en plusieurs parties. Tout d'abord, il y a la déclaration de celui-ci, puis, dans cette déclaration, le template du composant et son style.

Ensuite viennent les outillages fournis par Angular, comme les événements du DOM, la gestion des animations ou des notions spécifiques à Angular.

Un composant va appartenir à un module. C'est donc sur le module approprié que l'on va déclarer le composant.

En ce qui concerne le nommage, les développeurs d'Angular préconisent de suffixer le nom par `component`, on se retrouve ainsi avec des noms de composants de la sorte :

- `my-component.ts`
- `item.component.ts`
- `item-list.component.ts`
- etc.

2.2 Créer un premier composant

2.2.1 Syntaxe inline

Il est plus facile d'appréhender le concept avec cette première syntaxe *inline*, qui est qualifiée de rudimentaire, car la totalité du code se trouve dans un seul fichier.

```
import { Component } from '@angular/core';

@Component({
    selector: 'app-item',
    styles:[`div
    {
        background:red;
    }`],
    template:'<div>Un item </div>'
})
export class ItemComponent {
    constructor() {
    }
}
```

La première ligne permet d'importer le décorateur `@Component` depuis le module `@angular/core`.

Comme l'exemple ci-dessus le montre parfaitement, le composant n'est rien d'autre qu'une classe `TypeScript`, qui est déclarée en tant que composant grâce au décorateur `@Component`.

C'est avec cette déclaration qu'est défini le sélecteur HTML du composant, celui avec lequel il sera possible d'afficher le composant là où on le souhaite. C'est-à-dire qu'avec ce sélecteur, Angular détecte qu'il faut injecter dans le DOM une instance de ce composant spécifique, à l'endroit où les balises sont insérées.

Un exemple d'utilisation du sélecteur
du composant ItemComponent : 'app-item'

```
<div>
    <header></header>
    <div> Du contenu invariant... </div>
    <!-- La balise correspond au sélecteur du composant ItemComponent,
Angular sait qu'il faut injecter un composant à cet endroit -->
    <app-item></app-item>
    </footer></footer>
</div>
```

À la suite vient le style, qui dans cet exemple est tout simplement une chaîne de caractères (on remarque que ce sont des apostrophes du 7 et non du 4, ce qui nous permet d'aller à la ligne dans notre chaîne de caractères, sans avoir à utiliser la concaténation).

Ensuite vient le template lui-même, qui est tout simplement le HTML du composant. C'est ici que la présentation du composant est faite, et c'est donc à cet endroit que les propriétés du composant vont pouvoir être affichées, grâce au principe du *data binding*, concept que nous allons aborder très rapidement.

Cette syntaxe semble pratique, car tout est centralisé dans un fichier unique. Mais une alternative beaucoup plus intéressante et structurée existe.

2.2.2 Une réelle syntaxe, découpée en plusieurs fichiers

Un composant peut vite devenir volumineux. Dans un premier temps, si celui-ci devient trop conséquent, cela peut signifier qu'un redécoupage doit être fait en sous-composants. Cela dit, il peut arriver qu'un découpage ne soit pas pertinent. En utilisant la syntaxe précédente, nous nous retrouvons rapidement avec trop d'informations à gérer dans le même fichier : template, style, logique du composant... Au-delà de ça, ce n'est pas très intéressant de gérer son style CSS au même endroit que son template HTML, et encore moins avec la logique TypeScript du composant.

On souhaite alors découper les responsabilités dans des fichiers correspondants. Ainsi, le composant peut référencer des feuilles de style (CSS, ou même scss/less avec une pré-build le permettant). Il en est de même pour le template HTML de notre composant, on va pouvoir pointer vers un fichier HTML. Cela nous donne la syntaxe suivante :

```
import { Component } from '@angular/core';

@Component({
    selector: 'app-item',
    templateUrl: './item.component.html',
    styleUrls: ['./item.component.css']
})
export class ItemComponent {
}
```

2.2.3 Utiliser un composant dans son application

Une fois le composant créé, nous allons pouvoir l'utiliser au sein de notre application. Pour cela, il faut tout d'abord déclarer notre composant dans le module de l'application, en l'occurrence l'`AppModule`.

```
import { BrowserModule } from '@angular/platform-browser';
import { NgModule } from '@angular/core';
import { FormsModule } from '@angular/forms';
import { HttpClientModule } from '@angular/common/http';

import { AppComponent } from './app.component';
import { ItemComponent } from './item/item.component'

@NgModule({
  declarations: [
    AppComponent,
    ItemComponent // Déclaration du ItemComponent
  ],
  imports: [
    BrowserModule,
    FormsModule,
    HttpClientModule
  ],
  providers: [],
  bootstrap: [AppComponent]
})
export class AppModule { }
```

Nous avons fait l'import du composant pour ensuite pouvoir le déclarer dans le module, dans la partie `declarations` du décorateur `@NgModule`.

Remarque

Le décorateur `@NgModule` possède plusieurs propriétés. Actuellement, seule la propriété listant les déclarations nous intéresse. Cependant, les `imports` permettent tout simplement d'importer les modules Angular ou ses propres modules dans le module courant, les `providers` servent à référencer les services, pipes et directives, tandis que la propriété `bootstrap` spécifie les points d'entrée de l'application, ici en l'occurrence le composant `AppComponent`. Nous n'avons alors pas besoin de rajouter le composant `ItemComponent` dans la propriété `bootstrap`.

Remarque

Plus tard, nous voudrons découper notre application en plusieurs sous-modules, avec un module par fonctionnalité et un module partagé et commun (SharedModule) à toute l'application. Pour l'instant, nous allons nous limiter à l'AppModule, le module racine de l'application, et nous référencerons tous nos éléments dans cet unique AppModule. Il est intéressant de savoir qu'avec une telle logique, en plus des `declarations`, il faudra rajouter le composant dans les `exports` du module.

Ensuite, il suffit d'insérer le composant, comme un élément HTML standard, là où on le désire, à l'aide du sélecteur qui est renseigné à la création du composant.

```
<div>
  Mon composant :
  <app-item></app-item>
</div>
```

2.3 Afficher les propriétés d'un composant

Nous allons prendre un exemple qui a le mérite d'être classique : une liste de *Todo*. Nous allons avoir besoin d'un composant `Todo` qui va afficher une case à cocher et le texte de la *Todo* :

```
import { Component } from '@angular/core';

@Component({
    selector: 'app-todo',
    templateUrl: './todo.component.html',
    styleUrls: ['./todo.component.css']

})
export class TodoComponent {
    text: string = "Faire les courses";
    isChecked: boolean = false;
}
```

Remarque

Ne pas oublier d'ajouter le composant dans les déclarations du module associé, par défaut : `AppModule`.

Au niveau du template HTML, nous allons tout simplement afficher la case à cocher et le texte de la *Todo*.

La syntaxe pour afficher une propriété de manière brute dans le template HTML du composant est :

```
{{myProperty}}
```

En utilisant les doubles accolades, Angular affichera, lors du rendu, le contenu de la propriété `myProperty`.

Pour l'exemple du composant `Todo`, cela donne :

```
<div>
    <input type="checkbox" /> {{text}}
</div>
```

Une `<div>` contient la case à cocher, un champ de saisie de type `checkbox`. Puis on affiche le contenu de la propriété `text`, déclarée dans notre composant.

Two-way databinding

Le *two-way databinding* (liaison de données bidirectionnelle) permet de lier deux flux de données. Le premier flux est celui des données de l'interface, en somme les champs de saisie manipulés par l'utilisateur. Le second concerne les données de l'application en elle-même, c'est-à-dire les différentes propriétés que le développeur manipule/utilise dans le code.

Remarque

Pour ce chapitre, c'est tout ce que nous avons besoin de savoir, car nous voulons savoir quand l'utilisateur coche ou décoche un `Todo`. Cependant, le two-way databinding, qui est une composante majeure d'une application Angular, est expliqué plus en détail dans le chapitre sur les interactions utilisateur.

Plus simplement, lorsque la case à cocher est cochée, la propriété `isChecked` sera à `true`, sinon elle sera à `false`. Et réciproquement, si on modifie la propriété `isChecked`, la vue sera mise à jour en conséquence : la coche sera cochée ou non.

La syntaxe pour pouvoir utiliser du *two-way databinding* est :

```
[(ngModel)]="myProperty"
```

Pour s'assurer que le *two-way databinding* fonctionne bien, il suffit d'afficher la valeur de la propriété en question. Le contenu du template du composant devient donc :

```
<div>
    <input type="checkbox" [(ngModel)]="isChecked" /> {{text}}
    <div>Coché : {{isChecked}}</div>
</div>
```

En cochant/décochant la case à cocher, on voit que la propriété change dynamiquement, et nous avons un composant `Todo` fonctionnel.

Toutefois, cela est loin d'être satisfaisant, pour que le composant devienne réutilisable, il faudrait que l'on puisse rendre ses propriétés paramétrables, pour récupérer les valeurs et pouvoir les manipuler. C'est pourquoi la notion d'input existe au sein d'un composant.

3. Les inputs et outputs

3.1 Les inputs d'un composant

3.1.1 Déclarer une variable en tant qu'Input

Pour qu'une application basée sur les composants puisse fonctionner, il est essentiel de pouvoir rendre les composants paramétrables. Pour cela, Angular fournit le décorateur `@Input`, celui-ci va permettre d'identifier une propriété du composant en tant qu'input dudit composant. L'input peut être de n'importe quel type TypeScript, un `number`, un `string`, ou même une classe/interface que vous aurez créée.

```
import { Component, Input } from '@angular/core';

@Component({
    selector: 'app-todo',
    templateUrl: './todo.component.html',
    styleUrls: ['./todo.component.css']

})
export class TodoComponent {
    @Input()
    text: string;

    @Input()
    isChecked: boolean;
}
```

On importe le décorateur `@Input` depuis `@angular/core`, et on l'utilise sur les propriétés `text` et `isChecked`.

Ces deux propriétés sont donc des inputs du composant `Todo` et il est maintenant possible de les initialiser dans la balise `app-todo`.

<u>Propriétés renseignées en dur</u>

```
<app-todo text="Faire les courses" isChecked="true">
</app-todo>
```

Dans le premier exemple, ce sont des propriétés "en dur" qui ont été spécifiées. Or il est possible de passer des propriétés du composant parent. Par exemple, avec deux propriétés dans le composant parent, qui affiche le composant `Todo` :

Propriétés du composant parent

```
todoChecked: boolean = true;
todoName: string = "Faire les courses";
```

Il est alors possible de donner ces deux propriétés au composant `Todo`. Pour cela, il faut utiliser la syntaxe appropriée, et ce sont des crochets qui viennent entourer les propriétés dans le HTML.

```
<app-todo [text]="todoName" [isChecked]="todoChecked">
</app-todo>
```

Ainsi, dès que les propriétés sont modifiées par le composant parent, le composant `Todo` se mettra à jour en conséquence, car il recevra les nouvelles valeurs.

3.1.2 Un exemple concret avec une liste

Les parties précédentes mettent en avant les syntaxes et les concepts mais n'exploitent pas entièrement l'utilité des composants et de leurs inputs. Pour mieux comprendre l'intérêt de ceux-ci, nous allons améliorer les composants pour avoir une liste de *Todo* dynamique, que l'utilisateur va pouvoir remplir lui-même.

Tout d'abord, nous avons besoin d'un **modèle**, un simple modèle qui va définir notre *Todo* :

```
export interface TodoModel {
    text: string;
    isChecked: boolean;
}
```

Notre composant `Todo` va donc avoir un input de type `TodoModel`, cela nous donne le code suivant :

```
import { TodoModel } from './todo.model';
import { Component, Input } from '@angular/core';
```

```
@Component({
    selector: 'app-todo',
    templateUrl: './todo.component.html',
    styleUrls: ['./todo.component.css']

})
export class TodoComponent {
    @Input()
    todo: TodoModel;
}
```

Nous allons aussi styliser au minimum notre composant `Todo` avec la pseudo-classe `:host`.

Remarque

`:host` est une pseudo-classe CSS, c'est un sélecteur qui applique les styles à l'élément `"host"` du composant. Le sélecteur `:host` est le seul moyen d'appliquer du style à l'élément `"host"` du composant, car cet élément n'est lui-même pas inclus dans le template.

```
:host {
    display: block;
    width:200px;
    margin-top:12px;
    border: solid 1px #000;
}
```

Le `TodoComponent` étant prêt, passons à son utilisation. L'objectif est de pouvoir ajouter des *Todos*, il nous faut donc un texte à saisir et une méthode pour créer un nouveau *Todo*. Ces nouveaux *Todos* seront ajoutés dans une liste de `TodoModel`, que l'on affiche avec une boucle `*ngFor`.

```
export class AppComponent {
  newTodcText: string;
  todoList: TodoModel[] = [];

  addTodc() {
    if (this.newTodoText) {
      this.todoList.push({
         text: this.newTodoText,
         isChecked: false
      });
      this.newTodoText = "";
```

```
      }
      else {
        alert('Aucun texte saisi');
      }
    }
  }
```

Au niveau de la vue, nous allons avoir un input qui va être bindé à la propriété `newTodoText`, un bouton pour exécuter la méthode `addTodo()` et enfin une directive `*ngFor` qui va afficher tous les *Todos* présents dans la `todoList`, et cela en envoyant chaque `TodoModel` en input du composant `TodoComponent`.

```
< div>
  <input placeholder="Nouveau todo" [(ngModel)]="newTodoText" />
  <button (click)="addTodo()">Ajouter Todo</button>
  <app-todo *ngFor="let todo of todoList" [todo]="todo">
  </app-todo>
</div>
```

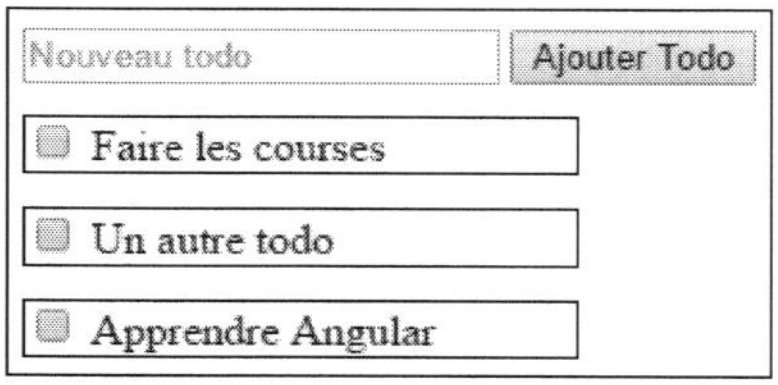

3.1.3 Donner un nom personnalisé à son input

Parfois, il est intéressant d'avoir un nom spécifique et concis pour son utilisation dans la vue HTML, sauf que cette contrainte n'en est pas une pour le code TypeScript en soi. C'est pourquoi il est possible de nommer différemment ses inputs en passant le nom public voulu en paramètre du décorateur `Input`. Cela donnerait par exemple :

```
  @Input("todo")
    todoModel: TodoModel;
```

Ainsi, le composant appelant va devoir passer un paramètre nommé `todo`, mais le composant lui va continuer d'utiliser la propriété `todoModel`.

3.2 Les outputs d'un composant

En continuant sur la lancée de l'exemple précédent des Todos, maintenant nous voulons pouvoir supprimer des *Todos*. Cela semble anodin au premier abord : il faut ajouter un bouton de suppression, et lorsque celui-ci est activé, supprimer le *Todo* de la liste.

Une première solution serait d'ajouter le bouton au niveau du `*ngFor` et d'appeler une méthode qui supprime le *Todo* de la liste. On ajoute alors un élément `<div>` qui va contenir le `TodoComponent` ainsi que le bouton de suppression. On déplace alors le `*ngFor` sur cette `<div>`.

```
<div *ngFor="let todo of todoList">
    <app-todo [todo]="todo">
    </app-todo>
    <button (click)="deleteTodo(todo)">Supprimer</button>
  </div>
```

La méthode `deleteTodo` prend en paramètre le `todo` correspondant, pour chercher sa position dans la liste de `todo` pour ensuite le supprimer de cette même liste.

```
 deleteTodo(todo: TodoModel) {
    let index = this.todoList.findIndex(t => {
      return t == todo;
    });

    if (index != -1) {
      // Supprime le todo situé à l'index donné
      this.todoList.splice(index, 1);

    }
    else {
      // la fonction findIndex n'a pas trouvé d'élément
correspondant dans la liste
    alert("Le todo n'existe pas dans la liste !");
    }
  }
```

Déclarer un output

La méthode précédente fonctionne très bien, mais un problème demeure. Il serait préférable d'avoir le bouton de suppression dans le `TodoComponent` lui-même, le découpage dans ce cas serait plus intéressant. Toutefois, notre liste de *Todo* se trouve dans le composant `AppComponent` parent.

C'est pour ces situations, en partie, que les `outputs` ont été conçus.

L'objectif est de notifier le composant parent qu'un événement s'est produit au sein du composant enfant.

Remarque

L'interaction entre composants peut être abordée sous de multiples aspects, nous avons déjà vu les inputs et parlons des outputs en ce moment même. Ces deux concepts sont déjà de la communication entre composants en soi. Nous verrons par la suite toutes les possibilités qui s'offrent aux développeurs pour gérer ces interactions.

Pour pouvoir notifier le composant parent, Angular met à disposition la classe `EventEmitter`. C'est cette entité qui est utilisée par les directives et les composants pour émettre des événements personnalisés.

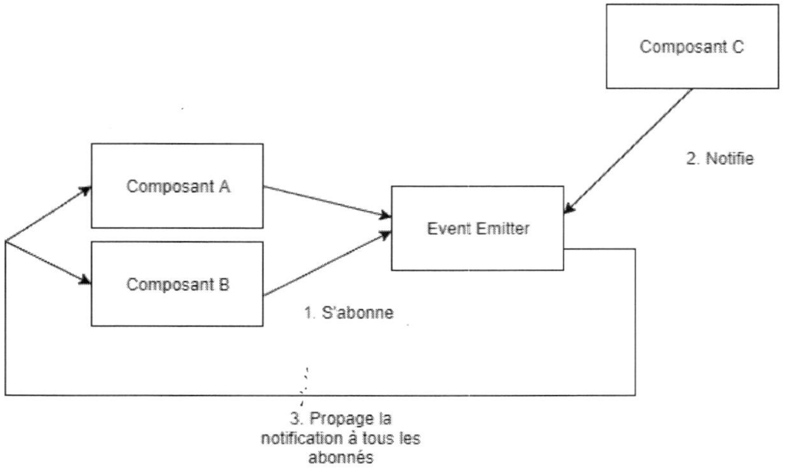

Utilisation d'un EventEmitter avec des composants

L'EventEmitter est typé selon un modèle, qui peut être une classe, une interface ou bien un type valeur directement. C'est une instance de ce type qui va transiter à chaque notification. Pour lancer une notification, il faut exécuter la méthode emit de l'EventEmitter en lui passant la valeur/instance à transiter.

C'est une combinaison d'EventEmitter et du décorateur output venant d'@angular/core qui va faire le travail. On ajoute donc une propriété de type EventEmitter, que l'on décore avec Input.

Ensuite, on va, à l'aide d'une méthode deleteTodo, toujours dans le TodoComponent, invoquer la méthode emit de l'EventEmitter, en lui passant en paramètre l'instance de TodoModel du composant.

```
Import { TodoModel } from './todo.model';
import { Component, Input, Output, EventEmitter } from '@angular/core';

@Component({
    selector: 'app-todo',
    templateUrl: './todo.component.html',
    styleUrls: ['./todo.component.css']

})
export class TodoComponent {
    @Input()
    todo: TodoModel;

    @Output()
    deleteTriggered: EventEmitter<TodoModel> =
new EventEmitter<TodoModel>();

    deleteTodo() {
       this.deleteTriggered.emit(this.todo);
    }
}
```

Remarque

Le nommage de la propriété n'est pas essentiel ici, cependant nous verrons plus tard qu'il est possible, grâce à une combinaison d'un output et input et un nommage précis des propriétés, d'avoir un comportement équivalent à la syntaxe [(ngModel)] et d'avoir donc un two-way binding directement sur une propriété d'un composant.

Revenons-en au parent, l'`AppComponent`. Rien ne change côté TypeScript, la méthode de suppression d'un *Todo* reste telle quelle. C'est cette méthode que l'on va appeler à chaque fois que l'`EventEmitter deleteTriggered` est `emit`.

Cela se fait avec la syntaxe suivante :

```
<app-todo [todo]="todo" (deleteTriggered)="deleteTodo($event)">
</app-todo>
```

Ici, le `(deleteTriggered)` permet donc de réagir à l'output en appelant la méthode `deleteTodo`. Le paramètre `$event` est la valeur qui a été transmise par le biais de la méthode `emit` sur l'`EventEmitter deleteTriggered`, ce qui permet donc de fournir le `todo` correspondant à la méthode `deleteTodo`.

3.3 Donner un nom personnalisé à son output

Tout comme les inputs, il est possible de spécifier un nom public différent du nom privé, interne au composant.

```
   @Output('deleteTriggered')
   deleteEventEmitter: EventEmitter<TodoModel> =
new EventEmitter<TodoModel>();
```

Ainsi, le composant appelant va, cette fois-ci, utiliser `deleteTriggered`, tandis que le composant va utiliser le `deleteEventEmitter` en interne.

4. Interaction entre composants

Les interactions entre composants sont un sujet très important car les composants sont au cœur des applications Angular. Sans communication entre composants, les développements seraient quasiment impossibles. Heureusement, Angular offre de nombreuses possibilités pour faire communiquer plusieurs composants entre eux, que ce soit du parent vers l'enfant, de l'enfant vers le parent, ou entre plusieurs composants qui n'ont pas forcément de lien de parenté direct.

4.1 Passer une donnée du parent vers l'enfant à l'aide d'un input

Cette méthode est l'utilisation simple d'un Input. Le composant parent possède une propriété qu'il va transmettre au composant enfant à l'aide d'un input de ce composant enfant.

Composant parent

```
@Component({
    selector: 'app-parent',
    template: `<div>
        Le parent possède :
        <pre>{{ data | json }}</pre>
        <hr />
        <!-- Les propriétés du parent sont passées au composant enfant -->
        <app-children [name]="name" [email]="email"></app-children>
        </div>`,
        styles:[`
        :host{
            display:inline-block;
        }
        hr{
            width:100px;
        }`]
})
export class ParentComponent {
    name: string = "Parent";
    email: string = "parent@angular.com";

    get data(){
        return { name: this.name, email: this.email };
    }
}
```

Le parent possède deux propriétés : `name` et `email`.

Pour de l'affichage uniquement, un *getter* `data` renvoie un objet qui contient ces deux propriétés, pour que l'on puisse les afficher en JSON dans une balise `pre`, à l'aide du pipe `json`, intégrée à Angular.

Le composant `app-children` est affiché et le parent renseigne les deux propriétés de l'enfant, du même nom que celui du parent en apparence.

Composant enfant

```
@Component(
    selector: 'app-children',
    template: `
    <pre>{{ data | json }}</pre>`
})
export class ChildrenComponent {
    @Input()
    name: string;
    @Input('email')
    mail: string;

    get data()
    {
        return { name: this.name, email: this.mail };
    }
}
```

Au niveau de l'enfant, deux propriétés sont donc déclarées, la propriété `name` et l'autre propriété `mail`, mais cette dernière propriété possède un décorateur `@Input` qui spécifie que son nom public est `email`. C'est pour cela que le parent renseigne une propriété `email` et non mail.

L'enfant se contente d'afficher ses propriétés de la même manière que le parent, avec un *getter* qui renvoie un objet.

Le résultat est donc celui attendu, l'enfant possède bien les mêmes données que celui du parent.

Le parent possède :

```
{
  "name": "Parent",
  "email": "parent@angular.com"
}
```

L'enfant reçoit :

```
{
  "name": "Parent",
  "email": "parent@angular.com"
}
```

4.2 Intercepter un changement de valeur à l'aide d'un setter

Un simple input est déjà très intéressant, toutefois il est parfois nécessaire de savoir quand cette valeur change. En découpant la déclaration d'une propriété en *getter/setter*, on peut alors exécuter le code que l'on veut lorsque le composant reçoit une nouvelle information.

Au niveau du parent, rien de particulier, nous allons prendre l'exemple d'un champ texte qui est bindé en *two-way* sur un input. Le parent envoie cette propriété en input à l'enfant.

```
@Component({
    selector: 'app-parent',
    template: `<div>
        <input [(ngModel)]="text" placeholder="Texte" />
        <hr />
        <app-children [name]="text"></app-children>
        </div>`,
    styles: [`
        :host{
          display:inline-block;
        }`]
})
export class ParentComponent {
    text: string;
}
```

Pour être notifié d'un changement de valeur, la déclaration d'une propriété doit être découpée en get/set avec une *backing property*, une propriété privée qui va stocker la valeur courante de la propriété. Les getters et setters ne sont que de simples méthodes, avec la syntaxe appropriée, qui vont permettre de traiter la donnée comme une propriété standard. La syntaxe est la suivante :

```
    private backingProperty: string;

    get property(): string {
        console.log('Récupération de la valeur via le getter')
        return this.backingProperty;
    }

    set property(value: string) {
        this.backingProperty = value;
        console.log('Nouvelle valeur via setter')
```

```
    }

   // Une méthode qui montre les différentes manipulations que permettent
les backingProperties
    methodUsingProperty() {
        // Récupération via le getter
        let value: string = this.property;
        // Attribution d'une valeur via le setter
        this.property = "Nouvelle valeur via setter";
        // Utilisation de la backing property directement,
on ne passe ni par le getter, ni par le setter
        // Les console.log ne sont donc pas appelés
        this.backingProperty = "Nouvelle valeur via backingProperty";
        let valueFromBacking = this.backingProperty;
    }
```

Remarque

Ce concept est souvent utilisé lorsque des mécanismes internes doivent être levés quand les propriétés d'une classe changent.

Le composant enfant déclare alors un input nommé `text` sous la forme d'un *getter* et d'un *setter*. Dans le *setter*, nous allons tout simplement pousser dans un tableau les nouvelles valeurs que le composant reçoit.

Au niveau du template HTML, le composant se contente d'afficher la valeur courante de la propriété `text`, puis une directive `*ngFor` affiche toutes les valeurs du tableau dans une liste.

```
@Component({
    selector: 'app-children',
    template: `<div>
        <div>
            Propriété name : {{ name }}
        </div>
        Historique des valeurs :
        <ul>
            <li *ngFor="let oldName of nameHistory">{{oldName}}</li>
        </ul>
    </div>`
})
export class ChildrenComponent {
    nameHistory: string[] = [];

    private _name: string;
    get name(): string {
```

```
        return this._name;
    }

    @Input()
    set name(value: string) {
        this.nameHistory.push(value);
        this._name = value;
    }

}
```

Si on saisit "Angular" depuis l'input du composant parent, nous obtenons le résultat suivant :

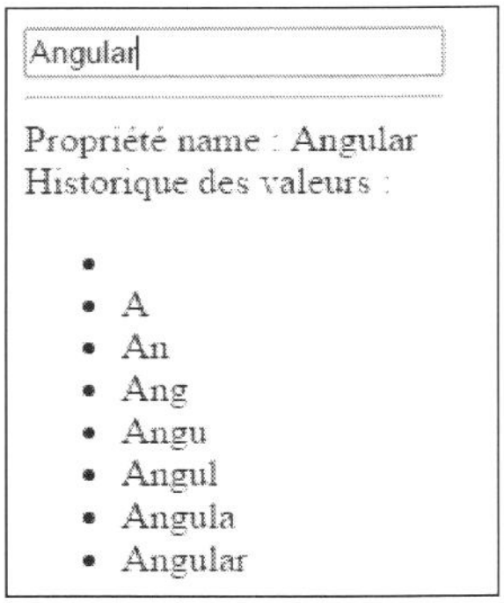

4.3 Notifier le parent à l'aide d'un EventEmitter en output

Cette méthode est une simple utilisation d'output. Le parent s'abonne à un événement personnalisé du composant enfant grâce à une combinaison d'Output, d'`EventEmitter`, et d'une syntaxe permettant au parent d'exécuter une méthode lorsque l'`EventEmitter` enfant émet une notification.

```
@Component({
    selector: 'app-parent',
    template: `<div>
            <app-children (sendMessage)="onSendMessage($event)"
(pokeEmitter)="onSendPoke()"></app-children>
            <li *ngFor="let message of messages">{{message}}</li>
        </div>`
})
```

```
export class ParentComponent {
    messages: string[] = [];

    onSendMessage(message: string): void {
         this.messages.push(message);
    }

    onSendPoke() {
        this.messages.push("Poke reçu !");
    }
}
```

Dans cet exemple, grâce à la syntaxe `(sendMessage)="sendMessage($event)"` on peut voir que le parent s'abonne à `sendMessage` et `pokeEmitter`. Sur la méthode `onSendMessage`, le tableau est rempli avec le message renvoyé par l'enfant, que l'on récupère avec la syntaxe `$event`. Pour ce qui est du `pokeEmitter`, aucun paramètre n'est envoyé, nous sommes uniquement notifiés qu'une action a été exécutée par l'enfant.

Si nous regardons du côté du composant enfant, nous avons donc un Output `pokeEmitter`, ainsi qu'un Output `sendMessageEmitter`, dont le nom public est `sendMessage`.

Une méthode `sendPoke` lance uniquement un `pokeEmitter.emit()`, à la rigueur, cette abstraction n'est pas obligatoire, on pourrait appeler `pokeEmitter.emit()` directement dans le template HTML.

Une autre méthode `sendMessage` envoie la valeur courante de la propriété `text`, sur laquelle est bindé l'input. Le champ est vidé lorsque la valeur est envoyée.

```
@Component({
    selector: 'app-children',
    template: `<div>
    <input [(ngModel)]="text" placeholder="Nouveau message" />
    <button (click)="sendMessage()">Envoyer le message</button>
     <button (click)="sendPoke()">Envoyer un poke</button>
    </div>`
})
export class ChildrenComponent {
    text: string;

    @Output()
```

```
    pokeEmitter: EventEmitter<void> = new EventEmitter<void>();

    @Output('sendMessage')
    sendMessageEmitter: EventEmitter<string> =
new EventEmitter<string>();

    sendMessage() {
        this.sendMessageEmitter.emit(this.text);
        this.text = "";
    }

    sendPoke() {
       this.pokeEmitter.emit();
    }
}
```

Ainsi, le parent reçoit tous les messages ainsi que les événements de poke (notification) que son enfant lui envoie.

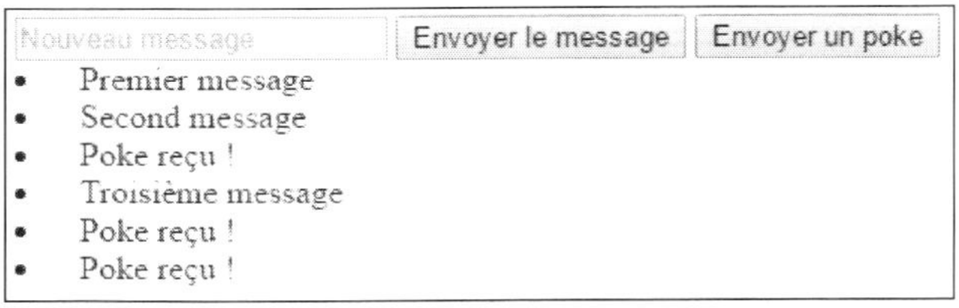

4.4 Observer les changements d'input avec ngOnChanges

Il existe une méthode dans le cycle de vie d'une application Angular qui est appelée lorsque les inputs du composant sont modifiés. Cette méthode est `ngOnChanges`.

Pour l'implémenter, il suffit d'importer la classe abstraite `OnChanges` depuis le module `@angular/core`.

```
ngOnChanges(changes: SimpleChanges);
```

La méthode `ngOnChanges` prend en paramètre un objet `SimpleChanges` qui est un dictionnaire où chaque clé est la propriété qui a été modifiée. Chaque objet de ce dictionnaire est une instance de `SimpleChange` qui contient trois propriétés :

- `currentValue` : la nouvelle valeur de la propriété.
- `previousValue` : l'ancienne valeur de la propriété.
- `isFirstChange` : un booléen qui indique si c'est le premier changement de la propriété.

Avec ces propriétés, on peut alors effectuer une action lorsque la propriété que l'on désire change. Pour l'exemple, le composant enfant se contente de pousser dans un tableau l'historique des modifications.

```
@Component({
    selector: 'app-children',
    template: `<div>
       <div>
            Propriétées :
            <pre>
            {{ data | json }}
            </pre>
        </div>
        Historique des valeurs :
        <ul>
          <li *ngFor="let changeInfo of changeHistory">{{changeInfo}}</li>
        </ul>
    </div>`
})
export class ChildrenComponent implements OnChanges {
   changeHistory: string[] = [];

    @Input()
    firstName: string;
    @Input()
    lastName: string;

    ngOnChanges(changes: SimpleChanges) {
        for (let propName in changes) {
            let changedProp:SimpleChange = changes[propName];
            let newVal = JSON.stringify(changedProp.currentValue);
            if (changedProp.isFirstChange()) {
                this.changeHistory.push(`[${propName}] Valeur initiale :
${newVal}`);
              } else {
```

```
                    let previousVal =
JSON.stringify(changedProp.previousValue);
                    this.changeHistory.push(`[${propName}] ${previousVal} ->
${newVal}`);
                }
            }
        }

    get data() {
        return { firstName: this.firstName, lastName: this.lastName };
    }
}
```

Ce code récupère tous les changements d'inputs et les affiche via une liste de changements (le tableau "changeHistory"). Pour chaque changement, on récupère les différentes informations mises à disposition, comme le "isFirstChange" qui permet de savoir si c'est le premier changement de la propriété, ou bien le "previousValue" qui est la valeur précédente. Enfin, la nouvelle valeur est fournie elle aussi dans la propriété "currentValue".

En écrivant "Livre" dans le premier input du composant parent, puis "Angular" dans le deuxième input, le composant enfant reçoit de nouvelles propriétés à chaque saisie.

4.5 Utiliser une variable locale

Il est possible d'utiliser une variable locale d'un composant au sein du template d'un autre composant. En créant une template reference variable pour l'élément voulu, il est possible, au sein du même template où la variable est créée, d'accéder aux propriétés de cet élément ainsi que d'utiliser ses méthodes.

Remarque

Une template reference variable ne s'arrête pas au composant, on peut très bien l'utiliser avec des éléments HTML standards, comme un input en récupérant sa valeur.

La syntaxe d'une template reference variable est tout simplement le nom de la variable précédé d'un dièse :

```
<component #myComponent></component>
```

Ainsi, depuis un composant parent, il est possible de manipuler le composant enfant via sa template reference variable.

Prenons l'exemple d'un composant parent qui possède :

– Un bouton.

– Un composant enfant.

– Une variable locale faisant référence sur ce composant enfant.

Le composant parent peut alors afficher la propriété `text` du composant enfant et même lancer la méthode `showMessage` du composant enfant.

Grâce au `#children` placé sur la balise `app-children`, une référence vers le composant enfant est gardée dans le template. Cette référence est alors une variable qui est utilisable partout dans le template. C'est pour cela qu'il est possible de réaliser du binding ou d'appeler des méthodes :

```
{{children.text}}
children.showMessage()
```

Utilisation d'une variable locale au sein d'un template

```
import { Component } from '@angular/core';

@Component({
    selector: 'app-parent',
    template: `<div>
        <button (click)="children.showMessage()">Appeler
children.showMessage()</button>
        Propriété 'text' de l'enfant : {{children.text}}
        <app-children #children></app-children>
        </div>`,
    styles: [`
        :host{
            display:inline-block;
       }`]
})
export class ParentComponent {
    text: string;
}

@Component({
    selector: 'app-children',
    template: `<div>
    <input [(ngModel)]="text" placeholder="Texte de l'enfant" />
    </div>`
})
export class ChildrenComponent {
    text: string;

    showMessage() {
        alert(this.text);
    }
}
```

5. Les décorateurs @ViewChild et @ViewChildren

Lorsqu'il est nécessaire de manipuler un ou plusieurs composants enfants, d'accéder à ses données, de les modifier ou bien d'appeler ses méthodes, il est intéressant de faire appel aux décorateurs `@ViewChild` et `@ViewChildren`. Ces décorateurs permettent de faire une « view query », ainsi le détecteur de changement va chercher le premier élément qui correspond dans le DOM.

5.1 Récupérer une référence avec @ViewChild

Le décorateur `@ViewChild` permet de référencer une instance d'un composant en déclarant une propriété du type du composant enfant, puis en la décorant du décorateur `@ViewChild`. Le décorateur prend en paramètre un type ou bien une chaîne de caractères.

En spécifiant un type, il est possible de déclarer le type de composant que nous souhaitons référencer :

```
@ViewChild(ChildComponent)
childrenComponent: ChildComponent;
```

En spécifiant une chaîne de caractères, nous allons récupérer le composant (ou l'élément, la directive...) qui est référencé en tant que variable locale avec la clé correspondante. Nous avons alors au niveau du TypeScript :

```
@ViewChild('refChildren')
childComponent: ChildComponent;
```

Puis, du côté du template HTML :

```
<app-children #refChildren></app-children>
```

Remarque

Tout comme les variables locales, les décorateurs `@ViewChild` et `@ViewChildren` ne s'arrêtent pas aux composants, ils permettent aussi de récupérer des références d'élément (`ElementRef`) pour accéder à leurs propriétés.

Nous allons alors pouvoir appeler les méthodes du composant enfant ou accéder à ses attributs, car le composant parent possède une référence au composant enfant par le biais de la propriété `childComponent`.

Prenons un exemple complet. Voici le contenu HTML du `ChildComponent` :

```
<div>
 <input [(ngModel)]="text" placeholder="Texte de l'enfant" />
</div>
```

Et son contenu TypeScript :

```
import { Component } from "@angular/core";

@Component({
 selector: "app-child",
 templateUrl: "./child.component.html",
 styleUrls: ["./child.component.scss"]
})
export class ChildComponent {
 text: string;

 showMessage() {
   alert(this.text);
 }
}
```

Une propriété `text` est disponible et est liée à un input grâce à `ngModel`.

Une méthode est disponible, nommée `showMessage`, elle permet d'afficher tout simplement le contenu de la propriété `text`.

Ensuite, le contenu du composant `AppComponent` :

```
<div>
   <button (click)="callChildren()">Appeler children.
showMessage()</button>
   <app-child></app-child>
</div>
```

Un bouton permet d'appeler la méthode `callChildren` du composant `AppComponent`, et un `ChildComponent` y est déclaré avec `app-child`.

Enfin, le contenu TypeScript du composant AppComponent.

```
import { Component, ViewChild} from "@angular/core";
import { ChildComponent } from "./components/child/child.component";

@Component({
 selector: "app-root",
 templateUrl: "./app.component.html",
 styleUrls: ["./app.component.scss"]
})
export class AppComponent {
 @ViewChild(ChildComponent) childComp: ChildComponent;

 ngAfterViewInit() {
   // le composant est disponible ici !
 }

 callChildren() {
   this.childComp.showMessage();
 }
}
```

Sa méthode callChildren appelle la méthode showMessage du ChildComponent, et l'instance du composant ChildComponent est récupérée grâce au décorateur @ViewChild.

La propriété « static »

Quand Angular 8 est sorti, la propriété static a fait son apparition, il était obligatoire de renseigner la propriété de type booléen static sur le ViewChild. En effet, la « view query » peut être statique ou non, c'est-à-dire qu'on doit définir si l'élément est toujours là, donc statique, ou bien si sa présence est dynamique, par exemple affiché ou non par un *ngIf.

Depuis Angular 9, la propriété n'est plus obligatoire et est fausse par défaut.

Sans cette notion explicite de statique/dynamique, il y avait beaucoup de confusion autour de l'utilisation du ViewChild et de l'utilisation du résultat du ViewChild.

```
@ViewChild('myElem') myElem: ElementRef;
```

Avec cet exemple, en fonction du template, le résultat de la query peut être disponible au moment du ngOnInit, ou bien au moment du ngAfterViewInit.

En spécifiant explicitement :

```
@ViewChild('myElem', {static: true}) myElem: ElementRef;
```

On sait qu'on peut récupérer l'élément dès le `ngOnInit`.

```
@ViewChild('myElem', {static: false}) myElem: ElementRef;
```

L'élément est disponible dès le `ngAfterViewInit`.

En réalité, la plupart des cas demandera un `{static : false}` pour s'assurer qu'on ne récupère bien que les éléments dépendant de directives comme `*ngIf` ou `*ngFor`.

5.2 Récupérer plusieurs références avec @ViewChildren

Avec le décorateur `@ViewChildren`, il est possible de récupérer une `QueryList` des éléments, composants et directives du DOM. Angular s'occupe de mettre à jour le groupe d'éléments à chaque fois qu'un composant enfant est ajouté, supprimé, ou bien déplacé dans le DOM.

Remarque

À noter que le `@ViewChildren` est toujours dynamique par sa nature, il n'a donc pas de propriété static à renseigner.

Concrètement, c'est une instance de `QueryList` que le développeur récupère. Il n'est pas possible de modifier cette liste, elle n'est que consultable.

En regardant les propriétés et méthodes de la classe `QueryList`, on peut voir plusieurs méthodes de manipulation de liste classiques, comme `forEach`, `reduce`, `map`, `find`, etc.

Prenons un nouvel exemple où on ajoute six composants `ChildComponent` dans notre `AppComponent`.

```
<div>
   <button (click)="callOddChildren()">Afficher le texte des enfants
pairs</button>
   <app-child></app-child>
   <app-child #odd></app-child>
   <app-child></app-child>
   <app-child #odd></app-child>
   <app-child></app-child>
   <app-child #odd></app-child>
   Texte : {{text}}
</div>
```

Nous marquons les composants pairs avec `#odd`.

Une méthode `callOddChildren` est appelée lorsqu'on appuie sur le bouton, et une propriété `text` est affichée tout en bas.

L'idée serait d'afficher le contenu des composants pairs.

```
import { Component, QueryList, ViewChildren } from "@angular/core";
import { ChildComponent } from "./components/child/child.component";

@Component({
 selector: "app-root",
 templateUrl: "./app.component.html",
 styleUrls: ["./app.component.scss"]
})
export class AppComponent {
 text: string;
 @ViewChildren("odd") childComp: QueryList<ChildComponent>;

 ngAfterViewInit() {}

 callOddChildren() {
   this.text = this.childComp.map(c => c.text).join(", ");
 }
}
```

Nous récupérons les composants pairs avec `@ViewChildren("odd")`, ainsi ils sont disponibles dans la `QueryList`.

Ensuite, la méthode `callOddChildren` va boucler sur ces composants pairs et récupérer leur propriété `text` pour enfin les concaténer dans la propriété `text` du composant `AppComponent`.

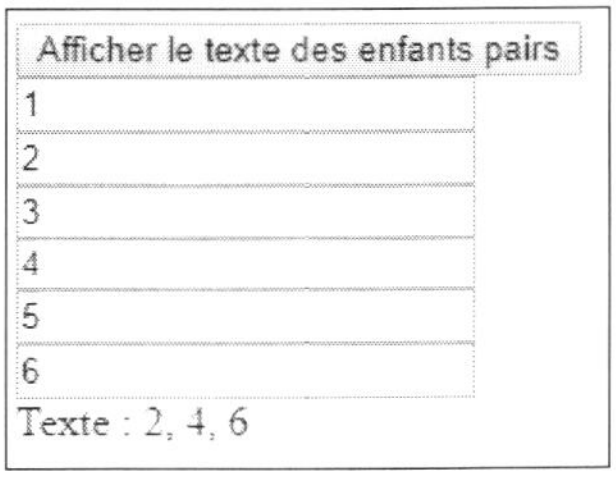

6. Les composants Angular et la View Encapsulation

6.1 Le Shadow DOM

Pour pouvoir appréhender le concept de *View Encapsulation* (encapsulation des vues), il est important de comprendre ce qu'est le *Shadow DOM*. Le *Shadow DOM* est une notion venant des standards des *Web Components*, qui permettent d'encapsuler des parties du DOM, ainsi que des styles.

Cela veut dire qu'il est possible de limiter le champ d'action d'un script ou d'un style à un élément précis. Il est alors possible d'appliquer des styles bien précis à un seul nœud du DOM, sans que tout le reste de l'application soit impacté.

Il est assez évident que cette notion est primordiale pour une application qui se construit autour de composant. Chaque composant a besoin de son style particulier, or il serait embêtant que le style défini pour un composant soit appliqué à tout le reste de l'application.

Concrètement, avec Angular, en prenant l'exemple ci-dessous d'un template de composant ainsi que du style de celui-ci, il va être possible d'utiliser de simple sélecteur, comme en-tête ou même `p.paragraph`. Le style est appliqué uniquement au composant en question grâce au concept du *Shadow DOM*. Cela devient très pratique, voire essentiel, lorsqu'on souhaite utiliser des composants tiers, qui ont besoin de leur propre style.

Template d'un composant

```
<header>
    Header
</header>
<section>
    <h1 class="title">Titre</h1>
    <p class="paragraph">Texte du paragraphe...</p>
</section>
```

Exemple de style

```
<style>
    header {
        font-size: 2em;
        background: red;
        color: #000;
    }

    section {
        margin-top: 12px;
    }

    section h1 {
        color: blue;
    }

    p.paragraph {
        text-align: center;
    }
</style>
```

Ou presque... Il faut savoir que le *Shadow DOM* est une fonctionnalité qui n'est pas encore bien supportée par tous les navigateurs. C'est pourquoi Angular n'utilise pas le *Shadow DOM* natif par défaut mais utilise une émulation de celui-ci.

6.2 Spécifier une View Encapsulation

Pour spécifier une *View Encapsulation* spécifique, il faut dans un premier temps importer l'énumération ViewEncapsulation depuis @angular/core. Ensuite, il suffit d'ajouter la propriété encapsulation du décorateur @Component.

```
// Import de l'énumération ViewEncapsulation
import { Component, OnInit, ViewEncapsulation } from '@angular/core';

@Component({
  selector: 'app-viewencapsulation-emulated',
  templateUrl: './viewencapsulation-emulated.component.html',
  styleUrls: ['./viewencapsulation-emulated.component.css'],
  encapsulation: ViewEncapsulation.Native // On utilise
l'encapsulation native pour ce composant
})
export class ViewencapsulationEmulatedComponent {
  constructor() { }
}
```

6.3 Les types de View Encapsulation

Dans Angular, le terme utilisé pour les composants est donc *View Encapsulation*. Il y a trois types de *View Encapsulation* :

- **La View Encapsulation émulée** (ViewEncapsulation.Emulated) : le *Shadow DOM* n'est pas utilisé mais une encapsulation émulée est faite pour les styles de composants, permettant de limiter tout de même les styles à leur composant.
- **La View Encapsulation ShadowDom** (ViewEncapsulation.ShadowDom) : le *Shadow DOM* natif du navigateur est utilisé. Le rendu sera alors plus rapide, car natif, mais le support n'est pas assez généralisé parmi tous les navigateurs.
- **Aucune View Encapsulation** (ViewEncapsulation.None) : aucune encapsulation de style n'est faite, le style des composants est alors global à toute l'application.

6.3.1 La View Encapsulation émulée

C'est l'encapsulation utilisée par défaut par Angular, qui émule donc à sa manière l'encapsulation des styles, et cela même si le *Shadow DOM* n'est pas supporté.

Pour comprendre ce qu'il se passe, rien de mieux qu'un exemple concret. Grâce à la commande ci-dessous, Angular CLI va générer un composant dont le template et le style sont inlines, et dont la *View Encapsulation* sera configurée sur `ViewEncapsulation.Emulated`.

Génération d'un composant en View Encapsulation émulée

```
ng generate component viewencapsulation-emulated --inline-style
--inline-template --view-encapsulation=Emulated
```

Équivalent avec les alias

```
ng g c viewencapsulation-emulated -is -it -ve=Emulated
```

En modifiant la classe générée par Angular CLI pour ajouter une `<div>` avec un contenu minimal et une classe `red` qui rend le texte rouge, le code est le suivant :

```
import { Component, OnInit, ViewEncapsulation } from '@angular/core';

@Component({
  selector: 'app-viewencapsulation-emulated',
  template: `
    <div class="red">
    View Encapsulation émulée !
    </div>
  `,
  styles: [`
  .red{
    color:red;
  }`],
  encapsulation: ViewEncapsulation.Emulated
})
export class ViewencapsulationEmulatedComponent implements OnInit {

  constructor() { }

  ngOnInit() {
  }

}
```

Il suffit alors d'ajouter ce composant `ViewencapsulationEmulated` au niveau du `AppComponent` grâce à la balise :

```
<app-viewencapsulation-emulated></app-viewencapsulation-emulated>
```

Maintenant, une fois que l'application est rendue en configuration de production, il est intéressant d'aller voir le contenu HTML généré, notamment le fichier `index.html`, qui possède la portion suivante dans la balise `head` :

```
<head>
    <style>
        .red[_ngcontent-mko-c0] {
            color: red;
        }
    </style>
</head>
```

Le style relatif au composant est présent dans la balise `head`, avec une spécificité. Angular a créé un sélecteur `.red[_ngcontent-mko-c0]`.

Au niveau du contenu HTML, Angular ajoute deux types d'attributs, `_nghost-mko-c*` et `_ngcontent-mko-c*`, où l'astérisque est un numéro.

```
<app-root _nghost-mko-c1="" ng-version="12.2.12">
  <app-viewencapsulation-emulated _ngcontent-mko-c1="" _nghost-mko-c0="">
    <div _ngcontent-mko-c0="" class="red"> View Encapsulation émulée !
</div>
  </app-viewencapsulation-emulated>
</app-root>
```

Ce qu'il faut comprendre dans un premier temps, c'est qu'Angular se sert d'attributs personnalisés pour émuler l'encapsulation de style sans le *Shadow DOM*. Les styles sont écrits dans la balise `head` du document, avec des sélecteurs particuliers, puis Angular fait en sorte de faire correspondre les styles avec le composant associé, grâce à l'extension ajoutée sur les styles.

Un élément qui doit encapsuler une logique possède un attribut `_nghost-mko-c*`. On parle ici d'un "*Shadow DOM host*", c'est ce que sont les composants Angular, en hébergeant leur propre logique et donc leur propre style.

Ensuite, un élément au sein d'un de ces composants possède un attribut du type `_ngcontent-mko-c*`, celui-ci permettant d'identifier à quel host l'élément appartient.

L'élément `app-root` est le host `_nghost-mko-c1` et l'élément `app-viewencapsulation-emulated` est le host : `_nghost-mko-c0`. Mais `app-viewencapsulation-emulated` est lui-même un contenu de l'`app-root`, c'est pour cela qu'il possède aussi l'attribut `_ngcontent-mko-c1`, car il est le contenu du `_nghost-mko-c0`.

C'est grâce à ce système ingénieux qu'Angular peut émuler un *Shadow DOM* à sa façon.

6.3.2 La View Encapsulation ShadowDom

Pour créer un composant qui utilise l'encapsulation ShadowDom, c'est-à-dire qui utilise le *Shadow DOM* natif du navigateur, il est possible de créer un composant, directement, configuré pour, avec la commande qui suit. Pour l'exemple, le composant aura son style ainsi que le template en inline.

Génération d'un composant en View Encapsulation ShadowDom

```
ng generate component viewencapsulation-shadowdom --inline-style
--inline-template --view-encapsulation=ShadowDom
```

Équivalent avec les alias

```
ng g c viewencapsulation-shadowdom -is -it -v=ShadowDom
```

Cette fois-ci, le style ne sera pas inséré dans la balise `head`, comme pour une *View Encapsulation* émulée. Le *Shadow DOM* du navigateur est utilisé et c'est donc le format associé qui est retrouvé dans le HTML. Le composant `app-viewencapsulation-native` est donc rendu de la sorte :

```
<body>
    <app-root _nghost-qdf-c1="" ng-version="12.2.12">
        <app-viewencapsulation-shadowdom _ngcontent-qdf-c1>
            #shadow-root
            <style>
                .blue {
                    color: blue;
                }
            </style>
```

```
            <div class="blue">
                View Encapsulation Shadowdom !
            </div>
        </app-viewencapsulation-shadowdom>
    </app-root>
</body>
```

Étant donné que le *Shadow DOM* natif est utilisé, le composant `app-viewencapsulation-shadowdom` n'a plus besoin de l'attribut `_nghost-c*` d'Angular.

Remarque

L'élément app-root possède un attribut _nghost car nous n'avons pas changé l'encapsulation du AppComponent. Seul le composant app-viewencapsulation-shadowdom utilise le ShadowDom actuellement.

6.3.3 Aucune View Encapsulation

La dernière option est de désactiver complètement la *View Encapsulation*. Dans ce cas, l'application Angular n'utilise ni le *Shadow DOM*, ni l'émulation faite par Angular.

Pour créer un composant dénué de *View Encapsulation*, toujours avec un template et un style en inline, la commande est la suivante :

Génération d'un composant sans View Encapsulation

```
ng generate component viewencapsulation-none --inline-style
--inline-template --view-encapsulation=None
```

Équivalent avec les alias

```
ng g c viewencapsulation-none -is -it -v=None
```

Le composant créé est alors tout à fait standard, avec la *View Encapsulation* spécifiée à `None`.

```
import { Component, OnInit, ViewEncapsulation } from '@angular/core';

@Component({
  selector: 'app-viewencapsulation-none',
  template: `
    <div class="green">
      Aucune ViewEncapsulation !
```

```
    </div>
  `,
    styles: [`
  .green{
    color:green;
  }`],
  encapsulation: ViewEncapsulation.None
})
export class ViewencapsulationNoneComponent implements OnInit {

  constructor() { }

  ngOnInit() {
  }

}
```

Avec un tel composant, les styles associés à ce composant sont alors ajoutés dans la balise `head` du document, comme pour *la View Encapsulation* émulée.

```
<head>
    <style>
        .green {
            color: green;
        }
    </style>
</head>
```

Cependant, cette fois-ci Angular n'ajoute aucune extension au niveau des sélecteurs. Le style spécifié, ici en l'occurrence la classe `green`, sera alors appliqué au document entier, ou plus précisément à tous les éléments du document ayant la classe `green`.

Remarque

Avec cette stratégie, il y a donc clairement un risque d'écraser les styles venant d'autres composants. Il faut que le développeur soit bien conscient de l'impact que cela peut avoir sur son application.

Chapitre 7
Les services

1. Introduction

Dans ce chapitre le sujet des services Angular sera abordé. Les points concernant leur déclaration et leur utilisation seront vus. Nous verrons également comment gérer les traitements asynchrones au sein d'un service, ainsi que la notion de notification de changement des données.

2. Qu'est-ce qu'un service ?

L'objectif d'un service est de contenir toute la logique fonctionnelle et/ou technique de l'application. Au contraire des composants qui ne doivent contenir que la logique propre à la manipulation de leurs données.

Un des exemples très souvent utilisés est d'encapsuler les interactions avec une API dans un service pour que le composant n'ait pas à se soucier des aspects techniques liés à la communication.

Un composant consommant un service doit simplement demander des objets et les récupérer. Il ne doit pas avoir à se soucier des mécanismes et transformations mis en place pour récupérer ces données.

3. Déclarer son service

La déclaration d'un service se fait en créant une simple classe TypeScript. Les méthodes publiques de cette classe seront alors exposées et utilisables par les autres éléments de l'application.

Si le service est lui-même dépendant d'autres services, il est nécessaire de lui ajouter le décorateur `@Injectable`. En effet, celui-ci va indiquer à Angular d'injecter les dépendances de ce service lors de sa résolution. Ce décorateur n'est donc pas obligatoire lorsque le service ne possède aucune dépendance, mais le mettre dans tous les cas est une bonne pratique que nous vous conseillons.

Ainsi, pour créer un service qui renvoie simplement une suite de nombres, il suffit de réaliser une classe comme ceci :

```
import { Injectable } from '@angular/core';

@Injectable()
export class NumberService{
    getFirstFiveNumbers(): number[]{
        return [0,1,2,3,4];
    }
}
```

Il ne reste plus qu'à injecter ce service dans un composant pour commencer à s'en servir.

4. Utiliser son service

Il n'est pas souhaitable de créer manuellement une instance du service à l'aide du mot-clé `new` pour deux raisons principales.

Premièrement cela voudrait dire que les composants devraient connaître le constructeur des services qu'ils utilisent. Donc, si ceux-ci évoluent, il faudra repasser sur chaque composant utilisant ces services. De plus, cela veut dire que c'est à la charge du composant de gérer le cycle de vie du service et de récupérer ses dépendances.

Ensuite, cela signifierait qu'une nouvelle instance du service est créée à chaque appel de chaque composant utilisant ce service. Des scénarios de mise en cache des données deviennent très compliqués à mettre en place dans cette situation.

Afin de pouvoir utiliser un service, il est donc préférable de l'injecter. Cela s'effectue en deux étapes principales.

Pour commencer, il faut ajouter un paramètre privé dans le constructeur du composant. Ce paramètre doit avoir le type du service. C'est ainsi que Angular reconnaît qu'un composant dépend d'un service.

```
constructor(private service: Service){}
```

Cependant il faut encore préciser au framework où il doit rechercher ce service. Pour cela, Angular a besoin que nous lui précisions un provider. Pour le spécifier au niveau d'un composant, il suffit de l'ajouter à la métadonnée `providers` du décorateur `@Component`. Cette métadonnée se construit à l'aide d'un tableau de types à injecter.

```
@Component({
  ...,
  providers: [Service]
})
```

Dans l'exemple ci-dessous, nous utilisons simplement un service pour remplir la propriété d'un composant.

```
import { NumberService } from './number-service';
import { Component } from '@angular/core';

@Component({
  selector: 'numbers',
  templateUrl: 'numbers.html',
  providers: [NumberService]
})
export class NumberComponent{
    numbers: number[];

    constructor(private numberService : NumberService){
        this.numbers = this.numberService.getFirstFiveNumbers();
    }
}
```

Remarque

Dans cet exemple, la classe `NumberService` est enregistrée dans le composant `NumberComponent` via la propriété `providers` de son décorateur `@Component`. Ensuite, cette classe est injectée dans le constructeur du composant. Dans ce constructeur, la méthode `geFirstFiveNumbers` du service est appelée.

Remarque

Pour plus d'informations sur les providers, se référer au chapitre sur l'injection de dépendances.

Toutefois, depuis les dernières versions d'Angular, un nouveau concept a été introduit : `providedIn`.

```
@Injectable({
  providedIn: 'root'
})
export class DataService {

  constructor() { }
}
```

En spécifiant la valeur root, cela veut dire que le `DataService` est généré au niveau de la racine du service d'injection. Ce que signifie que le `DataService` sera disponible à tous les niveaux de l'application, et cela sans devoir l'ajouter dans les providers.

Il est alors possible de définir avec quel module ce service est disponible :

```
@Injectable({
  providedIn: DataModule
})
export class DataService {
  constructor() {}
}
```

5. Rendre son service asynchrone

La plupart du temps, un service va avoir pour rôle de récupérer des données sur un serveur. Il ne faut cependant pas bloquer le programme pendant la récupération de ces données. Pour cela, voici deux méthodes afin de rendre un service asynchrone.

5.1 Les promises

Les promises sont un composant de la spécification ECMAScript 6. Elles sont des "promesses" qui permettent d'exécuter du code seulement lorsqu'elles ont terminé leur travail.

Elles fonctionnement donc avec un *callback* qui va recevoir les informations retournées par ces promises. Celles-ci possèdent également un deuxième *callback* permettant la gestion des erreurs.

```
promise.then((result) => console.log(result),
             (error) => console.log(error));
```

Dans cet exemple, on affiche le résultat d'une promise. Le callback de succès affiche la valeur retournée par le promise et le callback d'erreur affiche l'erreur qui s'est produite.

Les promises ne possèdent que trois états. Dans un premier temps, la promise va être dans l'état `"pending"`, c'est-à-dire un état indiquant que la promise est en cours d'exécution. Ensuite la promise peut passer soit à l'état `"fulfilled"`, lorsque tout s'est bien passé, soit l'état `"rejected"` lorsqu'une erreur est survenue pendant le traitement.

Les promises exposent des méthodes `then` et `catch`. Ces deux méthodes prennent en paramètre un *callback* qui sera respectivement appelé lorsque la promise passera à l'état `"fulfilled"` ou `"rejected"`.

```
import { NumberService } from './number-service';
import { Component } from '@angular/core';

@Component({
  selector: 'numbers',
  templateUrl: 'numbers.html',
  providers: [NumberService]
```

```
})
export class NumberComponent{
    numbers: number[];

    constructor(private numberService : NumberService){
        this.numberService.getFirstFiveNumbers()
            .then(numbers => this.numbers = numbers)
            .catch(error => console.log(error));
    }
}
```

Dans le constructeur du composant `NumberComponent`, on fait appel à la méthode `getFirstFiveNumbers` qui retourne une promise. Afin de récupérer le résultat de cette promise, on utilise la méthode `then`. Dans cette méthode on assigne le résultat de la promise à la propriété `numbers` du composant. Afin de traiter les éventuelles erreurs, on utilise la méthode `catch` de la promise. Dans cette méthode on logue simplement dans la console l'erreur qui s'est produite.

Pour créer une nouvelle promise, il suffit d'appeler son constructeur. Celui-ci prend en entrée une méthode à deux paramètres, le *callback* de succès et celui d'erreur.

```
new Promise ((resolve, reject) => resolve("résolue"));
```

Dans cet exemple, on crée une promise dont le callback de succès est exécuté immédiatement avec la valeur "résolue".

Il existe également quelques *helpers* permettant de retourner un objet simple sous forme de promise.

Le *helper* `resolve` sert à créer une promise résolue immédiatement à partir d'une valeur.

```
let promise = Promise.resolve("hello world");
```

Le *helper* `reject` sert à créer une promise en échec immédiatement en fournissant une raison.

```
let promise = Promise.reject("not connected");
```

Le *helper* `all` sert à créer une promise qui ne sera résolue que lorsqu'un ensemble de promises seront résolues.

```
var promise1 = Promise.resolve("hello");
var promise2 = 'world';
var promise3 = new Promise((resolve, reject) => {
  setTimeout(resolve, 100, 'greeting');
});

Promise.all([promise1, promise2, promise3]).then(values => {
  console.log(values); // ["hello", "world", "greeting"]
});
```

Et enfin le *helper* `race` permet de créer une promise qui est résolue dès qu'une promise d'un ensemble sera résolue.

```
var p1 = new Promise(function(resolve, reject) {
    setTimeout(resolve, 500, "hello");
});
var p2 = new Promise(function(resolve, reject) {
    setTimeout(resolve, 100, "world");
});

Promise.race([p1, p2]).then(function(value) {
  console.log(value);
});
```

La promise `p1` est résolue au bout de `500` millisecondes alors que la `p2` au bout de `100` millisecondes. L'utilisation de la méthode `race` sur ces deux promises permet de déclencher le *callback* lorsque la promise `p2` sera résolue. La console affichera alors "world".

Voici un exemple de service utilisant une promise pour retourner de manière asynchrone une liste de nombres.

```
import { Injectable } from '@angular/core';

@Injectable()
export class NumberService{
    private numbers : number[];

    getFirstFiveNumbers(): Promise<number[]>{
        if(!!this.numbers){
            return Promise.resolve(this.numbers);
       } else {
            return new Promise( (resolve,reject) => {
                let numbers = /* get numbers from server */;
                this.numbers = numbers;
```

```
                    resolve(number);
                });
            }
        }
    }
```

Le service possède une propriété privée `numbers` permettant de stocker en mémoire la liste des nombres retournée. Au premier appel à la méthode, un appel au serveur sera effectué, la liste de nombres sauvegardée puis la promise résolue. Aux autres appels, la méthode `resolve` sera utilisée pour retourner une promise résolue contenant la liste sauvegardée au premier appel.

5.2 Les observables

Une autre manière de rendre les services asynchrones est d'utiliser le jeu de librairies *Reactive Extensions for JavaScript* (RxJS).

Remarque

Nombreuses ont été les migrations entre les versions de RxJS, et les conventions ont changé avec le temps. Vous verrez au fil de vos recherches Internet que le nommage peut changer en fonction de la version d'Angular (et donc de sa dépendance RxJS utilisée). Néanmoins, les paradigmes restent les mêmes.

Les observables servent également à la programmation asynchrone. En revanche, ceux-ci permettent d'effectuer des actions supplémentaires dans la chaîne de traitements d'une opération asynchrone.

Il existe une différence fondamentale entre les promises et les observables. En effet, une promise ne peut se résoudre qu'une seule fois alors qu'une fois abonné à un observable, le *callback* de succès peut s'exécuter à plusieurs reprises.

Pour consommer un observable, il faut utiliser la méthode `subscribe`. Cette méthode prend en paramètre trois *callbacks*. Le premier *callback* est celui de succès, dans lequel est reçu le résultat attendu à chaque fois qu'une nouvelle valeur est envoyée. Le second *callback* est celui d'erreur. Il n'est appelé que lorsqu'une erreur s'est produite dans le traitement de notre service. Enfin, le dernier *callback* est celui qui est appelé dans tous les cas à la fin du traitement d'un `Observable`.

Ce dernier *callback* est donc encore une différence avec les promises. En effet pour simuler le même comportement en utilisant des promises, il faut copier le code correspondant à la fin des méthodes de succès et d'erreur.

Si on reprend notre exemple précédent, il devient donc :

```
import { NumberService } from './tmp.service';
import { Component } from '@angular/core';

@Component({
  selector: 'numbers',
  templateUrl: 'numbers.html',
  providers: [NumberService]
})
export class NumberComponent{
    numbers: number[];

    constructor(private numberService : NumberService){
        this.numberService.getFirstFiveNumbers()
            .subscribe(numbers => this.numbers = numbers,
                       error => console.log(error),
                       () => console.log('finished'));
    }
}
```

Dans cet exemple, le `NumberService` retourne un observable et non plus une promise. Afin de récupérer les données, on se sert donc ici de la méthode `subscribe`. Dans le callback de succès, on affecte le résultat de l'Observable dans la propriété `numbers` du composant. Dans celui d'erreur, on affiche l'erreur dans la console. Enfin dans le callback de fin de traitement, on affiche "finished" dans la console.

RxJS met également à disposition tout un set d'opérations applicables à ces collections observables. Ces opérations sont très proches de celles habituellement utilisées sur le type `Array` en JavaScript. Il est possible notamment de filtrer des données, les transformer ou encore les agréger presque comme ce qu'il est possible de faire de manière synchrone avec des `Array`.

Dans l'exemple ci-dessous, nous avons volontairement séparé l'appel au serveur dans une méthode différente, avec une signature différente. En effet, il s'agit du cas le plus courant car les méthodes `get` et `post` du service `HTTP` de Angular retournent des observables. C'est donc très souvent que les méthodes de services effectueront simplement un `map` sur le résultat d'une requête, afin de transformer les objets retournés par le serveur en objet métier de l'application.

```
import { Injectable } from '@angular/core';
import 'rxjs/add/operator/map';
import { Observable } from 'rxjs/Observable';

@Injectable()
export class NumberService {
    private numbers: number[];

    getFirstFiveNumbers()
        : Observable<number[]> {
            return this.getNumberFromServer()
                .map(x => x.numbers);
    }

    getNumberFromServer()
       :  Observable<{ date: Date, numbers: number[] }> {
        /* get numbers from server */
    }
}
```

Dans cet exemple, la méthode `getNumberFromServer` retourne un observable dont le résultat contient une date et la liste de nombres qui nous intéresse. La méthode `getFirstFiveNumbers` utilise l'opérateur `map` afin de retourner un observable qui ne contient que la propriété `numbers` du résultat retourné par `getNumberFromServer`.

La fonction `map` est un opérateur RxJS qui doit être placé dans un pipe. Cela veut dire que le résultat de l'observable va passer par ce « tuyau » avant d'être retourné.

```
import { Injectable } from "@angular/core";
import { Observable, of } from "rxjs";
import { map } from "rxjs/operators";

@Injectable({
 providedIn: "root"
})
```

```
export class NumberService {
 constructor() {}

 getFirstFiveNumbers(): Observable<number[]> {
   return this.getDataFromServer().pipe(map(data => data.numbers));
 }

 getDataFromServer(): Observable<{ date: Date; numbers: number[] }> {
   /* get numbers from server */
   return of({
     date: new Date(),
     numbers: [10, 12, 12]
   });
 }
}
```

La classe `observable` met également à disposition une méthode statique `create`. Cette méthode permet la création d'un observable dont le retour est contrôlé par un `Subscriber`. Ce `Subscriber` permet de contrôler les données qui sont envoyées lors des souscriptions à l'observable.

Celui-ci implémente l'interface `Observer`, plusieurs méthodes sont donc disponibles afin de remonter des données à l'observable. Premièrement la méthode `next` permet de retourner un résultat. Lorsque cette méthode est appelée, le *callback* de succès de l'observable est joué. Il existe également une méthode `error` permettant de jouer le *callback* d'erreur. Il est possible dans cette méthode de passer des erreurs personnalisées afin d'effectuer des traitements plus précis. Enfin la dernière méthode du `subscriber` est `complete`. Cette méthode est utilisée afin d'appeler le *callback* de fin de traitement de l'observable. Il est à noter qu'il est possible d'utiliser plusieurs fois les méthodes `next` et `error`, ce qui aura pour effet de jouer plusieurs fois les *callbacks* associés. En revanche, une fois la méthode `complete` appelée, il n'est plus possible de remonter des données.

```
import { HttpClient } from "@angular/common/http";
import { Injectable } from "@angular/core";
import { Observable, of, Subscriber } from "rxjs";

@Injectable({
 providedIn: "root"
})
export class NumberService {
 private numbers: number[] = [1, 2, 3, 4, 5];
```

```
  isOffline: boolean = false;
  apiUrl: string = "http://mon.api.fr";

  constructor(private httpClient: HttpClient) {}

  getFirstFiveNumbers(): Observable<number[]> {
    return Observable.create((observer: Subscriber<number[]>) => {
      if (this.isOffline) {
        observer.next(this.numbers);
      } else {
        this.httpClient
          .get<number[]>(this.apiUrl)
          .subscribe((response: number[]) =>
observer.next(response));
      }
    });
  }
}
```

Dans l'exemple ci-dessus, la méthode `getFirstNumbers` retourne un observable via la méthode `Observable.create`. Dans cette méthode, si la propriété `isOffline` est vraie, alors on appelle la méthode `next` sur le `Subscriber` avec les données déjà présentes dans le service. Sinon on effectue un appel HTTP afin de récupérer les données. Dans la souscription à cet appel, on utilise la méthode `next` avec le résultat retourné par le serveur HTTP.

On peut remarquer qu'il est possible d'appeler la méthode `next` au sein d'un autre *callback*. C'est d'ailleurs souvent pour cette raison qu'est utilisée la méthode `create`.

De plus, il est possible de traiter les erreurs avant qu'elles ne soient remontées aux souscriptions afin d'effectuer un traitement spécifique. Pour cela, il faut utiliser l'opérateur `catchError` en lui fournissant une fonction qui prend en paramètre la réponse de notre `observable` et qui retourne un `observable`. Si une erreur survient lors du traitement de la méthode asynchrone, c'est l'observable retourné par la méthode `catch` qui sera souscrit.

```
import { HttpClient } from "@angular/common/http";
import { Injectable } from "@angular/core";
import { Observable, of, Subscriber } from "rxjs";
import { catchError } from "rxjs/operators";
```

```
@Injectable({

 providedIn: "root"
})
export class NumberService {
 private numbers: number[] = [1, 2, 3, 4, 5];

 isOffline: boolean = false;
 apiUrl: string = "http://mon.api.fr";
 constructor(private httpClient: HttpClient) {}

 getFirstFiveNumbers(): Observable<number[]> {
   return Observable.create((observer: Subscriber<number[]>) => {
     if (this.isOffline) {
       observer.next(this.numbers);
     } else {
       this.httpClient
         .get<number[]>(this.apiUrl)
         .pipe(catchError(_err => of(this.numbers)))
         .subscribe((response: number[]) =>
observer.next(response));
     }
   });
 }
}
```

Dans l'exemple ci-dessus, lorsqu'une erreur est rencontrée lors de la récupération des données, c'est une version locale des données qui est retournée. La méthode statique `of` est utilisée afin de retourner un observable à partir d'un objet JavaScript traditionnel. Cette méthode permet de créer un observable dont le *callback* de succès sera directement appelé avec les données passées en paramètre. Il existe également une méthode `throw` qui permet de faire la même action, mais avec le *callback* d'erreur.

Il est également possible d'annuler une souscription sur un observable. Pour cela, il suffit d'appeler la méthode `unsubscribe` directement sur l'observable.

```
var subscription = this.numberService.getFirstFiveNumbers()
    .subscribe(numbers => this.numbers = numbers,
               error => console.log(error),
               () => console.log('finished'));
/* plus tard  */
subscription.unsubscribe();
```

Il est important de noter qu'un observable ne s'exécutera que s'il est souscrit. Dans le cas d'une méthode ne nécessitant pas de traitement, il faut donc tout de même appeler la méthode `subscribe` sans paramètre.

```
public sendDate(data: any) {
    this.http.post(this.apiUrl, data);
}
```

Dans l'exemple ci-dessus, l'appel HTTP ne sera pas effectué car il n'y a pas de souscription sur l'observable retourné par la méthode post du service HTTP.

5.3 Que choisir ?

Le choix entre promises et observables dépend surtout des besoins des services de l'application. En effet, si on souhaite simplement récupérer des données de manière asynchrone, les promises seront suffisantes. En revanche si on souhaite effectuer des opérations plus complexes, les observables seront plus appropriés.

En effet, ceux-ci permettent d'effectuer des opérations simples de filtre et transformation en restant dans la chaîne de traitement des opérations asynchrones. De plus, ils possèdent un *callback* terminal, qui s'avère souvent utile (notamment pour la gestion des *loaders* de l'application). De plus les observables permettent de déclencher plusieurs fois les *callbacks* de souscription dans des scénarios de notification de changement. Enfin, ils sont plus simplement utilisables avec le service HTTP de Angular, car c'est déjà le type de retour utilisé par celui-ci.

6. Notifier lorsque les données changent

Grâce à RxJS, il est possible de notifier tous les éléments abonnés d'un changement de données au sein d'un service.

Remarque

C'est le comportement qui pouvait être effectué avec AngularJs en utilisant le service `$rootScope` et sa méthode `broadcast`.

Pour arriver à ce résultat avec Angular, il faut utiliser la classe `Subject` ou une de ces dérivées. Cette classe implémente à la fois `Observable` (il est possible d'y souscrire) et à la fois `Observer` (il est donc possible d'appeler la méthode `next` comme dans la méthode `Observable.create`).

```
let subject = new Subject<string>();
subject.subscribe(x => console.log(x));
subject.next('hello');
subject.next('world');
```

Dans cet exemple, le callback passé lors de souscription va s'exécuter deux fois : une pour chaque appel de la méthode `next`. Le résultat de ces quelques lignes de code va donc être un affichage de "hello world" dans la console.

Il est également possible d'appeler les autres méthodes issues de la classe `Observer`. Par exemple il est possible de terminer l'observable en appelant la méthode `complete`. Les actions effectuées ensuite sur le `Subject` seront ignorées.

```
let subject = new Subject<string>();
subject.subscribe(x => console.log(x));
subject.next('hello');
subject.complete();
subject.next('world');
```

Le résultat de cet exemple sera donc l'affichage de "hello" dans la console. En effet, l'appel à `next` après la méthode `complete` est ignoré.

Il est également possible d'utiliser la méthode `error`. Cette méthode va déclencher un *callback* d'erreur de l'observable. Une fois qu'une erreur s'est produite, si celle-ci n'est pas traitée (via l'opérateur `catch` vu précédemment), l'observable passe alors en état `completed`. Les appels suivants sont donc ignorés.

```
let subject = new Subject<string>();
subject.subscribe(x => console.log(x),
                  err => console.log(err));
subject.next('hello');
subject.error('error')
subject.next('world');
```

Le résultat de cet exemple est l'affichage dans la console de "hello error". En effet, les appels à `next` après que l'erreur s'est produite sont ignorés.

Il existe plusieurs types de `Subject`. Le premier est celui qui vient d'être utilisé dans les exemples précédents, cependant RxJS met à disposition d'autres types apportant quelques subtilités.

Il existe l'`AsyncSubject`, ce sujet ne renvoie à la souscription que la dernière valeur ou erreur reçue avant que l'observable soit `completed`. Il renvoie en revanche cette valeur même lorsque l'observable est déjà `completed` lors de souscription.

```
let subject = new AsyncSubject<string>();
subject.subscribe(x => console.log(x));
subject.next('hello');
subject.next('world');
subject.complete();
subject.subscribe(x => console.log(x));
```

Cet exemple aura pour résultat d'afficher deux fois le texte "world" dans la console. Une fois pour la souscription effectuée avant que l'observable soit `completed` et une fois pour la souscription effectuée après.

Il existe également le `ReplaySubject`. Ce sujet permet de rejouer toutes les valeurs passées à l'observable avant que la souscription ait lieu. Le nombre de valeurs rejouées peut être limité en passant ce paramètre au constructeur du sujet.

```
let subject = new ReplaySubject<string>(2);
subject.next('greetings...');
subject.next('hello');
subject.next('world');
subject.subscribe(x => console.log(x));
```

Dans cet exemple, le nombre de valeurs rejouées est limité à deux. Le résultat sera donc l'affichage dans la console du texte "hello world".

Enfin, il existe le `BehaviorSubject`. Ce sujet dispose d'une valeur par défaut. De plus, lors de la souscription, le *callback* est directement exécuté avec la dernière valeur passée à l'`Observer`.

```
let subject = new BehaviorSubject<string>('greetings...');
subject.next('hello');
subject.subscribe(x => console.log(x));
subject.next('world');
```

Dans cet exemple, lorsque la souscription est effectuée, le callback s'exécute directement avec la dernière valeur passée à l'`Observer` (ici "hello") puis celui s'exécute à nouveau pour l'appel de la méthode `next` suivant. Le résultat est donc l'affichage du texte "hello world" dans la console.

Tous ces sujets exposent une méthode `asObservable`, permettant de retourner un observable correspondant à ce sujet. Cette méthode permet d'exposer seulement la partie `Observable` du sujet à l'extérieur, et ainsi éviter qu'un composant n'assigne une nouvelle valeur à tous les éléments abonnés à ce sujet.

```
let subject = new BehaviorSubject<string>('greetings...');
let observable = subject.asObservable();

observable.next('hello');

observable.subscribe(x => console.log(x));
```

Dans l'exemple ci-dessus, la ligne `observable.next('hello')` provoquera une erreur lors de la transcompilation du TypeScript. En revanche la ligne suivante concernant la souscription s'effectue sans soucis.

Voici un exemple complet sur la manière d'utiliser un sujet dans un service afin de notifier les éléments dépendants lors d'un changement de données :

```
@Injectable()
export class PanierService {

    private panierSubject = new BehaviorSubject<Article[]>([]);
    panierObservable = this.panierSubject.asObservable();

    addToPanier(article: Article) {
        var current = this.panierSubject.getValue();
        current.push(article);
        this.panierSubject.next(current);
    }
}
```

Ce service dispose d'un `BehaviorSubject` qui expose un tableau d'`Article`. Afin de restreindre l'accès aux méthodes sur le sujet, celui-ci est privé. En revanche une propriété `panierObservable` est exposée. Cette propriété est créée à partir du sujet en utilisant sa méthode `asObservable`.

Sa méthode `addToPanier` permet d'ajouter un élément dans le tableau lié à ce sujet. Une fois l'article ajouté dans le tableau, la méthode `next` du sujet est appelée afin de notifier du changement de cette donnée.

```
@Component({})
export class ArticleComponent{
    @Input()
    article: Article;

    constructor(private panierService: PanierService) {
    }

    addToPanier(){
        this.panierService.addToPanier(this.article);
    }
}
```

Ce composant contient une propriété `article` et une méthode `addToPanier` faisant appel à la méthode éponyme du `PanierService`.

```
@Component({})
export class PanierComponent {
    prix: number;
    nbArticle: number;

    constructor(private panierService: PanierService) {
        this.panierService.panierObservable
                        .subscribe(nouveauPanier => {
            this.prix = nouveauPanier
                        .reduce((curr,art) => curr + art.prix, 0);
            this.nbArticle = nouveauPanier.length;
        })
    }
}
```

Ce composant, quant à lui, sert à afficher des informations relatives au panier. Il contient une propriété `prix` et une propriété `nbArticle` qui doivent être recalculées à chaque fois que le contenu du panier change. Pour cela, il suffit de souscrire à l'observable exposé par le `PanierService` pour effectuer les calculs relatifs à ce panier. Ainsi, à chaque fois qu'un `ArticleComponent` utilise sa méthode `addToPanier`, le `PanierComponent` est notifié du changement et peut mettre à jour ses propriétés `nbArticle` et `prix`.

Chapitre 8
L'injection de dépendances

1. Principe de base

L'injection de dépendances est une implémentation du pattern IoC (*Inversion of Control* ou inversion des contrôles, en français). Le principe de ce pattern est de casser les dépendances entre les éléments.

Dans une organisation classique, un élément est responsable de la gestion de l'instanciation et de la durée de vie de ses dépendances. Cela crée un lien fort entre l'élément et ses dépendances.

```
class MyElement {
    private myDependency: Dependency;

    constructor() {
    }

    doSomething() => {
        this.myDependency = new Dependency();
        this.myDependency.doSomething();
    }
}
```

Le pseudo-code précédent déclare une classe `MyElement` contenant une méthode `doSomething`. Dans cette méthode, une nouvelle instance de la classe `Dependency` est créée pour appeler sa méthode `doSomething()`.

Le code précédent crée une dépendance forte entre `MyElement` et `Dependency`.

Le principe de l'injection de dépendances est de déléguer l'instanciation et la gestion de la durée de vie des dépendances à un élément externe.

```
class MyElement {
    constructor(private myDependency: Dependency) {}

    doSomething() => {
       this.myDependency.doSomething();
    }
}
```

La classe `MyElement` a été modifiée pour utiliser l'injection de dépendances. Au lieu d'instancier la classe `Dependency` dans sa méthode `doSomething`, une instance de cette classe sera passée dans le constructeur de `MyElement`. `MyElement` n'est maintenant plus responsable de l'instance `Dependency`.

Le code précédent ne crée pas de dépendance forte entre `MyElement` et `Dependency`.

Ce patron de conception apporte de nombreux avantages, notamment un meilleur découpage des éléments, chacun d'eux ne se concentrant que sur sa tâche, et une simplification des tests, l'injection de dépendances permettant de modifier l'instance passée à l'élément dans le but de simuler son fonctionnement.

2. Injection de dépendances dans Angular

Dans le cadre d'Angular, un composant peut avoir besoin d'un service, on dit alors que le composant est dépendant du service. Le framework Angular joue alors le rôle de gestionnaire de dépendances.

La première étape afin d'utiliser l'injection de dépendances est d'enregistrer les dépendances de notre application. Angular permet d'effectuer cette opération à différents niveaux.

2.1 Enregistrement global

Le niveau le plus haut est celui de l'application elle-même. Lorsqu'une dépendance est déclarée au niveau de l'application, à chaque fois qu'un élément du framework demande cette dépendance, ce sera la même instance qui lui sera retournée. Les dépendances déclarées à ce niveau agissent donc comme des singletons.

La déclaration de dépendances à ce niveau s'effectue lors de la déclaration du module de l'application. Il faut utiliser la propriété `providers` du décorateur `@NgModule`. Dans ce décorateur, la manière la plus simple d'enregistrer des dépendances est de lister les classes à injecter.

```
import { BrowserModule } from '@angular/platform-browser';
import { NgModule } from '@angular/core';
import { PommeService } from './shared/pomme.service';


@NgModule({
  declarations: [
    AppComponent
  ],
  imports: [
    BrowserModule
  ],
  providers: [
    PommeService
  ],
  bootstrap: [AppComponent]
})
export class AppModule { }
```

Dans l'exemple ci-dessus, le module déclare la dépendance à `PommeService`. Tous les composants faisant appel à ce service obtiendront donc la même instance, sauf s'ils enregistrent eux-mêmes une dépendance à celui-ci.

2.2 Enregistrement dans un composant

Il est également possible d'enregistrer une dépendance au niveau d'un composant. Dans ce cas, le composant et tous les composants enfants de celui-ci utiliseront la même instance de l'élément injecté.

Pour enregistrer une dépendance au niveau du composant, il faut utiliser la propriété `provider` du décorateur `@Component`. Celui-ci s'utilise exactement de la même manière que la propriété `providers` du décorateur `@NgModule`.

```
import { Component, OnInit } from '@angular/core';
import { Router } from '@angular/router';
import { PommeService } from '../shared/pomme.service';
import { Pomme } from '../shared/pomme';

@Component({
  selector: 'app-pomme-details',
  templateUrl: './pomme-details.component.html',
  providers: [PommeService]
})
export class PommeDetailsComponent implements OnInit {

  pomme: Pomme;
  constructor(private pommeService: PommeService, private router:
Router) { }

  ngOnInit() {
    this.route.data.subscribe(data => {
    this.pomme = data['pomme'];
    });
  }
}
```

Dans l'exemple ci-dessus, le composant `PommeDetailsComponent` enregistre une dépendance au service `PommeService`. Si ce composant se sert d'autres éléments étant dépendants de ce service, alors ceux-ci partageront la même instance.

2.3 Injecter une dépendance

Pour injecter une dépendance dans un élément du framework, il suffit de l'ajouter dans le constructeur de cet élément. Dans l'exemple ci-dessus, le composant demande l'injection de deux dépendances : `PommeService` et `Router`. La dépendance à `Router` n'a pas besoin d'être enregistrée car Angular le fait de base.

Afin qu'une classe puisse être instanciée en utilisant l'injection de dépendance, il faut lui ajouter le décorateur `@Injectable`. Ainsi, lorsque Angular va résoudre les dépendances d'un élément, si une classe est décorée avec `@Injectable`, il va également résoudre les dépendances de cette classe. Dans le cas des services, même si ceux-ci n'ont pas toujours de dépendances à résoudre, c'est une bonne pratique d'ajouter ce décorateur.

```
import { Injectable } from '@angular/core';
import { Observable } from 'rxjs';
import { mockedPommes } from './pommes.mock';
import { Pomme } from './pomme';


@Injectable({
  providedIn: 'root'
})
export class PommeService {

  public getPommes(skip: number, take = 10): Observable<Pomme[]> {
    return Observable.of(mockedPommes.slice(skip, skip + take));
  }

  public getPomme(id: number): Observable<Pomme> {
    return Observable.of(mockedPommes
                        .filter((pomme) => pomme.id === id)[0]
           );
  }
}
```

3. Provider

Jusqu'à présent, seule la méthode la plus simple d'enregistrement a été abordée : en référençant le type de l'élément à injecter dans la propriété provider des décorateurs `@NgModule` et `@Component`. Il existe des méthodes plus complexes, correspondant à des besoins plus spécifiques.

3.1 UseClass

Afin d'enregistrer une dépendance, il est possible d'utiliser le provider de classe `UseClass`. Celui-ci sert à injecter une version alternative de l'implémentation d'une classe. Cela peut être utile à des fins de tests ou encore lorsqu'un composant nécessite une implémentation différente d'un service.

Pour utiliser ce provider, il faut fournir à la propriété `providers` des décorateurs `@NgModule` ou `@Component` un objet contenant deux propriétés. La première propriété est `provide` et correspond au type que l'on souhaite enregistrer. La deuxième est `useClass`, cette propriété doit contenir le type que doit retourner le module d'injection de dépendances lorsqu'un élément demande le type inscrit dans `provide`.

Il est également possible d'enregistrer un type de manière conditionnelle, en utilisant une expression ternaire par exemple dans la propriété `useClass`. Cependant il faut garder en tête qu'une fois la dépendance enregistrée, la condition ne sera plus exécutée.

```
providers: [
    {
      provide: PommeService,
      useClass: environment.production
                  ? PommeService
                  : PommeServiceMock
    }
  ]
```

Dans l'exemple ci-dessus, le module d'injection de dépendance retournera une instance de `PommeService` si l'application a été compilée avec l'option `-prod`, sinon il retournera une instance de `PommeServiceMock`.

Il est également possible de positionner directement une classe dans la propriété `useClass`.

```
@NgModule({
  declarations: [
    AppComponent
  ],
  imports: [
    BrowserModule
  ],
  providers: [
    { provide: PommeService, useClass: PommeMockService },
  ],
  bootstrap: [AppComponent]
})
export class AppModule { }
```

Dans l'exemple ci-dessus, le module enregistre la dépendance `PommeService` et devra fournir le type `PommeMockService` lorsque celui-ci sera demandé.

3.2 UseExisting

Le provider `UseExisting` permet de créer un deuxième point d'entrée pour une dépendance déjà enregistrée. Il s'utilise comme le provider `UseClass` : un objet contenant les propriétés `provide` et `useExisting` est à fournir à la propriété de providers des décorateurs `@NgModule` et `@Component`.

La propriété `provide` définit le type à enregistrer et la propriété `useExisting` doit contenir un type déjà enregistré dans les providers. Lorsqu'un élément demande le type inscrit dans la propriété `provide`, il reçoit une instance l'objet tel que défini dans le provider spécifié dans la propriété `useExisting`.

Ce provider est habituellement utilisé afin de fournir une version restreinte d'une classe déjà enregistrée.

Par exemple, considérant une classe `LoggerService` ayant cette implémentation :

```
@Injectable({
  providedIn: 'root'
})
export class LoggerService {

  logs: { type: LogType, message: string }[] = [];

  logInfo(logMessage: string): void {
    console.log(logMessage);
    this.logs.push({
      type: LogType.info,
      message: logMessage
    });
  }

  logError(logMessage: string): void {
    console.error(logMessage);
    this.logs.push({
      type: LogType.error,
      message: logMessage
    });
  }
}
```

Afin de rendre la propriété `logs` inaccessible pour certains composants de l'application, il est possible de créer une classe abstraite ne contenant que les méthodes qui doivent être visibles :

```
export abstract class RestrictedLogger {
  logInfo: (logMessage: string) => void;
  logError: (logMessage: string) => void;
}
```

Ensuite d'utiliser le provider UseExisting dans les providers du module :

```
providers: [
  LoggerService,
  {
    provide: RestrictedLogger,
    useExisting: LoggerService
  },
  PommeService
]
```

Avec cette implémentation, lorsqu'un composant demande l'injection d'une instance de RestrictedLogger, il obtient l'instance de LoggerService. Cependant le composant n'aura pas accès à la propriété logs.

3.3 UseFactory

Parfois, il est nécessaire d'utiliser une implémentation différente en fonction de variables qui peuvent changer au cours de l'utilisation de l'application. Pour ce genre de comportement, il est possible d'utiliser le provider UseFactory.

Avec ce provider, à la place de fournir un type que doit retourner le module d'injection, il faut fournir une méthode qui retourne une instance de ce type. Afin d'utiliser ce provider, il faut créer un objet contenant différentes propriétés.

La première est la propriété provide, qui doit être remplie en utilisant le type à enregistrer. Ensuite, il faut remplir la propriété useFactory avec une méthode retournant une instance du type enregistré.

```
{
  provide: PommeService,
  useFactory: (): PommeService => new PommeService()
}
```

Dans cet exemple, le provider retourne simplement une nouvelle instance de la classe PommeService.

Optionnellement, cette méthode peut avoir des dépendances, qu'il faudra ajouter en paramètres. Ces dépendances doivent être enregistrées dans le module d'injection de dépendance et inscrites dans un tableau JavaScript dans la propriété deps de l'objet définissant le provider.

Comme pour les autres providers, celui-ci doit être ajouté à la propriété `providers` des décorateurs `@NgModule` ou `@Component`.

```
{
  provide: PommeService,
  useFactory: (userService: UserService): PommeService =>
                                   new PommeService(userService),
    deps : [UserService]
}
```

Dans cet exemple, le provider retourne une nouvelle instance de la classe `PommeService` en passant à son constructeur une instance de la classe `UserService`. La classe `UserService` est donc inscrite dans les dépendances du provider via sa propriété `deps`.

Si par exemple le service `PommeService` ne doit retourner des types de pommes que lorsque l'utilisateur est authentifié, son implémentation pourra devenir la suivante :

```
import { Injectable } from '@angular/core';
import { Observable } from 'rxjs';
import { mockedPommes } from './pommes.mock';
import { Pomme } from './pomme';


@Injectable({
  providedIn: 'root'
})
export class PommeService {

  private isAuthorize: boolean;

  constructor(isAuthorize: boolean) {
    this.isAuthorize = isAuthorize;
  }

  public getPommes(skip: number, take = 10): Observable<Pomme[]> {
    if (this.isAuthorize) {
       return Observable.of(mockedPommes
                          .slice(skip, skip + take));
    } else {
       return Observable.of([]);
    }
  }
```

```
  public getPomme(id: number): Observable<Pomme> {
    if (this.isAuthorize) {
      return Observable.of(mockedPommes
                         .filter((pomme) => pomme.id === id)[0]);
    } else {
      return null;
    }
  }
}
```

Pour cet exemple le code du `PommeService` a été modifié afin de prendre un booléen dans son constructeur. Le service ne retourne des données que si ce booléen `isAuthorize` est vrai.

Maintenant, son constructeur a besoin d'un booléen indiquant si l'utilisateur est authentifié ou non. Pour cela, il est possible d'utiliser une factory de la manière suivante dans la déclaration du module :

```
@NgModule({
  declarations: [
    AppComponent,
  ],
  imports: [
    BrowserModule,
  ],
  providers: [
    UserService,
   {
      provide: PommeService,
      useFactory: (userService: UserService): PommeService => {
                return new PommeService(userService.isAuthorize);
            },
      deps: [UserService]
    },
    PommeResolve
  ],
  bootstrap: [AppComponent]
})
```

Dans cet exemple, on crée un provider dans le module principal de l'application. Ce provider retourne une instance du `PommeService` en passant un booléen venant du `UserService` dans son constructeur. La factory est alors dépendante du `UserService`. Celui-ci est donc ajouté à la propriété `deps` du provider.

3.4 UseValue

Il est parfois plus simple d'enregistrer directement un objet plutôt qu'un type. Le provider `UseValue` sert justement à ça. Il s'utilise de la même manière que les autres : un objet qui contient une propriété `provide`, servant à contenir le type à enregistrer et une propriété `useValue` contenant un objet respectant le type utilisé dans la propriété `provide`. Cet objet vient se placer dans la propriété `providers` des décorateurs `@NgModule` ou `@Component`.

Si, de manière temporaire, le besoin d'un logger qui affiche les messages dans la console plutôt que les envoyer en base de données ou autre se fait sentir, il est possible simplement le faire de cette manière :

```
const consoleLogger = {
  logInfo: (logMessage: string): void => console.log(logMessage),
  logError: (logMessage: string): void => console.error(logMessage)
};

@NgModule({
  ...
  providers: [
   { provide: LoggerService, useValue: consoleLogger }
   PommeService
  ],
  ...
})
```

Ici, un objet `consoleLogger` est créé, implémentant les méthodes du `LoggerService`. Cet objet affiche simplement dans la console ce qui lui est passé en paramètre. On se sert de cet objet dans le provider plutôt que du type `LoggerService`. Ainsi, tous les éléments de l'application utilisant le `LoggerService` vont se mettre à loguer dans la console plutôt qu'utiliser l'implémentation initiale de celui-ci.

3.5 InjectionToken

Comme vu précédemment, il est possible d'enregistrer directement des objets dans le module d'injection de dépendances d'Angular. Dans les exemples vus jusqu'à présent, la propriété `provide` des providers peut se remplir à l'aide d'un type à enregistrer.

Cependant, il arrive qu'une application ait besoin d'enregistrer un objet qui n'est pas associé à un type. Par exemple, un type élémentaire comme un nombre ou une chaîne de caractères représentant le titre de l'application ou son numéro de version. Ou encore des données sous la forme d'un tableau d'objet. En effet, il n'est pas possible d'enregistrer un tableau typé dans Angular.

Pour faire face à ce genre de situation, Angular permet d'enregistrer une dépendance en fonction d'une chaîne de caractères et non de son type.

```
{ provide: 'APP_VERSION', useValue: 2}
```

Pour récupérer ces dépendances, il faut alors utiliser le décorateur `@Inject` sur le paramètre du constructeur où doit être injecté cet objet. Ce décorateur prend en paramètre la chaîne de caractères fournie pour l'enregistrement de la dépendance.

```
Constructor( @Inject('APP_VERSION') private appVersion: number)
```

Par exemple, pour enregistrer des données mockées à une application, il est possible de procéder de la manière suivante.

```
let mockedPommes = [...];
@NgModule({
  declarations: [
    AppComponent
  ],
  imports: [
    BrowserModule
  ],
  providers: [
    { provide: 'MOCKED_POMMES', useValue: mockedPommes },
    PommeService,
    PommeResolve
  ],
  bootstrap: [AppComponent]
})
export class AppModule { }
```

Dans cet exemple, un tableau de pommes `mockedPommes` est enregistré avec le provider `useValue`. Celui-ci n'étant pas une classe, on ne peut pas l'enregistrer avec en utilisant un type. Il est donc enregistré en utilisant la chaîne de caractères "`MOCKED_POMMES`".

```
@Injectable()
export class PommeService {

  constructor( @Inject('MOCKED_POMMES')
               private mockedPommes: Pomme[]) {  }

  public getPommes(skip: number, take = 10): Observable<Pomme[]>
  {
    return Observable.of(this.mockedPommes
                            .slice(skip, skip + take));
  }

  public getPomme(id: number): Observable<Pomme> {
    return Observable.of(this.mockedPommes
                         .filter((pomme) => pomme.id === id)[0]);
  }
}
```

Dans cet exemple, on récupère le tableau de pomme `mockedPomme` en utilisant le décorateur `@Inject` dans le constructeur de la classe. Ce décorateur prend en paramètre la chaîne de caractères utilisée lors de l'enregistrement : "`MOCKED_POMMES`".

Cette méthode fonctionne convenablement tant qu'il n'y a pas collision. En effet puisqu'il est possible d'enregistrer des dépendances au niveau du module mais aussi au niveau des composants, il est difficile de s'assurer d'utiliser une chaîne de caractères unique.

Pour répondre à cette problématique, il est possible d'utiliser des `InjectionTokens`. Les `InjectionTokens` sont de simples objets JavaScript fournis par Angular contenant une description. Au lieu d'enregistrer une dépendance à l'aide d'une chaîne de caractères, il suffit d'exposer ce token et de s'en servir lors de l'injection. Les risques de collision sont ainsi nuls, car l'injection se fait sur une référence d'objet :

```
var token1 = new InjectionToken('MOCKED_POMMES');
var token2 = new InjectionToken('MOCKED_POMMES');
token1 == token2
//return false
```

Dans l'exemple ci-dessus, deux `InjectionToken` sont créés avec la même chaîne de caractères. Cependant, il s'agit d'objets différents, donc de références différentes.

L'exemple précédent devient donc :

```
import { Pomme } from './pomme';
import { InjectionToken } from '@angular/core';

export let MOCKED_POMMES = new InjectionToken('mocked.pommes');

export let mockedPommes: Pomme[] = [...];
```

Dans le fichier de déclaration de l'objet à enregistrer, on ajoute la déclaration d'un objet de type `InjectionToken`.

```
Import ...
import { MOCKED_POMMES, mockedPommes } from './shared/pommes.mock';

import { environment } from '../environments/environment';

@NgModule({
  declarations: [
   ...
  ],
  imports: [
   ...
  ],
  providers: [
    { provide: MOCKED_POMMES, useValue: mockedPommes },
    PommeService
  ],
  bootstrap: [AppComponent]
})
export class AppModule { }
```

Dans la déclaration du module, on utilise cet `InjectionToken` plutôt qu'une chaîne de caractères pour enregistrer la dépendance.

```
import ...
import { MOCKED_POMMES } from './pommes.mock';

@Injectable()
export class PommeService {

  private isAuthorize: boolean;

  constructor( @Inject(MOCKED_POMMES)
               private mockedPommes: Pomme[]) {   }
```

```
  public getPommes(skip: number, take = 10): Observable<Pomme[]>
  {
    return Observable.of(this.mockedPommes
                             .slice(skip, skip + take));
  }

  public getPomme(id: number): Observable<Pomme> {
    return Observable.of(this.mockedPommes
                        .filter((pomme) => pomme.id === id)[0]);
  }
}
```

Enfin, dans le constructeur du service, on ne sert plus de la chaîne de caractères "`MOCKED_POMMES`" mais bien de l'objet `MOCKED_POMMES` de type `InjectionToken` dans le décorateur `@Inject`.

3.6 Dépendance optionnelle

Lorsqu'une dépendance est demandée mais pas enregistrée dans le module d'injection de dépendance, celui-ci va déclencher une erreur.

Cependant, il arrive qu'un élément puisse tout de même fonctionner si l'une de ses dépendances est absente. Dans ce cas, cet élément doit spécifier au module d'injection qu'il ne doit pas lever d'erreur dans le cas où cette dépendance est absente.

Pour cela, il faut utiliser le décorateur `@Optional` sur la dépendance optionnelle dans le constructeur de l'élément. Lorsque le module d'injection de dépendances ne retrouve pas d'enregistrement de cette dépendance, alors il retourne la valeur `null`. Il faut donc que l'élément puisse gérer la possibilité que la dépendance marquée comme optionnelle ne soit pas présente.

Dans l'exemple ci-dessous, le service `PommeService` logue le fait qu'un appel à sa méthode `getPommes` a été fait uniquement si le `LoggerService` est présent.

```
import { Injectable, Inject, Optional } from '@angular/core';
import { Observable } from 'rxjs';
import { MOCKED_POMMES } from './pommes.mock';
import { Pomme } from './pomme';
import { LoggerService } from './logger.service';


@Injectable()
export class PommeService {

  constructor(
    @Inject('MOCKED_POMMES') private mockedPommes: Pomme[] ,
    @Optional() private logger : LoggerService) {   }

  public getPommes(skip: number, take = 10): Observable<Pomme[]>
   {
     if(this.logger != null){
        this.logger.log('getPommes');
     }
     return Observable.of(this.mockedPommes
                          .slice(skip, skip + take));
  }

  public getPomme(id: number): Observable<Pomme> {
    return Observable.of(this.mockedPommes
                          .filter((pomme) => pomme.id === id)[0]);
  }
}
```

Dans cet exemple, un logger est injecté dans le constructeur du service `PommeService`. Ce logger est décoré avec le décorateur `@Optional`. Dans la méthode `getPommes`, on vérifie si le logger est différent de `null`. Si c'est le cas, alors on logue le fait que la méthode ait été appelée. Le `PommeService` peut fonctionner sans `LoggerService`, c'est pourquoi cette dépendance peut être marquée comme optionnelle.

3.7 Injection restreinte

Il est possible dans Angular de limiter la recherche d'un enregistrement de dépendances au composant parent de l'élément appelant. Pour cela il faut utiliser le décorateur `@Host` sur la dépendance concernée dans le constructeur de l'élément.

```
class Service { }
class AutreService { }

@Directive({ selector: 'child-directive' })
export class ChildDirective {
  constructor(@Host() @Optional() service: Service) {
    console.log(`service est null: ${service === null}`);
  }
}

@Component({
  selector: 'parent-component',
  providers: [Service],
  template: '',
})
export class ParentComponent {
}

@Component({
  selector: 'app',
  template: `<parent-component>
              <child-directive></child-directive>
            </parent-component>`,
})
export class AppComponent {
}
```

Dans cet exemple, la directive `ChildDirective` se fait injecter une instance de la classe `Service` dans son constructeur. Cette dépendance est décorée avec `@Host` et `@Optional`. On déclare ensuite un composant `ParentComponent` avec un provider pour la classe Service. Enfin on crée un composant contenant une balise pour la directive `ChildDirective` contenue dans une balise pour le composant `ParentComponent`.

La directive `ChildDirective` peut accéder à l'instance de la classe `Service` enregistrée dans le composant `ParentComponent`. En effet, `AppComponent` définie dans son template `ChildDirective` en tant qu'enfant de premier niveau de `ParentComponent`. Il accède donc à tous les types enregistrés dans celui-ci. Dans cet exemple, la console affichera `"service est null : false"`.

Si jamais la classe `Service` était enregistrée au niveau du composant `AppComponent`, alors la directive n'y aurait pas accès. En effet, le décorateur `@Host` limite l'héritage aux dépendances enregistrées au premier parent uniquement.

3.8 Restriction de l'enregistrement d'une dépendance

Il est possible dans Angular de restreindre la visibilité d'une dépendance enregistrée dans un composant. Cela veut dire qu'un élément présent dans le template du composant parent pourra accéder à cette dépendance, mais qu'un élément ajouté dans les balises du composant parent n'y accèdera pas.

Pour restreindre la visibilité d'une dépendance, il suffit de l'enregistrer dans la propriété `viewProviders` du composant à la place de se servir de la propriété `providers`. Ainsi, il est possible de modifier l'exemple précédent pour changer la visibilité de l'enregistrement de la dépendance `Service` dans le `ParentComponent` :

```
@Directive({ selector: 'child-directive' })
export class ChildDirective {
  constructor(@Optional() service: Service) {
    console.log(`service est null: ${service === null}`);
  }
}
@Component({
  selector: 'parent-component',
  viewProviders: [Service],
  template: '',
})
export class ParentComponent {
}

@Component({
  selector: 'app',
  providers: [AutreService],
  template: `<parent-component>
                <child-directive></child-directive>
             </parent-component>`,
})
export class AppComponent {
}
```

La sortie devient la suivante :

```
service est null: true
```

En revanche, si la directive `ChildDirective` est déplacée directement dans le template du composant `ParentComponent`, alors `ChildDirective` aura à nouveau accès à la dépendance `Service` :

```
@Directive({ selector: 'child-directive' })
export class ChildDirective {
  constructor(@Optional() service: Service) {
    console.log(`service est null: ${service === null}`);
  }
}

@Component({
  selector: 'parent-component',
  viewProviders: [Service],
  template: '<child-directive></child-directive>',
})
export class ParentComponent {
}

@Component({
  selector: 'app',
  providers: [AutreService],
  template: `<parent-component></parent-component>`,
})
export class AppComponent {
}
```

Dans l'exemple ci-dessus, la directive `ChildDirective` est un enfant direct de `ParentComponent`, il a donc accès aux dépendances enregistrées dans la propriété `viewProviders`.

Chapitre 9
Le requêtage HTTP

1. Introduction

Dans ce chapitre, nous allons voir comment envoyer, récupérer et traiter des données au travers du protocole HTTP. Nous verrons également comment communiquer de manière sécurisée avec ce protocole. Enfin, le sujet des tests sur les éléments utilisant le service HTTP d'Angular sera abordé.

2. Obtenir et envoyer des données

Afin d'envoyer et de recevoir des données, Angular fournit un module HTTP. Le module HTTP expose plusieurs méthodes permettant d'envoyer et recevoir des données via des requêtes HTTP.

Afin d'utiliser ce module, il faut commencer par l'importer dans le module de l'application. Pour cela, il suffit d'ajouter la classe `HttpClientModule` dans la propriété `imports` du décorateur `@NgModule` du module principal de l'application :

```
import { BrowserModule } from '@angular/platform-browser';
import { NgModule } from '@angular/core';
import { HttpClientModule } from '@angular/common/http';
import { AppComponent } from './app.component';

@NgModule({
```

```
  declarations: [
    AppComponent
  ],
  imports: [
    BrowserModule,
    HttpClientModule
  ],
  bootstrap: [AppComponent]
})
export class AppModule { }
```

Le module `HttpClientModule` enregistre une dépendance sur la classe `HttpClient`. Une fois ce module importé, il est possible d'injecter cette classe dans tous les éléments ayant besoin d'effectuer des requêtes HTTP.

Les méthodes exposées par ce module correspondent aux verbes HTTP employés pour effectuer la requête. Dans le cas de la récupération de données, le verbe le plus fréquemment utilisé est `GET`. Il faut donc utiliser la méthode `get` du module HTTP afin de récupérer des données. Ces méthodes retournent des observables RxJS et rendent donc facile la programmation réactive utilisant des données externes.

Remarque

Pour plus d'informations concernant les observables, vous pouvez vous référer au chapitre Les services.

L'observable retourné expose un objet JavaScript non typé par défaut, qui est la réponse de l'appel HTTP.

```
import { Injectable } from "@angular/core";
import { HttpClient } from "@angular/common/http";
@Injectable({
 providedIn: "root"
})
export class PommeService {
 baseUrl: string = "http://localhost:5000/api";
 constructor(private http: HttpClient) {}

 public getFormServer() {
   this.http.get(`${this.baseUrl}/pommes`).subscribe((pommes: Object) => {
     console.log(pommes);
   });
 }
}
```

Voici un exemple permettant de faire appel à une API et de loguer la réponse du serveur.

Il est plutôt embêtant d'avoir un objet non typé en retour, cela veut dire qu'il faudrait le caster soi-même. Heureusement, il est possible de définir le type de retour en typant la méthode `get` :

```
interface Pomme {
 id: number;
 name: string;
}

this.http
 .get<Pomme[]>(`${this.baseUrl}/pommes`)
 .subscribe((pommes: Pomme[]) => {
   console.log(pommes);
 });
```

Afin d'envoyer des données, il suffit d'utiliser la méthode `post` (généralement utilisée pour effectuer une insertion) ou la méthode `put` (généralement utilisée pour effectuer une mise à jour). Ces méthodes prennent un paramètre supplémentaire correspondant aux données à envoyer.

```
public sendToServer(pomme: Pomme) {
 this.http
   .post<number>(`${this.baseUrl}/pommes`, pomme)
   .subscribe((createdId: number) => {
     console.log(`Id créé : ${createdId}`);
   });
}
```

Dans cet exemple, un objet de type `Pomme` est envoyé à l'API. Dans le retour de l'appel, on logue la réponse envoyée par le serveur, par exemple l'id créé par le système.

3. Transformer des données

Habituellement, la récupération et le traitement des données s'effectuent dans des services, et il est fréquent que le modèle récupéré par l'API et le modèle que nous voulons traiter dans l'application soient différents. Il est alors nécessaire de faire de la projection.

```
interface Pomme {
 id: number;
 name: string;
}

interface PommeApi {
 id: number;
 type: string;
 color: string;
}
```

Avec RxJS, il est très simple de modifier le type de retour d'un observable tout en restant dans le flux de traitement de celui-ci. Il suffit en effet d'utiliser le pipe `map`. Afin de l'utiliser, il est nécessaire d'importer l'opérateur map depuis RxJS. Cet opérateur est situé dans `rxjs/operators`.

```
import { Injectable } from "@angular/core";
import { HttpClient } from "@angular/common/http";
import { Observable } from "rxjs";

import { map } from "rxjs/operators";

@Injectable({
 providedIn: "root"
})
export class PommeService {
 baseUrl: string = "http://localhost:5000/api";
 constructor(private http: HttpClient) {}

 public getPommes(): Observable<Pomme[]> {
   return this.http.get<PommeApi[]>(`${this.baseUrl}/pommes`).pipe(
     map((pommeApi: PommeApi[]) => {
       return projectPommeApisToPommes(pommeApi);
     })
   );
 }
}
```

```
export const projectPommeApisToPommes = (pommeApis: PommeApi[]):
Pomme[] => {
 return pommeApis.map(pommeApi => ({
   id: pommeApi.id,
   name: `${pommeApi.type} ${pommeApi.color}`
 }));
};
```

Dans cet exemple, la fonction `projectPommeApisToPommes` permet de convertir un tableau de `PommeApi` en tableau de `Pomme`.

Le `http.get` renvoie un tableau de `PommeApi`, qui est passé dans le map qui lui est dans le pipe. Ce map va permettre d'appeler le helper `projectPommeApisToPommes` pour que l'observable renvoie un tableau de `Pomme` au lieu de `PommeApi`. La méthode `getPommes` renvoie bien une `Observable` de `Pomme[]`.

4. Communiquer de manière sécurisée

Il arrive souvent que l'API soit sécurisée et nécessite une authentification. Quel que soit le type d'authentification, il est possible de mettre en place des « intercepteurs » pour injecter des headers dans toutes les requêtes. En somme, l'idée est d'intercepter la requête, de la traiter si nécessaire et de la renvoyer.

En supposant que l'authentification soit développée avec un JWT. Nous avons un `AuthenticationService` qui expose un token que nous devons envoyer dans un header de l'API.

```
import { Injectable } from '@angular/core';
import { HttpRequest, HttpHandler, HttpEvent, HttpInterceptor }
from '@angular/common/http';
import { Observable } from 'rxjs';
import { AuthenticationService } from './auth.service';

@Injectable()
export class JwtAuthInterceptor implements HttpInterceptor {
 constructor(private authService: AuthenticationService) {}

 intercept(request: HttpRequest<any>, next: HttpHandler):
Observable<HttpEvent<any>> {
   const token = this.authService.getToken();
```

```
    if (token) {
      request = request.clone({
        setHeaders: {
         Authorization: `Bearer ${token}`
        }
      });
    }

    return next.handle(request);
  }
```

Le `JwtAuthInterceptor` est une classe qui implémente `HttpInterceptor`.

Remarque

Les intercepteurs sont des classes qui peuvent bénéficier de l'injection de dépendances sans problème.

La méthode `intercept` doit alors être implémentée, elle prend en paramètres une `HttpRequest` et un `HttpHandler`. Nous pouvons alors modifier la requête et la renvoyer avec le `HttpHandler`.

En utilisant la méthode `clone` sur la requête, une copie de la requête est créée en y ajoutant un header `Authorization` avec une valeur au format suivant :

```
Bearer contenuDuToken
```

Un dernier point est nécessaire. Pour être utilisé, l'intercepteur doit être référencé au niveau du module, dans ses providers.

C'est le token `HTTP_INTERCEPTORS` qui permet de faire cela.

Angular utilise ce token pour savoir quels intercepteurs doivent être utilisés lors d'un appel avec le `HttpClient`.

```
providers: [
 { provide: HTTP_INTERCEPTORS, useClass: JwtAuthInterceptor,
multi: true }
]
```

Étant marqué avec `multi: true`, `HTTP_INTERCEPTORS` est un token qui peut représenter plusieurs dépendances, on parle de « Multi providers ». Concrètement, il est possible de mettre autant d'intercepteurs que vous voulez.

Justement, il est assez intéressant de découper ses intercepteurs. Nous avons déjà un intercepteur qui s'occupe de gérer l'ajout du token si l'utilisateur est connecté.

Maintenant, il est possible que le token soit invalide pour diverses raisons, par exemple, le token peut être périmé. Dans ce cas, l'API renverra une erreur « 401 Non autorisé ».

```
import { HttpEvent, HttpHandler, HttpInterceptor, HttpRequest }
from '@angular/common/http';
import { Injectable } from '@angular/core';
import { Observable, throwError } from 'rxjs';
import { catchError } from 'rxjs/operators';
import { AuthenticationService } from './auth.service';

@Injectable()export class ErrorInterceptor implements
HttpInterceptor {
 constructor(private auth: AuthenticationService) {}

 intercept(request: HttpRequest<any>, next: HttpHandler):
Observable<HttpEvent<any>> {
   return next.handle(request).pipe(
     catchError(err => {
       if (err.status === 401) {
         this.auth.logoff();
       }

       const error = err.error.message || err.statusText;
       return throwError(error);
     })
   );
 }
}
```

Cette fois-ci, l'intercepteur utilise l'opérateur RxJS `catchError` pour récupérer les exceptions lors d'une requête. Lorsque le statut de l'erreur est 401, l'utilisateur est déconnecté.

L'erreur est ensuite renvoyée avec la fonction throwError, en y renseignant un message d'erreur explicite renvoyé par l'API.

Il suffit enfin de rajouter ce nouvel intercepteur dans les providers du module :

```
providers: [
 { provide: HTTP_INTERCEPTORS, useClass: ErrorInterceptor, multi: true },
 { provide: HTTP_INTERCEPTORS, useClass: JwtAuthInterceptor, multi: true }
],
```

5. Simuler le requêtage HTTP

Lorsqu'une application Angular est testée, il est courant de vouloir simuler le serveur HTTP pour éviter d'avoir à déployer une API lors de l'exécution des tests. Pour éviter ce comportement, il est possible de bouchonner le service HttpClient de base afin qu'il retourne directement des objets statiques définis dans la méthode de test. Ceci permet de ne pas dépendre des données sur le serveur afin de valider le bon fonctionnement de l'application.

Pour injecter le service à tester dans le test, il faut utiliser l'objet TestBed.

```
    const service: PommeService = TestBed.get(PommeService);
```

Cet objet est disponible dans @angular/core/testing. Il sert à mettre en place un environnement de test. Nous avons besoin du HttpClientModule car le service HttpClient est injecté dans notre PommeService. Pour les problématiques de test, au lieu d'importer le HttpClientModule, nous allons importer le HttpClientTestingModule. Avec ce module, les appels HTTP ne vont pas vraiment être faits, mais uniquement simulés.

Cela doit être réalisés avant chaque test, grâce à beforeEach.

```
BeforeEach(() =>
 TestBed.configureTestingModule({
   imports: [HttpClientTestingModule]
 })
);
```

Le module HttpClientTestingModule permet de récupérer une instance de HttpTestingController. Il va nous être très utile pour plusieurs raisons.

```
const httpTestingController: HttpTestingController =
TestBed.get(HttpTestingController);
```

Il est possible de s'assurer que des appels HTTP sont faits par le service à tester.

Ainsi, on peut confirmer que le PommeService souhaite faire un appel GET sur <urlApi>/pommes. En réalité, Angular va s'arrêter juste avant l'appel et ne pas effectuer l'appel GET, il suffit de tracer les requêtes XHR pour s'assurer qu'aucun appel n'est fait.

Remarque

Si nous avions importé le HttpClientModule au lieu du HttpClientTesting-Module, les appels http auraient bien eu lieu.

Enfin, grâce à la méthode flush du HttpTestingController, il est possible de simuler une réponse d'API pour le test.

```
const req = httpTestingController.expectOne(`${service.baseUrl}/pommes`);
expect(req.request.method).toBe("GET");
req.flush(fakePommeApis);

export const fakePommeApis: PommeApi[] = [
 { id: 1, color: "Verte", type: "Granny Smith" },
 { id: 2, color: "Rouge", type: "Pink Lady" },
 { id: 3, color: "Verte", type: "Golden" }
];
```

Ce qui nous donne un test complet que nous pouvons écrire de la sorte :

```
import {
 HttpClientTestingModule,
 HttpTestingController
} from "@angular/common/http/testing";
import { TestBed } from "@angular/core/testing";
import { PommeApi, PommeService } from "./pomme-service.service";

describe("PommeService", () => {
 beforeEach(() =>
   TestBed.configureTestingModule({
```

```
      imports: [HttpClientTestingModule]
    })
  );

  it("should return a list of 3 pommes", () => {
    const service: PommeService = TestBed.get(PommeService);
    const httpTestingController: HttpTestingController =
TestBed.get(
      HttpTestingController
    );

    service.getPommes().subscribe(
      pommes => {
        expect(pommes.length).toBe(3);
      },
      err => {

        fail(err);
      }
    );

    const req = httpTestingController.expectOne(`${service.
baseUrl}/pommes`);
    expect(req.request.method).toBe("GET");
    req.flush(fakePommeApis);
  });
});
```

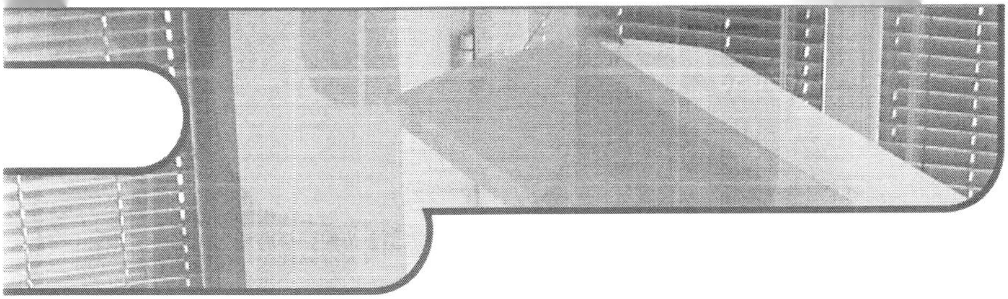

Chapitre 10
Les interactions utilisateur

1. Qu'est-ce que l'event binding ?

Lorsqu'un utilisateur interagit avec un lien, appuie sur un bouton, choisit un événement dans une liste déroulante ou manipule du texte, il est important que l'application puisse réagir à ces différents événements.

Ce chapitre explique dans un premier temps l'*event binding* (liaison d'événement) qui permet à une application Angular d'exécuter du code, des actions, lorsqu'un événement est levé.

Il est d'usage d'avoir un flux où le composant va impacter la vue en fonction de son état. Cette fois-ci, il s'agit d'un flux où la vue va notifier le composant d'une interaction.

Le seul moyen pour détecter les interactions de l'utilisateur est d'être à l'écoute de certains événements, tels que les frappes au clavier, les mouvements de souris, les clics, les manipulations tactiles, etc.

C'est donc via le concept d'*event binding* que l'application s'abonne aux différentes interactions.

2. S'abonner à un événement

La syntaxe d'un *event binding* est relativement simple, il suffit de décorer de parenthèses le nom de l'événement DOM à écouter et de fournir la méthode à exécuter sur cet événement. Voici un exemple basique qui permet d'exécuter la méthode `doSomething` lorsqu'un utilisateur appuie sur le bouton concerné.

```
<button (click)="doSomething()">Cliquez-ici</button>
```

Ici, le composant sait alors que lorsque l'événement `(click)` est lancé, il faut exécuter le code suivant : `doSomething()`.

Une forme canonique est aussi à disposition du développeur. Il s'agit uniquement d'une différence syntaxique, cela ne change en rien les mécanismes internes.

```
  <button on-click="doSomething()">Cliquez-ici</button>
```

Dans un *binding*, le code est exécuté dans le contexte du composant, c'est donc la méthode `doSomething` du composant qui est lancée.

Voici un exemple avec un composant qui, dans son template, affiche un compteur et possède un bouton qui est censé appeler la méthode `incrementTotal`.

```
import { Component } from '@angular/core';

@Component({
  selector: 'app-input-sample',
  template: `
  <button (click)="incrementTotal()">Incrémenter</button>
  Total : {{total}}
  `
})
export class InputSampleComponent {
  total:number = 0;

  incrementTotal()
  {
    this.total++;
  }
}
```

En regardant le composant, la méthode `incrementTotal` existe bel et bien. Elle est donc exécutée et incrémente alors la propriété `totale`.

3. Récupérer une entrée utilisateur

3.1 Comment manipuler l'objet $event ?

Les exemples précédents n'utilisent que la méthode `click` d'un bouton, cependant il existe, bien entendu, plusieurs types d'événements et notamment ceux renvoyant une entrée utilisateur. L'exemple le plus concret est une touche du clavier sur lequel l'utilisateur va taper.

Un objet est disponible dans la variable `$event` fournie par Angular. C'est cet objet qui contient la donnée que nous voulons récupérer. Une première solution est de passer cet objet `$event` dans une méthode et d'aller chercher l'entrée utilisateur à l'intérieur.

Dans l'exemple qui suit, nous allons tout simplement concaténer les entrées une par une, en les séparant d'une virgule.

```
import { Component} from '@angular/core';

@ Component({
  selector: 'app-input-keystroke',
  template: `
  <input (keyup)="onKeyUp($event)">
  <p>{{keys}}</p>`
})

export class InputKeystrokeComponent {

  keys = '';

  onKeyUp(event:KeyboardEvent)
  {
    this.keys += event.key + ',';
  }
}
```

Le composant possède une méthode `onKeyUp` qui prend un paramètre, c'est l'événement du navigateur, dont il est possible de récupérer le `event.key`, correspondant à la touche saisie à chaque événement. Cette méthode `onKeyUp` est alors appelée sur l'événement `keyup` de l'`input` présent dans le template du composant.

La structure et la forme de l'objet `$event` sont définies par l'élément qui lève l'événement. Ici, l'événement `keyup` vient du DOM, donc `$event` est un `KeyboardEvent`. À savoir que `$event.currentTarget` permet d'avoir l'élément HTML sur lequel l'événement a eu lieu, qui est un `input` dans notre cas.

Dans l'exemple précédent, c'est la méthode `onKeyUp` qui extrait la valeur de l'objet `$event` et qui va manipuler la donnée.

En tapant `abcd` sur le clavier, nous obtiendrons le résultat suivant en sortie :

```
a,b,c,d,
```

3.2 Une alternative grâce à un template reference variable

Alternativement, Angular propose une fonctionnalité, ou plutôt une syntaxe, appelée *template reference variable* (variable de référence au template). Ces variables donnent accès directement à un élément du DOM. Pour déclarer une variable de référence au template, il suffit d'ajouter un identifiant/un nom précédé par un dièse.

Les *template reference variable* fonctionnent autant avec les composants qu'avec les éléments natifs du DOM comme les `div`, `input`, `span`, etc.

En restant sur l'exemple courant, nous définissons une référence à notre champ d'`input` avec l'identifiant `myInput`.

```
<input #myInput (keyup)="onKeyUp($event)">
```

Une syntaxe canonique existe aussi, pour ceux qui n'aiment pas utiliser le caractère #.

```
<input ref-myInput (keyup)="onKeyUp($event)">
```

L'identifiant myInput est devenu une référence vers l'élément <input> lui-même, ce qui signifie qu'il est maintenant possible d'accéder aux propriétés de l'élément <input>, dont la valeur courante, accessible via la propriété value, et cela partout dans le template.

Il est alors possible d'utiliser l'interpolation pour afficher la valeur de myInput dans une balise <p>.

```
@Component({
  selector: 'app-input-keystroke',
  template: `
  <input #myInput (keyup)="0">
  <p>{{myInput.value}}</p>`
})
```

Ici, le template se gère tout seul. Il n'y a plus de lien entre le template et le composant, en somme, aucun *binding* n'est fait entre les deux.

Il est important de comprendre chaque partie de ce code, et surtout ce bout de code qui peut sembler intrigant à premier abord.

```
(keyup)="0"
```

Sans cette partie, le code correspondant ne fonctionnerait pas. En effet, Angular met à jour le *binding* uniquement si quelque chose est fait en réponse aux événements asynchrones tels que les entrées clavier.

Plus précisément, sans opérations asynchrones, Angular ne sait pas qu'il faut exécuter une détection de changement et ne peut pas mettre à jour la vue.

C'est pourquoi un *binding* est fait au niveau de l'événement keyup vers un code qui au final ne fait rien. Le *binding* est fait sur le nombre 0, car c'est la déclaration la plus courte possible. Cela peut sembler sournois, mais reste nécessaire pour enclencher les mécanismes d'Angular et faire tourner son application à moindre coût en termes d'exécution.

3.3 Utiliser un template reference variable avec un événement

Après avoir compris comment fonctionne les *template reference variable* et sachant utiliser les *bindings* d'événement, il est intéressant de voir comment les deux fonctionnalités peuvent se combiner.

Le principe est simple, il faut dans un premier temps une méthode qui prend en paramètre une chaîne de caractères, puis utiliser cette méthode en lui donnant la valeur de l'`input` par le biais d'une *template reference variable*.

```
import { Component } from '@angular/core';

@Component({
  selector: 'app-input-keystroke',
  template: `
  <input #myInput (keyup)="onKeyUp(myInput.value)">
  <p>{{keys}}</p>`
})

export class InputKeystrokeComponent{

  keys = '';

  onKeyUp(keyToAdd: string) {
    this.keys += keyToAdd + ',';
  }
}
```

La méthode `onKeyUp` reçoit donc directement la valeur du champ `input`.

Dans le template, il faut donc envoyer la valeur dans la méthode `onKeyUp`, et cela se fait grâce à `myInput.value`, `myInput` étant le *template reference variable* de l'`input`.

3.4 Filtrer les entrées utilisateur

Dans un cas réel, comme un formulaire, il n'est pas forcément nécessaire de récupérer toutes les entrées unitairement. En général, on souhaite récupérer la valeur de notre champ lorsque l'utilisateur appuie sur la touche [Entrée].

Lorsqu'un *binding* est fait sur l'événement (`keyup`), la méthode associée est levée à chaque entrée du clavier. Une première solution est alors de filtrer les clés en examinant chaque `$event.keyCode`, et en ne mettant à jour notre valeur uniquement si la clé correspond à **Enter**.

```
@Component({
    selector: 'app-root',
    template: '<input (keyup)="onKeyUp($event)" />'
})
export class AppComponent {
    data: string = "";
    onKeyUp(event: KeyboardEvent) {
        if (event.keyCode == 13) { // event.key ==
"Enter" fonctionne aussi
            // utiliser this.data
        }
        else {
            //
            this.data += event.key;
        }
    }
}
```

Le `keyCode` correspondant à `13` est la touche [Entrée]. Ainsi, à chaque fois que le `keyCode` est différent de `13`, il suffit de concaténer la propriété `key` dans une chaîne de caractères `data`. Lorsque le `keyCode` est égal à `13`, il suffit d'utiliser cette propriété `data`.

Angular, quant à lui, nous permet directement de filtrer les clés pour nous. Une syntaxe particulière est à disposition pour les événements relatifs au clavier. Il va alors être possible d'être à l'écoute d'événements préfiltrés, prenons l'exemple de `keyup.enter`.

```
import { Component, OnInit } from '@angular/core';

@Component({
  selector: 'app-input-filter',
  template: `
  <input #myInput (keyup.enter)="updateValuesFromEnter(myInput.value)">
  <p>{{value}}</p>
  `
})
export class InputFilterComponent implements OnInit {

  value = '';
  constructor() { }

  ngOnInit() {
  }

  updateValuesFromEnter(value:string)
  {
    this.value = value + ' from Enter';
  }
}
```

Toutefois, si l'utilisateur clique ailleurs sur la page et perd le focus sur le champ, la valeur ne sera pas mise à jour, car nous écoutons uniquement l'événement `keyup` qui est filtré sur la touche [Entrée].

Rajoutons alors un *event binding* `(blur)`, qui est l'événement déclenché lors de la perte de focus, ce qui transforme notre composant pour donner le code suivant.

```
import { Component, OnInit } from '@angular/core';

@Component({
  selector: 'app-input-filter',
  template: `
  <input #myInput (keyup.enter)="updateValuesFromEnter(myInput.value)"
                  (blur)="updateValuesFromBlur(myInput.value)">
  <p>{{value}}</p>
  `
})
```

```
export class InputFilterComponent implements OnInit {

  value = '';
  constructor() { }

  ngOnInit() {
  }

  updateValuesFromEnter(value:string)
  {
    this.value = value + " from Enter";
  }


  updateValuesFromBlur(value:string)
  {
    this.value = value + " from Blur";
  }

}
```

Le composant possède alors deux méthodes : `updateValuesFromEnter` et `updateValuesFromBlur`. Chaque méthode est appelée lorsque, respectivement, `keyup.enter` et `blur` sont appelés.

Bien entendu, il n'est pas obligatoire de faire cette séparation entre l'événement `blur` et l'événement `keyup.enter`.

```
<input #myInput (keyup.enter)="updateValues(myInput.value)"
                (blur)="updateValues(myInput.value)"/>
```

Il est parfaitement possible d'avoir une même méthode que l'on va utiliser pour les deux événements. Il suffit d'avoir une méthode `updateValues` qui prend en paramètre la valeur de l'`input`, `keyup.enter` et `blur` appellent donc la même méthode.

Chapitre 11
Les formulaires

1. Les formulaires basés sur un template

Un formulaire a pour objectif d'apporter une expérience agréable et pleine de cohésion lorsque l'utilisateur interagit avec les données de l'application.

Avec Angular, il est possible de créer des formulaires avec des contrôles utilisateurs qui vont utiliser le *data binding* (liaison de données). Ce *data binding* va permettre de synchroniser les données entre les composants et les vues. Une modification d'une propriété d'un composant sera automatiquement reflétée sur l'interface, et inversement une modification d'un contrôle HTML mettra à jour les propriétés du composant.

De plus, le développeur a les outils pour détecter ces changements d'état, et il sera d'autant plus facile de gérer la validation des entrées utilisateur et donc d'afficher les erreurs, ou non, en conséquence.

Tout développeur web a déjà eu l'occasion de développer un formulaire, que ce soit pour une page de login, un formulaire de contact ou un CRUD (*Create, Read, Update, Delete*) d'une entité d'un *backend*.

Dans ce chapitre, l'objectif est d'aborder les différentes problématiques lors du développement d'un composant-formulaire, en utilisant toute la puissance qu'apporte Angular pour ces problématiques.

Dans la suite du chapitre, le formulaire permettra l'édition d'une entité de type `Product`, avec les propriétés suivantes :

```
export class Product {
    id: number;
    name: string;
    category: string;
}
```

2. Créer un composant formulaire

2.1 Le composant

Comme un composant classique, un composant formulaire contient deux parties. La première est la vue, qui est composée du template HTML et du style CSS, la deuxième, quant à elle, est le code lui-même. Ce code va gérer les données et les interactions de l'utilisateur.

La création du formulaire est donc identique à n'importe quel composant Angular. En ce qui concerne les imports, il est nécessaire d'importer le décorateur `Component` venant de `@angular-core`, puis la classe ou interface qui représente la donnée à manipuler dans le formulaire.

```
import { Component } from '@angular/core';
import { Product } from './product';
```

La déclaration du composant en lui-même est tout aussi basique, pour cet exemple, la vue HTML et le style CSS sont dans des fichiers séparés :

```
@Component({
  selector: 'app-product-form',
  templateUrl: './product-form.component.html',
  styleUrls: ['./product-form.component.css']
})
```

Enfin, le contenu de la classe consiste en la récupération d'une instance de notre produit à modifier. Dans cet exemple, nous instancions un produit en dur, l'objectif sera, plus tard, de le fournir en paramètre du composant.

```
export class ProductFormComponent implements OnInit {

  categories = ["Légumes", "Fruits", "Viandes"];
  product: Product;

  ngOnInit() {
    this.product =
      {
        id: 0,
        category: this.categories[0],
        name: "Produit A"
      };
  }
}
```

2.2 La vue et le data binding

Pour pouvoir afficher et éditer le nom du produit, la syntaxe `ngModel` est nécessaire. Il suffit d'assigner la propriété du produit avec `ngModel` pour que la liaison de donnée soit effective. Si l'utilisateur édite le champ dans l'`input`, la variable dans le code sera modifiée, et la réciproque est aussi vraie. Cela veut dire que si une méthode ou un mécanisme est amené à modifier le nom du produit, l'utilisateur verra cette modification immédiatement dans son interface.

Ensuite, pour la catégorie, c'est un peu plus complexe, mais cela reste toujours très compréhensible. La catégorie n'est pas un simple champ d'édition libre, c'est une valeur que l'on doit sélectionner depuis une liste de valeurs disponibles. Le contrôle qui convient à notre besoin est donc une liste déroulante. Nous parlons donc ici de la balise `select` dans laquelle on va insérer autant de balise `option` qu'il y a de valeurs dans notre liste, grâce à la directive `ngFor`. Ensuite, c'est la directive `ngModel` qui va être appliquée sur la balise `select` pour récupérer la valeur sélectionnée.

2.2.1 La syntaxe ngModel

La syntaxe ngModel est la suivante :

```
<input type="text" name="property" [(ngModel)]="model.property" />
```

Ce snippet signifie que pour cet input de type text donné, la valeur de celui-ci est liée à la propriété model.property du composant. Cela veut dire que dans le code, un objet qui s'appelle model doit posséder une propriété nommée property. À noter qu'il est important d'assigner un nom à l'input via l'attribut HTML name. Ce nom est utilisé par Angular dans ses mécanismes internes pour la gestion des formulaires. En effet, Angular crée des *FormControls* et les enregistre avec une directive NgForm qu'Angular attache à la balise form. Chaque *FormControl* est enregistré avec le nom de l'input associé, c'est pourquoi il est important de le spécifier.

2.2.2 ngModel en détail

Pour comprendre exactement ce qui se passe lorsqu'on utilise l'instruction [(ngModel)], il faut décortiquer la structure de sa syntaxe.

Les deux crochets représentent le *property binding* (la liaison à la propriété). Cela signifie que la valeur circule depuis le modèle (dans le code) vers ce qui est affiché dans la vue. C'est tout simplement le *one-way* (unidirectionnel) *data binding* du modèle vers la vue.

Les deux parenthèses, quant à elles, représentent l'*event binding* (la liaison à l'événement). C'est l'inverse du *property binding*, car c'est la vue qui va notifier le modèle d'un événement. C'est un *one-way data binding* de la vue vers le modèle dans ce cas.

Ainsi, en utilisant les deux ensembles, un *two-way data binding* est créé et le flux circule dans les deux sens.

2.2.3 L'utilisation de ngModel dans un cas concret

Pour ce qui est de la vue, voici une structure initiale du formulaire pour éditer un produit.

```
<div class="product-container">
  <h1>Mon Formulaire</h1>
  <form>
```

```
    <div class="group">
      <label for="name">Name</label>
      <input type="text" id="name" name="name" required
[(ngModel)]="product.name">
    </div>
    <div class="group">
      <label for="category">Catégorie</label>
      <select id="category" name="category"
[(ngModel)]="product.category">
        <option *ngFor="let category of categories"
[value]="category">{{category}}</option>
      </select>
    </div>

    <button type="submit">Submit</button>
  </form>
</div>
```

Nous pouvons observer, ici, un formulaire tout à fait normal dans sa structure. Le premier groupe utilise `ngModel` pour lier la valeur de l'`input` avec la propriété du composant `product.name`.

Dans le deuxième groupe, c'est sur le `select` que la propriété `product.category` est lié, toujours avec `ngModel`. Ensuite, un `ngFor` permet de générer toutes les `options` de ce `select` en bouclant sur la liste `categories`. Chaque `option` possède en valeur avec `[value]` la catégorie qui sera appliquée au `ngModel` si l'`option` est sélectionnée.

2.3 Intégrer le formulaire dans l'application

Pour pouvoir utiliser le composant-formulaire dans son application, plusieurs étapes sont nécessaires. Il faut commencer par mettre à jour le module.

```
import { BrowserModule } from '@angular/platform-browser';
import { NgModule } from '@angular/core';
import { FormsModule } from '@angular/forms';

import { AppComponent } from './app.component';
import { ProductFormComponent } from './product-form/
product-form.component';

@NgModule({
```

```
  declarations: [
    AppComponent,
    ProductFormComponent
  ],
  imports: [
    BrowserModule,
    FormsModule,
  ],
  providers: [],
  bootstrap: [AppComponent]
})
export class AppModule { }
```

Tout d'abord, comme pour tout composant, il faut importer le composant dans le module et l'insérer dans les déclarations, ce qui est fait ci-dessus. Aussi, il est nécessaire d'importer le module Angular pour les formulaires `FormsModule`, sans lequel rien ne fonctionnerait.

Il suffit maintenant d'appeler son composant grâce à son sélecteur à l'endroit où il doit être inséré.

Par exemple, dans le fichier `app.component.html` :

```
<app-product-form>
</app-product-form>
```

3. Les états et la validité d'un champ

3.1 Les états d'un input

Utiliser `ngModel` apporte, en plus du *two-way data binding*, la connaissance des états d'un `input` à un instant donné.

Par exemple, si un champ n'a jamais été visité, c'est-à-dire si l'utilisateur n'a jamais interagi avec celui-ci. Angular va ajouter au champ la classe `ng-untouched`. À l'inverse, si l'utilisateur a interagi avec le champ, ce sera la classe `ng-touched` qui sera appliquée.

Si le champ est valide, la classe `ng-valid` sera présente, si le champ est invalide, ce sera la classe `ng-invalid`.

Remarque

La notion de validité est abordée plus tard dans le chapitre.

Enfin, Angular apporte également une gestion du "*dirty*", c'est-à-dire qu'en plus de la validité et la notion de "*touched*", l'application sait si le champ, "*touched*" ou "*untouched*", a été modifié. Lorsque le champ est modifié, la classe `ng-dirty` est appliquée, autrement c'est la classe `ng-pristine` qui l'est.

Voici un tableau qui récapitule ces informations :

Condition	Classe si la condition est vraie	Classe si la condition est fausse
Le champ est valide	ng-valid	ng-invalid
Le champ est modifié	ng-dirty	ng-pristine
Il y a eu interaction avec le champ	ng-touched	ng-untouched

Afin de bien comprendre ces différents états, et comment ils cohabitent, un exercice intéressant consiste à utiliser un *template reference variable* sur l'`input`, ainsi il sera possible de lister ces classes directement dans la vue. Sinon, il est parfaitement possible d'inspecter ces classes dans la console du navigateur, mais c'est une bonne occasion pour utiliser une *template reference variable*.

Remarque

Le concept de template reference variable est abordé dans le chapitre Les interactions utilisateur.

Notre champ de modification du nom du produit se transforme alors :

```
<input type="text" id="name" name="name" required
[(ngModel)]="product.name" #templateRefSpy/>
<div>{{templateRefSpy.className}}</div>
```

L'`input` est lié sur `product.name` avec `ngModel`, et un *template reference variable* `#templateRefSpy` est présent.

En dessous de l'`input`, une `div` affiche tout simplement les classes de cet `input` avec `templateRefSpy.className`.

Ce qu'il faut savoir, c'est que la balise `form` possède aussi cet ensemble de classe, qui sera une résultante de l'ensemble des champs du formulaire. En somme, cela veut dire qu'avec un formulaire possédant deux contrôles, le formulaire sera valide uniquement si les deux contrôles sont valides. Dans le même esprit, si le moindre contrôle est modifié, le formulaire sera modifié, ainsi de suite...

3.2 Styliser selon la validité

Angular met à disposition les classes `ng-valid` et `ng-invalid`. À partir de là, il est très facile de styliser ses formulaires en conséquence.

```
.ng-valid{
    border: solid #82af3c 1px;
}

.ng-invalid {
    border: solid red 1px;
}
```

Avec ce style, lorsque `ng-valid` est présent, une bordure verte sera ajoutée au contrôle. À l'inverse, si `ng-invalid` est présent, ce sera une bordure rouge qui sera ajoutée.

Remarque

Comme la balise `form` possède aussi ces classes, elle aura aussi les bordures colorées avec le style proposé; pour éviter cela, il faut un sélecteur CSS plus spécifique vers les contrôles à styliser, ou bien exclure tout simplement le formulaire avec : `not(form)` dans le sélecteur CSS.

4. Soumettre le formulaire

L'objectif final pour l'utilisateur est de soumettre le formulaire une fois celui-ci rempli. Pour cela, il faut tout d'abord placer un bouton de type `submit`, chose déjà faite dans l'exemple précédent. Cependant, cela ne suffit pas, il faut expliquer au formulaire ce qu'il doit faire lorsqu'une validation est demandée. Pour cela, Angular met à disposition la directive `ngSubmit`.

La syntaxe de la directive est la suivante :

```
<form (ngSubmit)="onSubmit()">
```

Ainsi, la méthode `onSubmit` sera appelée lorsque le formulaire sera soumis.

Il faut donc ajouter cette méthode dans le composant :

```
onSubmit() {
    console.log(`Le produit ${this.product.name} a été soumis,
il appartient à la catégorie ${this.product.category}`);
  }
```

En réalité, Angular ajoute une directive `ngForm` automatiquement aux balises de type `form`. C'est cette directive qui va contenir les contrôles créés par les différents couples de directive `ngModel` et d'attribut `name` spécifiés sur les champs du formulaire.

La directive `ngForm` possédant elle-même la notion de validité au niveau du formulaire, il est alors possible de désactiver le bouton `submit` tant que le formulaire n'est pas valide.

```
<div class="product-container">
  <h1>Mon Formulaire</h1>
  <form (ngSubmit)="onSubmit()" #productForm="ngForm">

    ...

  <button type="submit"
[disabled]="!productForm.form.valid">Submit</button>
  </form>
</div>
```

Le formulaire possède un *template reference variable* qui pointe sur la directive `ngForm` de la balise `form`.

Il est alors possible d'accéder aux propriétés de cette directive qui est référencée sous la propriété `productForm`, et savoir si le formulaire est valide ou non grâce à `productForm.form.valid`.

5. Les formulaires et les FormControls

5.1 Les contrôles et les groupes de contrôles

Les exemples qui sont illustrés dans ce chapitre sont assez basiques et la validation est très sommaire. Cela convient souvent au besoin, mais il se peut que les attentes soient plus complexes et qu'il soit nécessaire de faire de la validation personnalisée, voire de la validation asynchrone.

Les formulaires Angular fonctionnent principalement avec deux types de composants : les `FormControls` (contrôles) et les `FormGroups` (groupes de contrôle).

Dans les exemples précédents, c'est uniquement `ngModel` qui était réellement utilisé dans les formulaires, puis Angular s'occupe du reste sans que le développeur s'en soucie. L'objectif pour la suite est de prendre la main sur ces entités de formulaire et de les manipuler nous-mêmes, ce qui permet d'aller plus loin.

Les contrôles sont des entités qui possèdent une valeur et un statut de validité, qui est déterminé par une fonction de validation qui, elle, est optionnelle. Un contrôle peut être lié à un champ, et à sa création, il prend trois paramètres, toutes optionnelles. Le premier paramètre est la valeur par défaut, le second est un validateur et le troisième est aussi un validateur, mais asynchrone.

Tout d'abord, pour utiliser cette fonctionnalité d'Angular il est nécessaire d'importer, au niveau du module, le `ReactiveFormsModule` de `@angular/forms`.

```
import { FormsModule, ReactiveFormsModule } from
'@angular/forms';
```

Remarque

Si `ReactiveFormsModule` est importé, il n'est pas nécessaire d'importer `FormsModule`, `ReactiveFormsModule` importe lui-même `FormsModule`.

Pour utiliser un contrôle, il faut donc l'instancier dans un premier temps. Pour cela, il est nécessaire d'importer certains éléments depuis `@angular/forms`, notamment `FormControl` et `Validators`.

```
import { FormControl, Validators } from '@angular/forms';
```

On peut ainsi instancier le `FormControl` avec la syntaxe suivante.

```
this.login = new FormControl('Default value',
Validators.required);
```

Il faut savoir que les deuxièmes et troisièmes paramètres peuvent très bien être des tableaux, il est donc possible de fournir plusieurs validateurs à son `FormControl`.

Angular met à disposition un builder nommé `FormBuilder`.

```
import { FormBuilder } from "@angular/forms";

constructor(private fb: FormBuilder) {
   const ctrl: FormControl = this.fb.control("", [Validators.required]);
   const grp: FormGroup = this.fb.group({}, [Validators.required]);
   const arr: FormArray = this.fb.array([], [Validators.required]);
 }
```

Ensuite, il faut ajouter les entités `FormGroup` et `FormBuilder` d'Angular, des classes qui permettent de manipuler les `FormControl`. Le `FormGroup` et ses `FormControls` vont être stockés en propriété du composant, pour pouvoir les lier à la vue.

```
import { Component } from '@angular/core';
import { FormControl, FormBuilder, FormGroup, Validators }
from '@angular/forms';

@Component({
 selector: 'app-product-form',
 templateUrl: './product-form.component.html',
 styleUrls: ['./product-form.component.css']
})
export class ProductFormComponent {
 login: FormControl;
```

```
  email: FormControl;

  loginForm: FormGroup;

  constructor(private fb: FormBuilder) {
    this.login = this.fb.control("", [
      Validators.required,
      Validators.minLength(4)
    ]);

    this.email = this.fb.control("", Validators.required);

    this.loginForm = fb.group({
      login: this.login,
      email: this.email
    });
  }
}
```

Cela change donc la vue HTML en conséquence. Ce n'est plus `[(ngModel)]` qui va être utilisé mais `[formGroup]` et `[formControl]`.

```
<div class="container">
  <h1>Formulaire d'authentification</h1>
  <form [formGroup]="loginForm">
    <div class="group ">
      <label for="login">Login</label>
      <input required type="text" [formControl]="login" />
    </div>

    <button type="submit">Submit</button>
  </form>
</div>
```

Il est aussi possible d'utiliser `formControlName` au lieu du `formControl`. Cela permet d'éviter de stocker forcément tous les contrôles dans des variables, car le `formControlName` va permettre de ne renseigner que le nom du contrôle.

```
<div class="container">
 <h1>Formulaire d'authentification</h1>
 <form [formGroup]="loginForm">
   <div class="group ">
     <label for="login">Login</label>
```

```
      <input required type="text" formControlName="login" />
    </div>

    <button type="submit">Submit</button>
  </form>
</div>
```

Cela continue donc de fonctionner, et nous pouvons même retirer la propriété `login` de notre composant. Angular va pouvoir faire le lien entre l'input et le `FormControl` via le nom `login` qui est spécifié à la création du `FormGroup`.

```
     this.loginForm = fb.group({
      login: this.login,
      email: this.email
    });
```

5.2 Les validateurs intégrés

Angular propose trois validateurs par défaut qui peuvent autant être appliqués en utilisant un `FormControl` que par le biais de propriétés HTML.

- `required`
- `minLength`
- `maxLength`

Pour afficher un message d'erreur associé en cas de non-respect des validateurs, il suffit d'aller chercher l'information dans le `FormControl` associé, dans la propriété `errors.minlength`, par exemple. De plus, `FormControl` possède une méthode `hasError` qui permet de savoir si une erreur dont le nom est passé en paramètre existe sur le contrôle.

Prenons justement cet exemple-là, et disons que si le login a été modifié et qu'il n'est pas valide (car la règle qui demande quatre caractères au moins n'est pas respectée), nous allons afficher le message correspondant.

Notre formulaire devient alors :

```
<div class="container">
  <h1>Formulaire d'authentification</h1>
  <form [formGroup]="loginForm">
    <div class="group ">
      <label for="login">Login</label>
      <input required type="text" [formControl]="login" />
      <div *ngIf="login.dirty && !login.valid">
        <p *ngIf="login.hasError('minlength')">
          Le login doit être composé d'au moins 4 caractères !
        </p>
      </div>
    </div>

    <button type="submit">Submit</button>
  </form>
</div>
```

En accédant à la propriété `errors` du `FormControl login`, ou bien en passant par la méthode `hasError`, il est possible de savoir si tel ou tel validateur est en erreur. Si c'est le cas, une propriété du nom du validateur existera sur cet objet `errors`. C'est pourquoi le paragraphe dans l'exemple utilise un `ngIf` sur `login.hasError('minlength')` pour afficher un message d'erreur.

Au-dessus du paragraphe, un autre `ngIf` est fait pour s'assurer de n'afficher les erreurs que si le champ est `dirty`, c'est-à-dire modifié, mais aussi invalide.

5.3 Créer un validateur personnalisé

Il est tout aussi possible de créer un validateur soi-même. Pour cela, il suffit de créer une classe qui va posséder une méthode statique, voire plusieurs.

Cette méthode doit prendre en paramètre un `FormControl`, qui sera lui-même injecté au moment de la validation.

La méthode doit renvoyer un objet qui possède une clé, qui est le nom de la validation, et qui a pour valeur un booléen qui est vrai si la valeur est invalide, car la condition qui est censée qualifier le champ d'invalide est remplie. La méthode doit renvoyer `null` si le champ est valide.

```
interface ValidationResult {
  [key: string]: boolean;
}
class LoginValidator {
  static containsAdmin(control: FormControl): ValidationResult {
    if (control.value.indexOf('admin') != -1) {
      return { "containsAdmin": true };
    }

    return null;
  }
}
```

La méthode statique `containsAdmin` représente un validateur. Elle possède un paramètre `control` qui est le `FormControl` injecté automatiquement par Angular.

La méthode doit renvoyer un `ValidationResult` avec un booléen vrai si la valeur du contrôle possède bien le texte "admin". Si ce n'est pas le cas, c'est `null` qui est renvoyé.

On peut alors utiliser notre validateur personnalisé comme on utilise les validateurs déjà intégrés à Angular.

```
    this.login = new FormControl('', [Validators.required,
Validators.minLength(4), LoginValidator.containsAdmin]);
```

Le deuxième paramètre du constructeur utilisé ici pour créer le `FormControl` est un tableau de validateur; après avoir ajouté deux validateurs intégrés, le validateur fraîchement créé est aussi ajouté.

5.4 Les validateurs asynchrones

Parfois, il arrive qu'un formulaire doive faire appel à un serveur pour vérifier la validité d'un champ. Par exemple, un cas fréquent est de vérifier si l'identifiant spécifié par l'utilisateur n'est pas déjà utilisé par un autre utilisateur. Pour cela, il faut faire un appel HTTP. Les validateurs peuvent être écrit de manière à renvoyer une *promise*, ainsi, pour un appel HTTP, il suffira de convertir l'observable renvoyé en *promise*.

Pour cet exemple, prenons un cas d'appel d'API qui permet de savoir si le nom d'utilisateur est disponible ou non.

```
class LoginValidator {
    static isLoginTakenAsync(control: FormControl):
Promise<ValidationResult> {
        let service = new UserService();
        return
service.isLoginTaken(control.value).then(isLoginTaken => {
            if (isLoginTaken) {
                return { 'isLoginTaken': true };
            }

            return null;
        });
    }
}
```

Cette fois-ci, le validateur doit renvoyer une promise. Un service est instancié et la méthode `isLoginTaken` renvoie une promise indiquant si le login est disponible ou non. Si le login est déjà utilisé, il faut alors renvoyer l'objet indiquant que le validateur `isLoginTaken` est en erreur. Si le login est disponible, la promise renvoie `null`.

Il faut alors penser à référencer ce validateur en tant que validateur asynchrone, en troisième paramètre du constructeur de `FormControl`.

```
this.login = new FormControl('', [Validators.required,
Validators.minLength(4)], LoginValidator.isLoginTakenAsync);
```

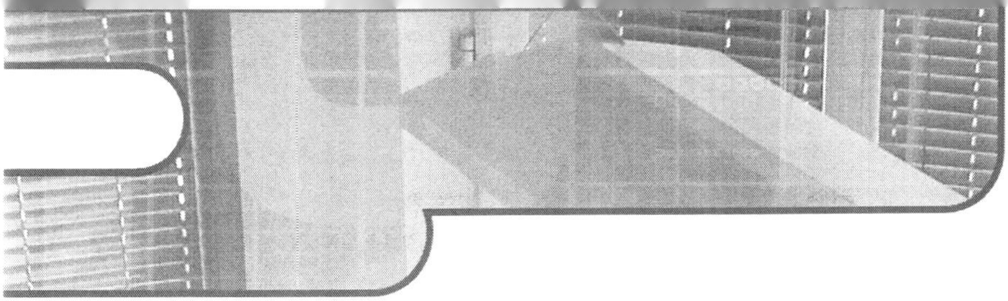

Chapitre 12
Le routage

1. Introduction

Dans ce chapitre, la navigation au sein d'une application va être abordée. Pour cela, les notions de route et de navigation vont être décrites. Pour aller plus loin dans les détails du routage avec Angular, les notions de `Resolver` et d'outlets nommées feront également l'objet d'une étude.

2. Définir les routes d'une application

La navigation au sein d'une application Angular s'effectue grâce à un système de route qui doit être définie. Une route dans sa forme la plus basique est l'association d'un composant et d'une URL. Lorsque cette URL est demandée, le module de routage effectue le rendu du composant associé.

Pour effectuer cette association d'une URL à un composant, il faut définir une variable de type `Routes`. Ce type est déclaré comme étant un tableau dont chaque élément est un objet de type `Route`.

Une route est donc composée d'un attribut `path` qui représente l'URL (relative ou absolue) associée à cette route et d'un attribut `component` qui est le composant à charger lorsque cette route est appelée.

```
import { Routes } from '@angular/router';
import { PommeListComponent } from './pomme-list/
pomme-list.component';

export const ROUTES : Routes = [
  { path: 'pommes', component: PommeListComponent }
];
```

Dans l'exemple ci-dessus, une route est déclarée afin que, lorsque l'URL 'pommes' est appelée, ça soit le composant PommeListComponent qui est chargé. Il faut cependant enregistrer cette route afin qu'elle soit utilisable.

Il est également possible d'effectuer des redirections. C'est très utile pour définir des routes par défaut, par exemple. Pour cela, au lieu d'utiliser l'attribut component de l'objet Route, il faut utiliser l'attribut redirectTo. Cet attribut se remplit en utilisant la valeur d'un attribut path existant du tableau de routes. Lorsque cet attribut est utilisé, il est également nécessaire de remplir l'attribut pathMatch. Cet attribut définit la manière dont le routeur doit faire correspondre la route définie dans l'attribut redirectTo avec le path existant. Cet attribut peut prendre la valeur full, dans ce cas, le routeur ne fera la redirection que si l'URL appelée est exactement la même que celle définie dans l'attribut redirectTo. L'autre valeur possible pour cet attribut est prefix. Lorsque cette valeur est utilisée, le routeur effectuera la redirection si l'URL appelée commence comme celle définie dans l'attribut redirectTo.

```
import { Routes } from '@angular/router';
import { PommeListComponent } from './pomme-list/
pomme-list.component';

export const ROUTES: Routes = [
  { path: '', redirectTo: 'pommes', pathMatch: 'full' },
  { path: 'pommes', component: PommeListComponent }
];
```

Dans cet exemple, la première route est déclarée de telle manière que lorsque l'application est chargée avec une route vide, une redirection s'effectue vers la route pommes.

Il est également possible d'utiliser des URL dynamiques. Pour cela, il suffit de préfixer les parties variables de l'URL par le caractère « : ».

```
import { Routes } from '@angular/router';
import { PommeListComponent } from './pomme-list/
pomme-list.component';
import { PommeDetailsComponent } from './pomme-details/
pomme-details.component';

export const ROUTES: Routes = [
  { path: '', redirectTo: 'pommes', pathMatch: 'full' },
  { path: 'pommes', component: PommeListComponent },
  { path: 'pommes/:page', component: PommeListComponent },
  { path: 'pomme/:id', component: PommeDetailsComponent }
];
```

Dans l'exemple ci-dessus, les routes `pommes/:page` et `pomme/:id` sont dynamiques. Par exemple, en accédant à l'URL `pommes/2`, le module de routage va charger le composant `PommeListComponent` et le paramètre `page` sera égal à `2`.

3. Le rendu de composant

Afin que le routeur puisse effectuer le rendu du composant, il faut en tout premier lieu enregistrer les routes déclarées dans le tableau `ROUTES`.

Cela se fait au niveau de la déclaration du module de l'application. Il faut pour cela ajouter le module de routage, `RouterModule`, à l'application. Ce module doit être importé en utilisant la méthode `forRoot` qu'il expose. Cette méthode prend en paramètre un objet de type `Routes`. Il faut donc lui passer le tableau de routes défini précédemment.

```
import { RouterModule } from '@angular/router';
import { ROUTES } from './app.routes';
import ...

@NgModule({
  declarations: [
    ...
  ],
  imports: [
    BrowserModule,
    RouterModule.forRoot(ROUTES)
  ],
```

```
  providers: [...],
  bootstrap: [...]
})
export class AppModule { }
```

Dans l'exemple de déclaration de module ci-dessus, l'import du module RouterModule se fait en utilisant un objet de type Routes venant du fichier app.routes.ts. Ce fichier contient le code de l'exemple précédent. C'est une bonne pratique de définir les routes dans un fichier séparé, car la définition de celles-ci grandit très vite dès qu'une application dispose de plusieurs vues.

Il est maintenant nécessaire de préciser au module de routage où il doit faire le rendu des composants associés aux routes. Pour cela, il faut utiliser la directive RouterOutlet dans le composant principal de l'application, en ajoutant la balise router-outlet dans le template. Le rendu du composant de la route active se fera donc au niveau de cette balise :

```
<header>
  <h1> Pomme app !</h1>
</header>
<router-outlet></router-outlet>
<footer>@2021</footer>
```

Il est donc possible de gérer le *layout* de l'application dans ce composant et ne changer que la partie dynamique de la vue. Ce qui est ajouté dans ce template n'apparaîtra pas avant que la phase de chargement de l'application ne soit terminée, contrairement à ce qui est ajouté directement dans l'index.html qui est visible dès que la page HTML est chargée. Le *layout* doit donc être créé en prenant cela en compte.

Une fois les routes enregistrées et la directive router-outlet correctement placée, lorsque cette application sera lancée, le module de routage redirigera directement sur l'URL /pommes, grâce à la règle de redirection sur l'URL vide. Il chargera ensuite le composant PommeListComponent à la place de la directive RouterOutlet.

4. Naviguer dans son application

Afin de naviguer dans une application en utilisant le module de routage, il existe deux solutions. Premièrement, il est possible de naviguer en utilisant des liens hypertextes HTML (balise « a »). Pour ce faire, il faut utiliser la directive RouterLink.

Pour le cas des URL non dynamiques, il suffit d'affecter à cette directive la valeur de la propriété path de la route associée. Par exemple, <a routerLink="/pommes"> pointera vers la route pommes définie dans le tableau de routes.

Pour le cas d'URL dynamiques, cette directive prend en paramètre un tableau de valeurs. Ces valeurs correspondent au chemin de la route visée par ce lien. Par exemple, pour naviguer vers la page du détail d'une des variétés de pomme de l'exemple précédent, il est possible d'utiliser la syntaxe suivante :

```
<ul>
  <li *ngFor="let pomme of pommes">
    {{pomme.id}}
    <a [routerLink]="['/pomme', pomme.id]">{{pomme.name}}</a>
  </li>
</ul>
```

Le lien ci-dessus pointera vers la page de détail d'une variété de pomme, et la partie dynamique de la route sera remplie avec l'identifiant de la variété de pommes sur laquelle l'utilisateur a cliqué.

Il est également possible d'utiliser l'attribut natif href de la balise HTML « a » cependant, cela impliquerait un chargement de la page, rendant l'expérience utilisateur moins agréable.

La deuxième manière d'effectuer une navigation est de le faire directement dans le code d'un composant. Pour cela, il faut injecter une instance de l'objet Router au sein du composant. Cet objet dispose d'une méthode navigate qui prend exactement le même paramètre que la directive RouterLink.

```
import { Component, OnInit } from '@angular/core';
import { Router } from '@angular/router';

@Component({...})
export class PommeDetailsComponent{
```

```
  pomme: Pomme;
  constructor(private router: Router) { }

  goBack() {
    this.router.navigate(['pommes']);
  }
}
```

Dans l'exemple ci-dessus, la méthode `goBack` permet de naviguer vers la page `'pommes'` de listing des variétés pomme.

5. Récupération des données de routage

Afin d'obtenir des informations concernant la route active au sein du composant, il faut injecter l'objet `ActivatedRoute`. Cet objet contient notamment des informations sur les paramètres passés à la route lors de la navigation.

Pour récupérer ces informations, il est possible de passer par la propriété `snapshot` de cet objet. Cette propriété contient elle-même une propriété `params` contenant tous les paramètres passés à la route lors de la navigation.

```
Import ...
import { ActivatedRoute, Router } from '@angular/router';

@Component({...})
export class PommeDetailsComponent implements OnInit {

  pomme: Pomme;
  constructor(private pommeService: PommeService,
              private route: ActivatedRoute,
              private router: Router) { }

 ngOnInit() {
    const id = +this.route.snapshot.params['id'];
    this.pommeService.getPomme(id)
                    .subscribe(pomme => this.pomme = pomme);
  }

  goBack() {
    this.router.navigate(['pommes']);
  }
}
```

Dans l'exemple, la classe `ActivatedRoute` est injectée dans le constructeur du composant. Dans la méthode d'initialisation, on récupère le paramètre `'id'` dans l'objet `snapshot.params` de l'`ActivatedRoute`. Le symbole « + » au niveau de l'affectation à la constante `id` sert à caster le paramètre `id` en `number`. En effet, les paramètres de routage sont passés sous forme de chaînes de caractères.

Avec ce composant modifié, lorsque l'utilisateur clique sur le nom d'une variété de pomme dans la liste, il se retrouve sur la page suivante :

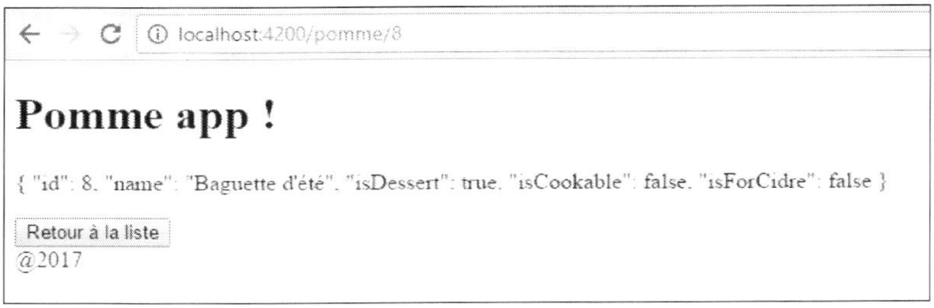

Dans le cas où une navigation peut intervenir entre un composant et lui-même, l'objet `ActivatedRoute` met à disposition les paramètres de navigation sous forme d'observable, ce qui permet de réexécuter le code dépendant des paramètres de manière automatique. Cet observable est la propriété `params`.

Remarque

Pour en savoir plus sur les observables, consultez le chapitre Les services.

L'exemple suivant concerne un composant disposant d'une liste de variétés de pommes. Cette liste est paginée. Cela signifie qu'appeler la page suivante fait appel au même composant, mais celui-ci ne sera pas ré-instancié. En revanche, l'observable `params` va réémettre un nouvel objet contenant les données de navigation. Afin de prendre ceci en compte, il faut donc récupérer les variétés de pommes à afficher dans la souscription à cet observable.

```
@Component({
  selector: 'app-pomme-list',
  templateUrl: './pomme-list.component.html',
  styleUrls: ['./pomme-list.component.css']
})
export class PommeListComponent implements OnInit {

  pommes: Pomme[];
  currentPage: number;
  pommePerPage = 10;
  constructor(private pommeService: PommeService,
              private route: ActivatedRoute) { }

  ngOnInit() {
    this.route.params.subscribe([param: {page: string}] => {
      this.currentPage = +param.page || 0;
      const skip = this.currentPage * this.pommePerPage;
      this.pommeService.getPommes(skip, this.pommePerPage)
          .subscribe(pommes => this.pommes = pommes);
    });
  }
}
```

Dans l'exemple ci-dessus, on s'abonne à l'observable `params` dans la méthode `ngOnInit`. Dans cette suscription, on récupère le numéro de la page que doit afficher le composant. Ensuite, on calcule le nombre d'éléments à sauter et l'on effectue un appel à service pour récupérer les éléments à afficher.

Il est pris en compte que le paramètre `page` n'est pas forcément présent. En effet, dans la déclaration des routes de cette application, une route sans paramètre permet d'accéder à ce composant. La syntaxe du double pipe permet d'affecter une valeur par défaut si un objet vaut `undefined`. C'est un opérateur standard en JavaScript.

Pour avoir une pagination fonctionnelle sur ce composant, il ne reste plus qu'à ajouter les liens vers la page suivante et la page précédente. Pour cela, il suffit de faire comme pour le lien vers la page de détail d'une variété. Le template de ce composant devient donc le suivant.

```
<ul>
  <li *ngFor="let pomme of pommes">
    {{pomme.id}}
    <a [routerLink]="['/pomme', pomme.id]">{{pomme.name}}</a>
  </li>
</ul>
<a [routerLink]="['/pommes', currentPage - 1]" [hidden]="currentPage ==
0">Page précédente</a>
<a [routerLink]="['/pommes', currentPage + 1]">Page suivante</a>
```

Dans l'exemple ci-dessus, le lien vers la page précédente est caché si l'utilisateur est sur la première page. S'il clique sur le lien `Page suivante`, il se retrouve sur l'écran ci-dessous.

6. Outlet nommé

6.1 Définir des outlets nommés

Le module de routage d'Angular permet de disposer de plusieurs `outlets` au sein d'un même composant (pour rappel, un `outlet` est une instance de la directive `RouterOutlet` et permet de spécifier au module de routage où il doit rendre le composant associé à la route). Grâce à cette fonctionnalité, il est possible de rendre plusieurs routes en même temps, de manière totalement indépendante sur une même vue. Ce mécanisme peut être utilisé afin de créer un layout d'application. Avec une vue pour le menu, une autre pour le corps de l'application, une autre pour l'en-tête, etc.

Pour utiliser cette fonctionnalité, il est donc nécessaire de pouvoir différencier les outlets. Pour cela, il faut utiliser l'attribut `name` de la directive `RouterOutlet`. Par exemple, pour un `outlet` nommé `list` et un `outlet` nommé `detail`, les balises deviennent donc les suivantes :

```
<router-outlet name="list"></router-outlet>
<router-outlet name="detail"></router-outlet>
```

Il faut également définir des routes utilisant ce mécanisme. Pour cela, il faut utiliser la propriété `outlet` des objets `Route` qui sont enregistrés dans l'application. Cette propriété doit être remplie avec la valeur utilisée dans l'attribut `name` de la directive `RouterOutlet`.

```
export const ROUTES: Routes = [
  {
    path: 'pommes/:page',
    component: PommeListComponent,
    outlet: 'list'
  },
  {
    path: 'pomme/:id',
    component: PommeDetailsComponent,
    outlet: 'detail'
  }];
```

Dans l'exemple ci-dessus, le composant `PommeListComponent` sera rendu dans un `outlet` nommé `list` et le composant `PommeDetailsComponent` dans un `outlet` nommé `detail`.

Les URL construites par le module de routage contenant des outlets nommés commencent par le nom de l'outlet suivi de «:». Ensuite vient l'URL tel qu'elle serait pour une route traditionnelle. Ces URL sont entourées de parenthèses.

```
/(list:pommes/0)
```

L'URL ci-dessus fait donc référence à l'outlet nommé `list`, avec pour URL `pommes/0`.

Lorsque plusieurs routes sont présentes, l'URL associée est la concaténation de celles-ci séparées par «//». Le tout, toujours entre parenthèses.

```
/(list:pommes/1//detail:pomme/8)
```

Cette URL fait donc référence à l'outlet nommé `list` avec pour URL `pommes/1` et à l'outlet nommé `detail` avec pour URL `pomme/8`.

Si une URL ne contient pas d'information sur un outlet nommé, celui-ci n'est pas rendu.

Ayant ces informations en tête, il est maintenant aisé d'ajouter une route par défaut vers pour une application contenant des outlets nommés :

```
export const ROUTES: Routes = [
  {
    path: '',
    redirectTo: '/(list:pommes/0)',
    pathMatch: 'full'
  },
  {
    path: 'pommes/:page',
    component: PommeListComponent,
    outlet: 'list'
  },
  {
    path: 'pomme/:id',
    component: PommeDetailsComponent,
    outlet: 'detail'
  }
];
```

Avec la route par défaut ci-dessus, le composant de détail ne sera pas rendu, mais celui de la liste le sera, avec un paramètre `page` positionné à `0`.

6.2 Naviguer avec des outlets nommés

Pour naviguer avec des `outlets` nommés, il faut comme pour les `outlets` traditionnels utiliser la directive `RouterLink`. Il est également nécessaire de passer à cette directive un tableau comprenant les paramètres de routage. Afin d'utiliser les `outlets` nommés, il faut dans un premier temps effectuer un lien vers le composant qui contient ces `outlets`, puis ajouter une propriété `outlets` contenant les paramètres spécifiques aux `outlets` nommés.

```
[
    '/',
    {
        outlets: {
            'detail': [
                'pomme',
                pomme.id
            ]
        }
    }
]
```

Dans l'exemple ci-dessus, le lien vers le composant principal est «/» (l'URL racine de l'application), puis dans la propriété `outlets`, une propriété `detail` contient les paramètres de routage pour l'`outlet` nommé `detail`. Lorsque tous les `outlets` ne sont pas précisés, le module de routage met uniquement à jour ceux qui le sont. Il ne supprime donc pas ceux qui étaient présents dans l'URL, mais qui ne sont pas spécifiés dans un lien.

```
<ul>
  <li *ngFor="let pomme of pommes">
    {{pomme.id}}
<a [routerLink]="['/', {outlets: {'detail':
['pomme',pomme.id]}}]">{{pomme.name}}</a>
  </li>
</ul>
<a [routerLink]="['/', {outlets: {'list': ['pommes', currentPage -
1]}}]" [hidden]="currentPage == 0">Page précédente</a>
<a [routerLink]="['/', {outlets: {'list': ['pommes', currentPage -
1]}}]">Page suivante</a>
```

Dans l'exemple ci-dessus, le premier lien permet de rafraîchir l'outlet `detail` pour afficher le détail d'une pomme, quant aux deux autres, ils permettent la navigation entre les pages de la liste sur l'outlet `list`.

Avec ce markup HTML, il est donc possible de naviguer entre les pages d'une liste sans interférer avec le détail d'un objet en particulier de cette même liste.

Dans cette interface, le rectangle noté **1** correspond à l'`outlet` nommé `list`, avec le rendu du composant `PommeListComponent` et le rectangle noté **2** correspond à l'`outlet` nommé `detail` avec le rendu du composant `PommeDetailComponent`. L'URL active permet de voir les paramètres passés à chacun de ces composants.

7. Resolver

Le module de routage d'Angular permet de passer des données à la vue via deux mécanismes. Le premier concerne les données statiques. Pour ajouter des données statiques à une vue, il suffit d'ajouter une propriété `data` lors de la création de la route :

```
export const ROUTES: Routes = [
  {
    path: '',
    redirectTo: '/(list:pommes/0)',
    pathMatch: 'full'
  },
```

```
  {
    path: 'pommes/:page',
    component: PommeListComponent,
    outlet: 'list'
  },
  {
    path: 'pomme/:id',
    component: PommeDetailsComponent,
    outlet: 'detail',
    data: {
      pomme: new Pomme(12, 'staticPomme', true, true, true)
    }
  }
];
```

Dans l'exemple ci-dessus, sur la dernière route, la propriété `data` a été ajoutée à la définition de la route. Un objet `Pomme` est donc maintenant disponible dans les propriétés de la route passée au composant. En revanche, celle-ci ne sera jamais modifiée, qu'importe la valeur des paramètres de la route.

Pour passer à la vue des données dynamiques, Angular introduit la notion de *resolver*, permettant d'associer des données à des routes.

Pour créer un *resolver*, il faut créer une classe qui implémente l'interface `Resolve`. Cette interface est générique et doit être typée avec le type de retour des données à résoudre. De plus, les *resolvers* doivent être décorés avec le décorateur `@Injectable`, car ceux-ci doivent être résolus par le moteur d'injection de dépendances.

```
import { Resolve, ActivatedRouteSnapshot } from '@angular/router';
import ...

@Injectable()
export class PommeResolve implements Resolve<Pomme>{
}
```

Cette interface ne contient qu'une seule méthode à implémenter, nommée `resolve`.
Elle prend en paramètre un objet de type `ActivatedRouteSnapshot` qui permet d'accéder aux paramètres passés à la route appelante. Cette méthode peut retourner soit directement un objet, soit un observable ou encore une `Promise` retournant cet objet. Il est donc possible de retourner l'objet de manière asynchrone ou non.

```
import { Resolve, ActivatedRouteSnapshot } from '@angular/router';
import ...

@Injectable()
export class PommeResolve implements Resolve<Pomme>{
    constructor(private pommeService: PommeService) { }

    resolve(route: ActivatedRouteSnapshot): Observable<Pomme> {
        return this.pommeService.getPomme(+route.params['id']);
    }
}
```

Dans l'exemple ci-dessus, la méthode `resolve` retourne un observable vers un type de pomme en fonction d'un paramètre id présent dans la route.

Pour utiliser ce *resolver*, il faut dans un premier temps l'enregistrer dans les providers du décorateur `@NgModule` de l'application.

```
@NgModule({
  declarations: [...],
  imports: [...],
  providers: [PommeService, PommeResolve],
  bootstrap: [...]
})
export class AppModule { }
```

Ensuite, il faut l'enregistrer sur les routes où il doit être utilisé. Pour cela, il faut utiliser la propriété `resolve` dans la déclaration de la route. Sur cette propriété, il faut ajouter les données à résoudre et les associer avec leurs *resolvers* respectifs.

```
export const ROUTES: Routes = [
  {
    path: '',
    redirectTo: '/(list:pommes/0)',
    pathMatch: 'full'
  },
  {
    path: 'pommes/:page',
    component: PommeListComponent,
    outlet: 'list'
  },
  {
    path: 'pomme/:id',
    component: PommeDetailsComponent,
```

```
      outlet: 'detail',
      resolve : {
        pomme : PommeResolve
      }
    }
  ];
```

Dans l'exemple ci-dessus, la donnée pomme sera résolue avec le *resolver* `PommeResolve`.

Pour accéder à ces données, il existe deux méthodes. Tout comme pour les paramètres, il est possible de souscrire aux modifications sur cet objet, ou simplement d'accéder à un snapshot de celui-ci. La propriété contenant ces données est `data`.

```
@Component({...})
export class PommeDetailsComponent implements OnInit {

  pomme: Pomme;
  constructor(private route: ActivatedRoute) { }

  ngOnInit() {
    this.pomme = this.route.snapshot.data['pomme'];
  }
}
```

Dans l'exemple ci-dessus, la récupération s'effectue depuis la propriété `snapshot`. Si l'objet `pomme` est mis à jour le composant ne sera pas notifié.

```
@Component({...})
export class PommeDetailsComponent implements OnInit {

  pomme: Pomme;
  constructor(private route: ActivatedRoute) { }

  ngOnInit() {
    this.route.data.subscribe(data => {
      this.pomme = data['pomme'];
    });
  }
}
```

Dans le code précédent, la récupération s'effectue sur l'observable `data`. Le composant sera donc notifié si l'objet `pomme` est mis à jour.

Il est donc possible de récupérer directement des données depuis le routage. Cependant, cette méthode offusque la récupération. Le code est donc moins maintenable. C'est pourquoi il reste préférable d'injecter un service dans le composant afin de récupérer la donnée. Néanmoins, cette méthode est disponible et c'est au choix du développeur et de ses goûts de définir la méthode à appliquer pour son projet.

Chapitre 13
Les directives

1. Introduction

Ce chapitre aborde les comportements des directives les plus utilisées. Les directives d'attributs et structurelles, leurs spécificités et la manière de les créer sont également au programme.

2. Qu'est-ce qu'une directive?

2.1 Introduction

Une directive est un élément du framework qui va interagir directement avec le DOM de notre page HTML. Elles permettent donc d'associer à un élément HTML un comportement JavaScript. Il existe trois types de directives.

Premièrement, les directives d'attribut. Celles-ci ne modifient pas l'arborescence du DOM. Autrement dit, elles ne vont ni créer ni supprimer des éléments HTML, mais vont agir sur les attributs et les propriétés des balises HTML existantes. Elles sont notamment utilisées pour modifier l'apparence (en modifiant le style) ou le comportement (en modifiant les *handlers*) d'un élément existant.

Deuxièmement, les directives structurelles. Ces directives, en opposition aux directives d'attribut, modifient directement l'arborescence du DOM HTML. Elles peuvent donc ajouter, modifier ou supprimer des éléments au cours de l'exécution de l'application.

Enfin, le dernier type de directives est un peu particulier, il s'agit des composants. En effet les composants sont des directives qui possèdent la spécificité d'être associer à un template. Ce dernier type ne sera pas abordé, car un chapitre est dédié aux composants.

2.2 Directives communes

Angular met à disposition un ensemble de directives. Voici quelques-unes des plus utilisées.

2.2.1 ngIf

`ngIf` est une directive structurelle. Son rôle est de rendre ou non un élément HTML en fonction d'une condition passée en paramètre.

```
<div *ngIf="condition">Hello World</div>
```

Pour obtenir un comportement similaire, il est possible d'utiliser un *binding* sur l'attribut `hidden` de l'élément HTML à cacher.

```
<div [hidden]="condition">Hello World</div>
```

Dans le cas de la directive `ngIf`, l'élément HTML est supprimé du DOM lorsque la condition n'est pas vraie. Le *binding* sur l'attribut `hidden` ne fait en revanche que cacher visuellement l'élément. Tous les *bindings* associés à cet élément restent donc actifs même lorsque celui-ci n'est pas affiché.

2.2.2 ngFor

`ngFor` est une directive structurelle. Son rôle est d'itérer sur une collection et d'appliquer un template sur chaque élément de cette collection.

```
<ul>
  <li *ngFor="let item of ['un', 'deux', 'trois']">{{item}}</li>
</ul>
```

La directive `ngFor` est associée sur le nœud `li`, et est appliquée sur une collection contenant trois éléments. Pour chaque élément de cette collection, le template `{{item}}` est appliqué.

Le résultat de ce template est le suivant :

```
<ul>
  <li>un</li>
  <li>deux</li>
  <li>trois</li>
</ul>
```

2.2.3 ngStyle

`ngStyle` est une directive d'attribut. Elle permet d'appliquer un ou plusieurs styles CSS à un élément HTML.

```
<div [ngStyle]="{color: 'blue'}">Hello World !</div>
```

Par exemple, le code précédent va ajouter un attribut style à la balise HTML avec comme valeur `color: blue;`. Le texte « Hello World ! » apparaîtra donc en bleu.

2.2.4 ngClass

`ngClass` est une directive d'attribut qui permet d'ajouter ou de supprimer des classes CSS sur un élément HTML. Il existe plusieurs syntaxes afin d'ajouter ou non des classes via cette directive.

Il est possible de les lister, séparées par espaces.

```
<div [ngClass]="'class1 class2'">exemple</div>
```

De les affecter à un tableau JavaScript.

```
<div [ngClass]="['class1', 'class2']">exemple</div>
```

Ou encore de les ajouter en tant que propriété dans un objet. Dans ce dernier cas, la valeur de la propriété doit être un booléen. Si celui-ci est vrai, alors la classe est ajoutée, sinon elle est supprimée. Les booléens utilisés peuvent être des propriétés du composant utilisant cette directive.

```
<div [ngClass]="{class1: true, class2: true, class3:
false}">exemple</div>
```

Les trois exemples précédents ont le même résultat suivant :

```
<div class="class1 class2">exemple</div>
```

3. Les directives d'attribut

3.1 Créer une directive d'attribut

Afin de créer une directive d'attribut, il faut créer une classe et lui ajouter le décorateur `@Directive`. Ce décorateur prend en paramètre un sélecteur. C'est ce sélecteur CSS qui sera utilisé sur les balises HTML sur lesquelles la directive sera appliquée.

```
import { Directive } from '@angular/core';

@Directive({
  selector: '[appBordure]'
})
export class BordureDirective {
 constructor() { }
}
```

Dans l'exemple précédent, les crochets qui sont utilisés dans le sélecteur servent à préciser que c'est un attribut qui est visé, comme en CSS.

Une fois ce décorateur appliqué, il faut injecter à notre constructeur la référence à l'élément sur lequel la directive est appliquée ainsi qu'un *renderer* qui va permettre d'effectuer des opérations sur cet élément. Il ne faut pas oublier d'importer tous les types utilisés. Ils se situent tous dans `@angular/core`.

```
import { Directive, ElementRef, Renderer } from '@angular/core';

@Directive({
  selector: '[appBordure]'
})
export class BordureDirective {

 constructor(
    private el: ElementRef,
    private renderer: Renderer
  ) { }
}
```

Il ne reste alors plus qu'à déclarer cette directive dans le module de l'application. Pour cela, il faut ajouter la classe de la directive dans le tableau déclarations du décorateur @NgModule.

```
@NgModule({
  declarations: [
    ...
    BordureDirective
  ],
  imports: [...],
  providers: [...],
  bootstrap: [AppComponent]
})
export class AppModule { }
```

Voici un exemple de directive qui va ajouter une bordure noire à l'élément sur lequel elle est appliquée :

```
import { Directive, ElementRef, Renderer } from '@angular/core';

@Directive({
  selector: '[appBordure]'
})
export class BordureDirective {

 constructor(
    private el: ElementRef,
    private renderer: Renderer
  ) {
    this.renderer.setElementStyle(
              this.el.nativeElement,
              'border',
              '1px solid black'
    );
  }

}
```

Pour appliquer cette directive, il suffit d'ajouter l'attribut `appBordure` à un élément HTML. Par exemple, pour l'instruction suivante :

```
<div appBordure>Hello World !</div>
```

Le résultat est le suivant :

Hello World !

3.2 Interagir avec les événements du DOM

Puisqu'une référence à l'élément est injectée dans le constructeur de la directive, il est possible d'ajouter directement des *listeners* (un mécanisme d'écoute d'événements) sur celui-ci.

```
@Directive({
    selector: '[appBordure]'
})
export class BordureDirective {
    constructor(private el: ElementRef, private renderer:
Renderer) {
        this.el.nativeElement
            .addEventListener('click', () => alert('click !'));
    }
}
```

Dans cet exemple, on s'abonne au clic sur l'élément auquel est appliquée la directive.

Cependant, cela implique de gérer la suppression de ceux-ci lorsque la directive est supprimée afin d'éviter d'éventuelles fuites mémoire. De plus, l'une des *best partices* d'Angular est de ne jamais modifier directement les éléments du DOM.

C'est pour cela que le framework met à disposition un décorateur `@HostListener`. Grâce à ce décorateur, il est possible d'ajouter des méthodes à la classe de directive qui ne s'exécuteront que lorsqu'un événement est déclenché sur l'élément sur lequel est appliquée celle-ci. Ce décorateur prend en paramètre le nom de l'événement auquel la méthode doit se lier.

```
import { Directive, ElementRef, Renderer, HostListener } from
'@angular/core';

@Directive({
  selector: '[appBordure]'
})
export class BordureDirective {

  ...

  @HostListener('click')
  toggleBorders() {...}

}
```

Dans cet exemple, la méthode `toggleBorders` est décorée avec un décorateur `@HostListener` sur l'événement `click`. Ainsi, lorsque l'utilisateur clique sur l'élément associé à la directive, cette méthode se déclenche.

3.3 Passer des valeurs aux directives d'attribut

Il est souvent nécessaire de passer des valeurs aux directives pour les configurer ou avoir un comportement dynamique. Pour cela, il faut utiliser le décorateur `@Input`. Ce décorateur vient se placer sur une propriété de la classe de la directive, comme pour les composants. Ce décorateur prend en paramètre optionnel un nom d'attribut pour lequel il ira chercher une valeur sur l'élément HTML. Si ce paramètre n'est pas rempli, c'est le nom de la propriété qui sera utilisé.

Si l'on reprend l'exemple précédent en rendant configurable l'épaisseur de la bordure, voici le résultat :

```
@Directive({
  selector: '[appBordure]'
})
export class BordureDirective {

  @Input("appBordure") thickness: number;
  ...
}
```

Dans cet exemple, le paramètre d'épaisseur utilise la même chaîne de caractères que le sélecteur de la directive. Cela permet de rendre plus simple l'utilisation de la directive. En effet, en un seul attribut, il est possible d'appliquer une directive tout en lui passant des paramètres. Voici comment se servir de cette directive :

```
<div>
 <input name="thickness" type="radio" (click)="thickness=1" />1
 <input name="thickness" type="radio" (click)="thickness=3" />3
 <input name="thickness" type="radio" (click)="thickness=5" />5
 <input name="thickness" type="radio" (click)="thickness=10" />10
</div>
<div [appBordure]="thickness">Hello World !</div>
```

Ce qui a pour résultat :

Cependant, dans cet exemple, si la propriété en `Input` de la directive change, celle-ci est bien mise à jour, mais les bordures ne sont pas redessinées. Il faut donc un moyen d'être notifié du changement de la propriété. Pour pallier cela, il est possible d'utiliser une subtilité de TypeScript : les *setters* et *getters*. Un *setter* est une méthode qui s'exécute lorsqu'une modification est effectuée sur une propriété. Ils s'utilisent généralement de la manière suivante :

```
private _thickness: number;

set thickness(thickness: number){
  this._thickness = thickness;
};
```

Un *getter* est une méthode qui s'exécute lorsqu'une propriété est accédée. Elle doit donc retourner un objet du même type que la propriété en question. Ils s'utilisent généralement de la manière suivante :

```
  private _thickness: number;

  get thickness(){
    return this._thickness;
  }
```

Pour l'exemple précédent, il est possible de se servir d'un *setter* sur la propriété `thickness` afin de redessiner la bordure lorsque celle-ci change. La directive devient donc :

```
import { Directive, ElementRef, Renderer, Input, HostListener}
from '@angular/core';

@Directive({
  selector: '[appBordure]'
})
export class BordureDirective {
  ...
  @Input("appBordure") set thickness(thickness: number){
    this._thickness = thickness;
    this.addOrRemoveBorder();
  };

  get thickness(){
    return this._thickness;
  }
  ...
}
```

Il est possible de lier plusieurs paramètres à une directive, pour cela il suffit d'ajouter d'autres propriétés au décorateur `@Input`. Pour utiliser ces nouvelles valeurs, il faut ajouter les attributs HTML correspondant sur l'élément auquel est appliquée la directive. Par exemple, afin de rendre configurable la couleur de la bordure sur la directive précédente, il faut ajouter une propriété `borderColor` à la classe de la directive et lui ajouter le décorateur `@Input` :

```
@Input() borderColor: string;
```

Ensuite, il faut modifier le code de la méthode `addOrRemoveBorder` afin qu'elle prenne en compte cette nouvelle donnée :

```
addOrRemoveBorder() {
    if (!this.hasBorder) {
      this.renderer.setElementStyle(
          this.el.nativeElement,
          'border',
          null
       );
    } else {
      this.renderer.setElementStyle(
          this.el.nativeElement,
          'border',
          `${this.thickness || 1}px solid ${this.borderColor ||
'black'}`);
    }
  }
```

Enfin, sur l'élément HTML auquel est appliquée la directive, il faut ajouter un attribut `borderColor` :

```
<div [appBordure]="thickness" [borderColor]="'yellow'">Hello World
!</div>
```

Il est maintenant possible de configurer la couleur de la bordure sur cette directive.

4. Les directives structurelles

4.1 La balise <template> et l'astérisque

Avant toutes choses, il est important de comprendre d'où vient l'astérisque qui préfixe généralement les directives structurelles. En effet, ces directives utilisent en réalité un template à appliquer. Par exemple, la directive `NgIf` va rendre ou non un template, `NgFor` va appliquer un template sur une liste d'objets, etc.

Pour utiliser `NgIf`, il faudrait en réalité utiliser la syntaxe suivante :

```
<template [ngIf]="condition">
  <div>
    Cette div est rendue ou non en fonction de la condition NgIf
  </div>
</template>
```

Cependant, cette syntaxe est un peu lourde. C'est pourquoi il existe un sucre syntaxique qui permet de l'alléger dans le framework. C'est l'astérisque qui préfixe l'attribut de ces directives. En utilisant cette syntaxe sur l'exemple précédent, celui-ci devient :

```
<div *ngIf="condition">
    Cette div est rendue ou non en fonction de la condition NgIf
</div>
```

Dans ce cas, Angular va déplacer la balise `div` et son contenu dans une balise template. Ces deux syntaxes sont donc équivalentes.

4.2 Créer une directive structurelle

Afin de créer une directive structurelle, comme pour les directives d'attributs il faut créer une classe et lui ajouter le décorateur `@Directive`. Ce décorateur prend en paramètre un sélecteur. C'est également ce sélecteur CSS qui sera utilisé sur les balises HTML sur lesquelles la directive sera appliquée.

```
import { Directive } from '@angular/core';

@Directive({
  selector: '[appIf]'
})
export class IfCloneDirective {
}
```

Contrairement aux directives d'attributs, ce n'est pas une référence vers l'élément sur lequel est appliquée la directive qui est injectée dans le constructeur, mais une référence au template de type `TemplateRef` qui va être utilisée. Le deuxième élément qui est injecté dans le constructeur est une référence vers un conteneur de vue de type `ViewContainerRef`. Cet objet va nous permettre d'écrire du HTML dans un contexte Angular à l'emplacement de la directive.

```
import { Directive, TemplateRef, ViewContainerRef, Input } from
'@angular/core';

@Directive({
  selector: '[appIf]'
})
export class IfCloneDirective {

  constructor(
    private templateRef: TemplateRef<any>,
    private viewContainerRef: ViewContainerRef
  ) { }
}
```

Enfin, comme pour les directives d'attribut, il faut déclarer cette directive dans le module de l'application. Pour cela, il faut ajouter la classe dans le tableau `declarations` du décorateur `@NgModule`.

```
@NgModule({
  declarations: [
    ...
    IfCloneDirective
  ],
  imports: [...],
  providers: [...],
  bootstrap: [AppComponent]
})
export class AppModule { }
```

Afin d'y voir plus clair, voici comment créer un clone de la directive `NgIf`. Premièrement, il va falloir pouvoir récupérer la condition passée à cette directive. Pour cela, de la même manière que pour les directives d'attribut, il faut utiliser le décorateur `@Input` sur une propriété de la directive. Afin de détecter les changements sur cette condition, le plus simple est d'utiliser un *setter*. Enfin, pour limiter le nombre d'attributs à utiliser pour appliquer cette directive, il faut passer en paramètre du décorateur `@Input` la même chaîne de caractères qui est utilisée pour le sélecteur de la directive, ou utiliser le même nom pour la propriété :

```
@Input() set appIf (condition: boolean) { }
```

À présent, pour que notre directive fonctionne il est nécessaire de rendre ou non le template en fonction de la condition. Pour cela, il faut se servir du `ViewContainer` qui a été injecté dans le constructeur de la directive. Celui-ci dispose d'une méthode `createEmbeddedView` qui prend en paramètre une référence vers un template. Il est possible d'utiliser cette méthode afin de rendre le contenu du template dont la référence a été injectée.

```
@Input() set appIf(condition: boolean) {
    if (condition) {
      this.viewContainerRef.createEmbeddedView(this.templateRef);
    }
}
```

Ce `ViewContainer` dispose également d'une méthode `clear` qui permet de supprimer tout ce qui a été créé par la directive. Cette méthode ne prend pas de paramètre. Le code d'une directive qui serait un clone de `NgIf` devient donc :

```
import { Directive, TemplateRef, ViewContainerRef, Input } from
'@angular/core';

@Directive({
  selector: '[appIf]'
})
export class IfCloneDirective {
  constructor(
    private templateRef: TemplateRef<any>,
    private viewContainerRef: ViewContainerRef
  ) { }

  @Input() set appIf(condition: boolean) {
    if (condition) {
      this.viewContainerRef.createEmbeddedView(this.templateRef);
    } else {
      this.viewContainerRef.clear();
    }
  }
}
```

Pour utiliser cette directive, il faut écrire :

```
<template [appIf]="1 == 1">
    <div>
        Cette div est rendue ou non en fonction de la condition appIf
    </div>
</template>
```

La partie en gras correspond au contenu de la variable `templateRef` injectée dans le constructeur. Il est bien sûr possible d'utiliser la syntaxe simplifiée avec un astérisque :

```
<div *appIf="1 == 1">
    Cette div est rendue ou non en fonction de la condition appIf
</div>
```

Afin d'améliorer cette implémentation, on peut ajouter une vérification afin de ne supprimer le contenu que si celui-ci existe et de ne rendre le contenu du template que si ce n'est pas déjà fait :

```
import { Directive, TemplateRef, ViewContainerRef, Input } from
'@angular/core';

@Directive({
  selector: '[appIf]'
})
export class IfCloneDirective {
  private _hasView = false;

  constructor(
    private templateRef: TemplateRef<any>,
    private viewContainerRef: ViewContainerRef
  ) { }

  @Input() set appIf(condition: boolean) {
    if (condition && !this._hasView) {
      this._hasView = true;
      this.viewContainerRef.createEmbeddedView(this.templateRef);
    } else if (!condition && this._hasView) {
      this._hasView = false;
      this.viewContainerRef.clear();
    }
  }
}
```

Ici, un booléen `_hasView` est initialisé dans la directive. Lorsque le template est créé dans le conteneur, cette variable passe à `true`. Lorsque le template est vidé, cette variable passe à `false`. Celle-ci sert donc à traquer l'état du conteneur. On se sert de celle-ci afin de vérifier si le conteneur n'est pas déjà vide avant de le vider et si le template n'est pas déjà affiché avant de l'afficher.

Cette implémentation est exactement celle de `NgIf` qui est disponible sur GitHub.

Chapitre 14
Tester son application

1. Introduction

Généralement aussi importants que négligés, les tests, qu'ils soient unitaires ou *end-to-end* (de bout en bout), sont facilement intégrables dans un projet Angular, notamment grâce à Angular CLI et ses commandes. L'objectif de ce chapitre est de voir comment il est possible de créer et exécuter des tests unitaires, grâce à **Karma** et **Jasmine**, ainsi que des tests *end-to-end*, avec Protractor.

2. Les tests unitaires

L'objectif d'un test unitaire est d'isoler une partie du code pour le tester. Cela permet de s'assurer qu'une fonctionnalité précise, aussi minime soit-elle, est opérationnelle. Une application étant la combinaison de multiples fonctionnalités, il arrive souvent que des modifications sur une fonctionnalité altèrent une autre fonctionnalité. Pour une petite application, ce n'est pas un problème réellement majeur, mais pour une application moyenne, voire conséquente, cela devient problématique.

C'est à ce moment-là qu'il est intéressant d'avoir des tests unitaires qui permettent de s'assurer que chaque brique continue de fonctionner correctement tout au long du processus de développement, indépendamment de ses dépendances.

Pour exécuter les tests unitaires avec Angular CLI, il suffit d'utiliser la commande `ng test`.

2.1 Introduction aux tests avec Jasmine

Les tests unitaires sont rédigés dans des fichiers TypeScript grâce au framework de test Jasmine. La commande `ng test` utilise le *task runner Karma* pour lancer les tests dans le navigateur choisi, selon la configuration Karma au niveau des fichiers `karma.conf.js` et `app/test.ts`.

Par défaut, avec Angular CLI, ce sont tous les fichiers ayant l'extension `.spec.ts` et qui correspondent à un fichier TypeScript, qui vont être exécutés :

- `sample.component.ts`
- `sample.component.spec.ts`
  - Pour un fichier `sample.component.ts` existant, le fichier correspondant `sample.component.spec.ts` est alors exécuté par Karma.

Remarque

L'objectif est que chaque fichier TypeScript possède un fichier de test, pour avoir une couverture de code maximum.

Jasmine est un framework de test open source basé sur le **BDD** (*Behaviour-Driven Development*). L'objectif est de mettre l'accent sur les spécifications, les tests rédigés étant alors explicites et fortement liés à ces spécifications. Dans un cadre Agile, les tests représentent les différentes User Stories définissant les spécifications de l'application. Cela apporte un processus d'écriture des tests plus fluide et plus efficace.

Plusieurs concepts assez communs au BDD sont alors retrouvés au sein de Jasmine :

- **describe** : définit le titre du test et donne la fonction contenant les diverses spécifications.
- **it** : possède le titre d'une spécification et contient les tests validant cette spécification. Plus précisément, ce sont des assertions.
- **expect** : une assertion entre deux valeurs. Par exemple : la valeur A **DOIT** être égale à la valeur B. L'assertion se base sur un **matcher**.
- **Matcher** : des *helpers* mis à disposition pour rédiger les assertions, comme **toEqual** ou **toContain**.

En réunissant tout ça, on a alors la possibilité de construire un test complet dans un fichier TypeScript qui va posséder l'extension `.spec.ts` par convention. Cette convention est définie dans le fichier de configuration de Karma.

En prenant un exemple très simple, avec une fonction d'addition comme celle-ci :

```
// Additionne deux nombres et renvoie le résultat
function add(a: number, b: number) {
    return a + b;
};
```

Il serait alors possible d'écrire un test unitaire qui s'assure que la fonction `add` renvoie bien l'addition de deux nombres donnés.

Le test serait alors le suivant :

<u>Contenu d'un fichier de tests unitaires / spécifications</u>

```
describe("Tests de méthodes manipulant des nombres", () => {
    it("La méthode devrait additioner les deux valeurs", () => {
        let a = 1;
        let b = 2;

        let resultFromAdd = add(a, b);

        // On sait que 1+2=3 donc on s'attend à ce que add nous
renvoie 3
        expect(resultFromAdd).toEqual(3);
    });
});
```

La méthode `describe` permet de définir un titre, puis la méthode `it` déclare un test à exécuter. Ce test appelle la méthode `add` et le *matcher* `toEqual` s'assure que la valeur renvoyée par la méthode `add` est bonne.

En exécutant les tests avec la commande `ng test`, on a donc le résultat suivant dans le navigateur **Chrome** :

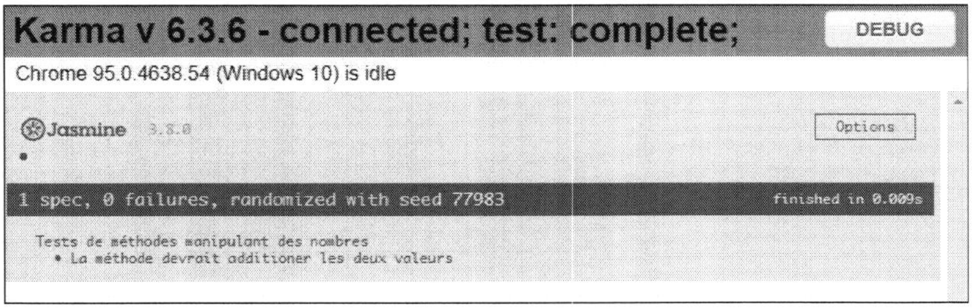

Maintenant, lors des développements sur l'application, un développeur a modifié la fonction `add`, qui maintenant soustrait les deux nombres :

Introduction d'un bug dans la fonction add

```
function add(a: number, b: number) {
    return a - b;
};
```

Un bug a donc été introduit dans la fonction `add`, et en réexécutant les tests, une erreur est alors levée, et Karma indique qu'une spécification est en échec.

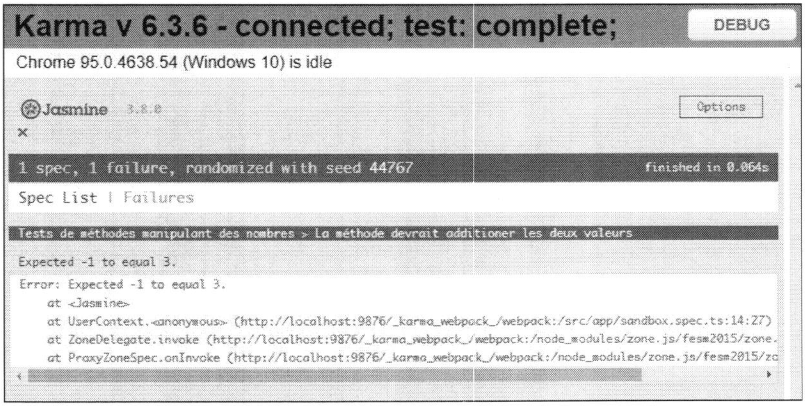

Le développeur ayant introduit le bug peut alors analyser le test et modifier le code de la fonction add pour résoudre le bug qu'il vient de créer par mégarde.

Remarque

Le cas présenté ci-dessus est extrêmement trivial, mais c'est l'essence même du test en soi qu'il faut appréhender. Un code testé est un code protégé, en quelque sorte, lors du reste du développement de l'application.

2.2 Exécuter du code avant ou après chaque test

Dans une méthode describe contenant plusieurs méthodes it, il est fréquent d'avoir à initialiser certaines variables. Pour éviter la redondance de code d'initialisation dans chaque test, il est possible de l'écrire une seule fois grâce à la méthode beforeEach de Jasmine.

Exécuter du code avant chaque test

```
describe('Exemple initialisation', () => {
    let value:string;
    beforeEach(() => {
        value = "Init";
        // Code d'initialisation...
    })

    it('Test 1',()=>{
        // Utiliser value qui est initialisé avec "Init"
    });
}
```

Une variante asynchrone existe aussi, en important le mot-clé async depuis @angular/core/testing.

Variante asynchrone de la méthode beforeEach

```
beforeEach(async(() => {
        // Code d'initialisation...
    }));
```

Il existe l'équivalent pour exécuter du code après les tests grâce à la méthode afterEach, ainsi que les méthodes beforeAll et afterAll, qui ne s'exécutent qu'une seule fois avant et après l'exécution de tous les tests.

Voici une petite astuce pour pouvoir exécuter du code relatif à un test après qu'il ait échoué : il est possible de récupérer l'état d'un test au sein d'une méthode `afterEach`. Ainsi avec une simple condition sur cet état, il suffit de rajouter le code voulu.

Exécuter du code lorsqu'un test échoue

```
afterEach(()=> {
      var passed =
jasmine.getEnv().currentSpec.results().passed();
      if (!passed) {
        // Du code à exécuter lorsque le test a échoué
    }
});
```

2.3 Les matchers mis à disposition

Lors de l'écriture des tests, il est nécessaire d'utiliser les *matchers* pour créer des assertions. Jasmine propose un large panel de *matchers* au développeur. Voici quelques exemples parmi les principaux.

2.3.1 Comment utiliser un matcher ?

La syntaxe d'un *matcher* est relativement simple et vient étendre un *expect*. En réalité, ce qui est important, c'est le couple *expect/matcher* :

Syntaxe d'un couple expect/matcher

```
expect(valeurA).matcher(valeurB);
```

L'*expect* prend en paramètre la valeur à tester (`valeurA`) et le *matcher* prend en paramètre la valeur attendue (`valeurB`), ce qui permet d'effectuer l'assertion de validité de la valeur à tester.

Remarque

Il existe de nombreuses fonctions. L'objectif de cette partie est uniquement de les introduire pour se familiariser avec les plus courantes et surtout de se faire la main sur leur utilisation. Pour une documentation complète de tous les matchers, veuillez vous référer à la documentation officielle à l'adresse suivante : https://github.com/JamieMason/Jasmine-Matchers#matchers.

2.3.2 Des exemples de matchers

Pour l'égalité de deux valeurs

Pour vérifier que deux valeurs sont bien égales, par valeur ou bien par référence, il est possible d'utiliser les méthodes `toEqual` et `toBe`.

Utilisation de toEqual et toBe

```
let value = 10;

expect(value).toEqual(10);

let daniel: User = {
    firstName: "Daniel"
};

let william: User = {
    firstName: "William"
};

// Egalité faite sur la référence (===), ce test ne passera donc pas
expect(daniel).toBe(william);
```

Le *matcher* `toEqual` permet de s'assurer que la valeur est bien la même que celle attendue, ainsi le premier test s'assurant que `value` est égal à 10 passe. Cela correspond à une égalité testée avec un double égal :

```
a == b
```

Ensuite, le matcher `toBe` fait une comparaison par référence, l'objet `daniel` étant une instance différente de l'objet `william`, le test ne passe pas. Cela correspond à une égalité testée avec le triple égal :

```
a === b
```

Pour les fonctions

Pour vérifier qu'une fonction lève bien une exception, il est possible d'utiliser les méthodes `toThrow` et `toThrowError`.

Utilisation de toThrow et toThrowError

```
let funcThrow = () => {
    throw new Error('err');
};

expect(funcThrow).toThrow();

expect(funcThrow).toThrowError('err');
```

Une fonction `funcThrow` est créée pour l'exemple, la fonction lève systématiquement une erreur dont le message est "`err`".

Le premier test avec le *matcher* `toThrow` s'assure que la méthode, passée en paramètre de la méthode `expect`, lève bien une exception, quelle qu'elle soit.

Le deuxième test utilise le matcher `toThrowError` pour s'assurer que la méthode lève une erreur, mais cette fois-ci avec le message "`err`".

Les deux tests passent donc sans problème.

Pour les tableaux

Il est possible de s'assurer qu'un tableau contient bien une valeur donnée. Pour cela, la méthode `toContain` est utilisée.

Utilisation de toContain pour un tableau

```
let array = ["A", "B", "C"];

// On s'assure que le tableau contient "C"
expect(array).toContain("C");
```

Le tableau nommé `array` contient les valeurs "`A`", "`B`" et "`C`".

Le test s'assure, grâce au *matcher* `toContain`, que la valeur "`C`" est bien présente dans le tableau.

Pour les nombres

Pour vérifier qu'un nombre est strictement supérieur ou inférieur à une valeur donnée, ce sont les *matchers* `toBeGreaterThan` et `toBeLessThan` qui sont utilisés.

Utilisation de toBeGreaterThan et toBeLessThan

```
let valToTest = 10;

expect(valToTest).toBeGreaterThan(0);

expect(valToTest).toBeLessThan(20);
```

Le premier test utilise le *matcher* `toBeGreaterThan` pour s'assurer que la valeur est strictement supérieure à `0`, le deuxième test utilise la variante `toBeLessThan`, qui s'assure que la valeur est strictement inférieure à `20`.

Pour les strings

Pour s'assurer qu'une chaîne de caractères en contient une autre, la méthode `toContain` est aussi à disposition.

Utilisation de toContain pour une chaîne de caractères

```
let valToTest = "I <3 Angular";

expect(valToTest).toContain("Angular");
```

Vérifier qu'une valeur est false ou true

Pour vérifier qu'une valeur est `false` ou `true`, il suffit d'utiliser la méthode `toBeFalsy` ou `toBeTruthy`. C'est au sens JavaScript que la vérification est faite, il est alors possible de passer des objets.

Utilisation de toBeFalsy et toBeTrue sur un booléen et un objet

```
let bool = false;
let object = { prop: "une prop" };

// Le booléen doit être faux
expect(bool).toBeFalsy();

// Un check sur l'objet doit renvoyer true
expect(object).toBeTruthy();
```

Vérifier qu'une valeur est null ou undefined

Pour vérifier qu'une propriété est `null` ou `undefined`, il existe respectivement les *matchers* `toBeNull` et `toBeUndefined`.

Utilisation de toBeNull et toBeUndefined

```
let nullValue = null;
let undefinedValue = undefined;

// La valeur doit être null
expect(nullValue).toBeNull();

// La valeur doit être undefined
expect(undefinedValue).toBeUndefined();
```

2.3.3 Négation d'un matcher

Il est possible d'inverser l'assertion d'un *matcher* grâce à l'extension `not` sur l'`expect`. La syntaxe est plutôt simple, il suffit d'ajouter `not` avant d'appeler le `matcher`.

Négation d'un toEqual

```
let value = 10;

expect(value).not.toEqual(10);
```

Dans ce test, la valeur ne doit pas être égale à `10`, car `expect` est étendu avec `not`. Le test ne passe alors pas, car la valeur est bien égale à `10`.

2.4 Créer un matcher personnalisé

2.4.1 Créer une librairie de matchers personnalisés

Un axe d'amélioration dans les tests est l'écriture de *matchers* personnalisés, afin de pouvoir faire des assertions plus spécifiques, propre au métier par exemple, plus rapidement et donc de manière plus claire dans le test, car la logique sera alors exportée dans un *matcher* personnalisé.

Pour cela, il faut créer une librairie de *matchers*, une librairie de *factory* en soit, qui est du type `jasmine.CustomMatcherFactories`. Cette librairie va alors contenir des fonctions qui sont chacune un *matcher*.

Un *matcher* doit renvoyer le type `jasmine.CustomMatcherResult`.

Définition de l'interface CustomMatcherResult

```
interface CustomMatcherResult {
    // booléen qui représente si l'assertion est vraie ou fausse
    pass: boolean;

    // message à afficher à l'exécution des tests
    message?: string;
}
```

Voici un exemple de *librairie personnalisée de matchers*, contenant un seul *matcher* :

Librairie personnalisée de matchers

```
const customMatchers: jasmine.CustomMatcherFactories = {
    // Matcher qui vérifie si "Angular" est présent dans la valeur
    toContainAngular: () => {
        return {
            // La fonction compare est appelée par Jasmine et
s'attend à recevoir un CustomMatcherResult en retour
            compare: (actual: string):
jasmine.CustomMatcherResult => {
                // Le message et le booléen pass qui déterminent
le résultat du test
                let result: jasmine.CustomMatcherResult = {
                    pass: false,
                    message: ''
                };

                // Logique du test
                if (actual &&
actual.toLowerCase().indexOf('angular') != -1) {
                    result.pass = true;
                    result.message = `La valeur ${actual} contient
bien "angular" !`;
                }
                else {
                  result.message = `La valeur ${actual} ne contient
```

```
pas "angular" !`;
                    }

                    return result;
               }
          }
     }
};

// Export des matchers
export { customMatchers };
```

Le *matcher* `toContainAngular` est une fonction sans paramètre qui renvoie un objet possédant la méthode `compare`. Cette méthode renvoie bien un `CustomMatcherResult`. La logique du *matcher* est alors très simple et est contenue dans cette méthode `compare`.

La méthode compare reçoit une propriété `actual`, qui est la valeur fournie à la méthode `expect`, injectée automatiquement par Jasmine. Il suffit alors de traiter la donnée et de renvoyer un objet `CustomMatcherResult` avec les propriétés qui conviennent.

Si le test est bon, la propriété `pass` doit alors être mise à `true` et un message peut être spécifié. Par opposition, si le test n'est pas bon, la propriété `pass` est alors `false`, il est alors fortement conseillé d'exposer un message clair qui permettra de comprendre rapidement ce qui fait échouer le test par la suite.

Remarque

La bonne pratique est bien entendu d'écrire les matchers personnalisés dans un fichier séparé. On exporte alors à la fin le customMatchers.

2.4.2 Utiliser un matcher personnalisé

Pour pouvoir utiliser le *matcher* personnalisé comme les *matchers* par défaut de Jasmine, il va falloir :

- Ajouter les définitions nécessaires dans le fichier `typings.d.ts` pour étendre l'interface `Matchers` de Jasmine, afin de pouvoir appeler `toContainAngular` après la méthode `expect` dans les tests unitaires sans avoir une erreur de compilation TypeScript.
- Ajouter les *matchers* dans Jasmine avant chaque test grâce au `beforeEach`.

Ainsi, dans un fichier `typings.d.ts`, il est nécessaire de rajouter la définition ci-dessous.

Remarque

*Les fichiers **.d.ts sont automatiquement inclus (voir les fichiers tsconfig.app.json et tsconfig.spec.json) dans le nœud `include` qui spécifient `"src/**/*.d.ts"`. Il suffit donc de les mettre dans le dossier `src`.*

Ajout du matcher toContainAngular
dans la définition des Matchers Jasmine

```
declare global {
  namespace jasmine {
    interface Matchers<T> {
      toContainAngular(): boolean;
    }
  }
}

export {}
```

Maintenant, il est possible d'appeler le matcher `toContainAngular` dans les tests unitaires, de la manière suivante :

```
let value = "I <3 Angular !";

expect(value).toContainAngular();

expect(value).not.toContainAngular();
```

Le premier test utilise le *matcher* personnalisé normalement, la valeur étant "I ❤ Angular", le test passe naturellement.

Il est parfaitement possible d'inverser un *matcher* personnalisé. Le deuxième test utilise justement `not`. Or le texte contient Angular et que le test spécifie qu'on ne veut pas que la valeur contienne Angular, le test échoue donc.

Enfin pour que ces tests fonctionnent, il est important de référencer les nouveaux matchers dans Jasmine, et cela avant chaque test. Jasmine expose la fonction `jasmine.addMatchers`, qui prend en paramètre la librairie de *matchers* à ajouter.

```
jasmine.addMatchers(customMatchers);
```

2.5 Les composants

2.5.1 Le composant à tester

Pour cette partie, le composant qui sera testé est un simple composant, sans aucun style, qui possède une propriété `myContent` qui est une chaîne de caractères. Cette propriété est affichée dans un `template` au sein d'une `div` avec un `id` "`contentDiv`".

Le composant `MyComponent`

```
import { Component } from '@angular/core';

@Component({
    selector: 'app-mycomponent',
    template: `<div id="contentDiv">
                    {{myContent}}
               </div>`
})
export class MyComponent {
    myContent: string = "Salut !";
}
```

2.5.2 Le TestBed

Avec les nombreux *matchers* mis à disposition ainsi que les *matchers* personnalisés, il est alors possible de commencer à tester l'application, du moins les briques de l'application, et donc les composants Angular.

Pour tester les composants Angular, il est nécessaire d'utiliser le `TestBed` mis à disposition dans le package `@angular/core/testing` :

```
Import { TestBed } from '@angular/core/testing';
```

Le `TestBed` est le point d'entrée des interfaces de tests d'Angular. C'est grâce à lui qu'il va être possible de créer des composants pour que les tests puissent être écrits. Autre point important, la configuration des tests est faite grâce à la méthode `configureTestingModule` exposée par le `TestBed`. Elle prend en paramètre un objet similaire au décorateur `NgModule` :

```
TestBed.configureTestingModule({
    declarations: [MyComponent]
}).compileComponents();
```

Pour créer le composant, il faut appeler la méthode `createComponent` du `TestBed` en spécifiant le type de composant à créer. La méthode `createComponent` renvoie alors un `ComponentFixture` du type du composant demandé. C'est avec ce `ComponentFixture` qu'il est possible de récupérer plusieurs données, comme l'instance du composant ou même l'élément HTML du composant.

Il est alors intéressant, dans le `beforeEach`, de récupérer ces données dans des variables afin de s'en servir plus facilement dans tous ses tests :

```
describe('MycomponentComponent', () => {
    let myComponent: MyComponent;
    let fixture: ComponentFixture<MyComponent>;
    let myComponentHtmlElement: HTMLElement;
    let myComponentDebugElement: DebugElement;

    beforeEach(async(() => {
        TestBed.configureTestingModule({
            declarations: [MyComponent]
        }).compileComponents();

        fixture = TestBed.createComponent(MyComponent);

        myComponent = fixture.componentInstance;

        myComponentDebugElement = fixture.debugElement;

        myComponentHtmlElement =
myComponentDebugElement.nativeElement;
    }));
}
```

La méthode `beforeEach` permet d'exécuter du code avant chaque test. Il permet d'initialiser les propriétés communes à chaque test. Ainsi, le `TestBed` est appelé pour configurer le module de test, qui contient uniquement un composant `MyComponent` pour le moment. Ensuite, un composant `MyComponent` et sa `fixture` associée sont stockés. À partir de cette `fixture`, il est possible de récupérer l'instance du composant, un élément de debug relatif au composant pour des problématiques de tests, mais aussi directement l'élément du DOM.

Ce sont des entités qui servent beaucoup pour effectuer les tests en général. C'est pour cela qu'il est intéressant de les stocker dans des variables pour un code plus clair et accessible.

Remarque

Les tests qui suivent se basent tous sur la méthode `beforeEach` ci-dessus, afin d'améliorer la clarté du code et éviter un maximum de pollution. C'est, de toute manière, l'approche qui est préférée dans une approche classique de développement de tests.

2.5.3 Vérifier que le composant est bien instancié

Il est alors possible d'écrire un premier test validant qu'après la création du composant, son instance est bien définie, en utilisant la variable initialisée dans le `beforeEach : myComponent`.

Premier test : l'instance du composant est définie

```
    it('Le composant doit être instancié', () => {
        expect(myComponent).toBeTruthy();
    });
```

2.5.4 Contrôler les propriétés du composant

Sachant qu'il est possible de récupérer l'instance du composant, cela veut dire qu'il est tout à fait possible d'accéder aux propriétés de ce composant et de tester leurs valeurs.

Deuxième test : myContent est égal à "Salut !"

```
    it('La propriété myContent doit avoir la valeur Salut !',
async(() => {
        expect(myComponent.myContent).toEqual('Salut !');
    }));
```

2.5.5 S'assurer que le rendu du composant soit cohérent

Le composant est censé afficher sa propriété `myContent` dans une `div` portant l'`id` "`contentDiv`". Pour vérifier que cela est bien le cas, il faut inspecter le DOM et le contenu de la `div`.

Grâce à la propriété `fixture.myComponentDebugElement.nativeElement` qui est stockée dans la variable `myComponentHtmlElement`, il est possible d'aller rechercher la `div` en question grâce à la méthode `querySelector`. En récupérant une référence vers la contentDiv, une comparaison entre la propriété `myContent` et le contenu de la `contentDiv` est alors suffisante.

Troisième test : Le contenu HTML du composant est bien rendu

```
    it('La div #contentDiv doit contenir la valeur de la propriété
myContent du composant', async(() => {
        fixture.detectChanges();

   expect(myComponentHtmlElement.querySelector('#contentDiv').
textContent).toContain(myComponent.myContent);
    }));
```

Avant d'effectuer le test, il faut lancer une détection de changement avec la méthode `detectChanges` depuis la `fixture`. Cela est dû au fait que la propriété est affichée par *binding*, il faut alors dire à Angular de lancer les mécanismes de détection de changement pour que le détecteur de changement du composant en question réalise que le DOM doit être mis à jour.

Il est possible de réécrire ce test différemment, en se servant du système de *query/predicate* mis à disposition par Angular. Il faut alors importer `By` depuis `@angular/platform-browser`.

Avec ce système, ce sont des objets de type `DebugElement` qui sont retournés au lieu d'élément DOM directement.

```
import { By } from '@angular/platform-browser';
```

Les `DebugElement` mis à disposition possèdent une méthode `query` qui prend en paramètre un prédicat qui peut être composé grâce à ce `By`.

Le test peut alors être écrit de la sorte :

Variante du troisième test

```
    it('La div #contentDiv doit contenir la valeur de la propriété
myContent du composant', async () => {
        let contentDivDebugElement =
myComponentDebugElement.query(By.css('#contentDiv'));
        fixture.detectChanges();
        expect(contentDivDebugElement.nativeElement.textContent).
toContain(myComponent.myContent);
    });
```

Le test est identique au précédent, à la différence près qu'un `DebugElement` est retourné. Il faut alors accéder à la propriété `nativeElement` pour récupérer le texte de l'élément.

Remarque

On remarque que la méthode `fixture.detectChanges()` est appelée avant le test d'égalité. Sans détection de changement forcée, le composant n'est pas rendu, et le test ne passera pas.

Il est possible d'activer la détection de changement automatique sur un composant précis avec :

```
fixture.autoDetectChanges(true);
```

Ou bien de manière générale sur tous les composants du tests en ajoutant le `ComponentFixtureAutoDetect` dans les `providers` :

```
import { ComponentFixtureAutoDetect} from
'@angular/core/testing';

TestBed.configureTestingModule({
    declarations: [MyComponent],
    providers:[{ provide: ComponentFixtureAutoDetect, useValue:
true }]
}).compileComponents();
```

2.6 Les services

2.6.1 Le service à tester

Comme pour les composants, les services sont aussi sujets à être testés. Pour cette partie, le service à tester est un service qui possède une propriété `count` incrémentée à chaque appel à la méthode `incrementCount`.

Le service MathService

```
import { Injectable } from '@angular/core';

@Injectable({
  profidedIn: 'root'
})
export class MathService {
    count: number = 0;

    incrementCount(i: number) {
        this.count++;
    }
}
```

2.6.2 Tester le service

Tester le service `MathService` peut s'avérer être très simple. En réalité, il n'est même pas nécessaire de créer un module de test avec `TestBed.configureTestingModule` dans ce cas car il n'y a pas besoin de récupérer de fixture ou bien de gérer des dépendances.

Le test peut alors être écrit en utilisant le constructeur du service tout simplement. Après avoir appelé la méthode `incrementCount`, le test s'assure que la propriété `count` est bien incrémentée. Il est même possible d'appeler plusieurs fois la méthode `expect` et de s'assurer qu'après deux incréments, ou plus encore, la propriété `count` est toujours mise à jour.

Test du service MathService

```
import { MathService } from './math-service';

describe('MyServiceService', () => {
    it('La méthode incrementCount doit incrémenter la propriété
count', () => {
```

```
        // Instanciation du MathService
        let mathService = new MathService();

        // Premier incrément
        mathService.incrementCount();
        expect(mathService.count).toEqual(1);
        // Second incrément
        mathService.incrementCount();
        expect(mathService.count).toEqual(2);
    });
});
```

2.6.3 S'assurer que le service est bien injecté

Cependant, dans une application Angular, les services sont voués à être injectés. Pour vérifier cela, la première étape consiste en la création du module de test, puis d'y ajouter le service dans ses `providers`.

Ensuite, pour utiliser le service injecté dans les tests, le deuxième paramètre de `it` doit être englobé dans la méthode `inject`, qui vient elle aussi de `@angular/core/testing`, et qui met donc à disposition l'instance de `MathService` injectée.

Test de l'injection du service `MathService`

```
import { inject, TestBed } from '@angular/core/testing';
import { MathService } from './math-service';

describe('MyServiceService', () => {

    // Ajout du MathService dans les providers
    beforeEach(() => {
        TestBed.configureTestingModule({
            providers: [MathService]
        });
    });

    it('Le service est bien injecté', inject([MathService],
(mathService: MathService) => {
        expect(mathService).toBeTruthy();
    }));
});
```

2.7 Les directives

2.7.1 La directive à tester

La directive à tester est très simple. Elle contient uniquement une propriété et est dénuée de toute logique. L'objectif est de récupérer la propriété `value`.

La directive `TestDirective`

```
import { Directive, Input } from '@angular/core';

@Directive({
    selector: '[testDirective]'
})
export class TestDirective {
    value: string;

    @Input()
    set testDirective(val: string) {
        this.value = val;
    }
}
```

2.7.2 Tester la directive

Pour tester la directive, il faut créer un composant qui utilise cette directive. En général, un composant factice est créé pour cela dans le même fichier que les tests unitaires directement.

Le composant factice `TestComponent`

```
/**
 * Composant utilisé uniquement pour les tests unitaires
 */
@Component({
    selector: 'test.component.ts',
    template: '<div testDirective="Angular"></div>'
})
class TestComponent { }
```

Remarque

Il est possible de créer un composant `TestComponent` générique avec un template vide, ainsi chaque test unitaire pourra surcharger le template à la main et ajouter sa propre directive, mais ce n'est pas l'objectif de ce chapitre.

Il faut ajouter dans le `beforeEach` les déclarations nécessaires, c'est-à-dire le composant `TestComponent` ainsi que la directive `TestDirective` :

Déclaration de `TestComponent` et `TestDirective`

```
beforeEach(() => {
    TestBed.configureTestingModule({
        declarations: [
            TestComponent,
            TestDirective
        ]
    }).compileComponents();
});
```

Remarque

Il ne faut surtout pas oublier l'appel à la méthode `compileComponents()` en extension de la méthode `configureTestingModule`, sans quoi les composants ne seront pas compilés et la directive ne sera pas utilisée.

Une fois cela fait, le composant peut être créé et il est possible de récupérer le `DebugElement` de la directive, grâce au système de `query` vu précédemment.

C'est grâce à ce `DebugElement` qu'il est possible de récupérer l'instance de la directive, en passant par la propriété `injector` qui expose une méthode `get`, qui prend en paramètre le type à récupérer.

Ainsi, l'instance de la directive est accessible et il est possible de vérifier le contenu de ses propriétés, etc.

Test de la directive et de sa propriété

```
it('La directive est bien présente et la propriété est bien
Angular', async(() => {
let fixture = TestBed.createComponent(TestComponent);

fixture.detectChanges();
```

```
let directiveEl =
fixture.debugElement.query(By.directive(TestDirective));
expect(directiveEl).not.toBeNull();

let directiveInstance = directiveEl.injector.get(TestDirective);

expect(directiveInstance.value).toBe('Angular');
}));
```

Un composant est créé à l'aide de la méthode `TestBed.createComponent`, puis la `fixture` de ce composant est récupérée. Avec cette `fixture`, une détection de changement est levée.

Ensuite, l'élément possédant la directive est récupéré grâce à la méthode `By.directive` et le test s'assure que la valeur n'est pas nulle.

Enfin, c'est l'instance de la directive qui est récupérée à l'aide de `injector.get(TestDirective)`. Il est alors possible de vérifier la propriété `value` directement depuis l'instance de la directive.

2.8 Injecter un faux service

Avec les tests unitaires, il arrive souvent qu'une brique qui doit être testée possède des dépendances, comme des services. Par exemple, un composant peut utiliser le service suivant :

```
import { Injectable } from '@angular/core';

@Injectable()
export class TestService {
    public angular: string = "Angular";

    doSomething(): number {
        // La méthode fait un appel d'api
        return api.doSomething();
    }
}
```

Ce service possède une propriété et une méthode. Cette méthode fait un appel d'API. Or, dans le test unitaire du composant, il n'est pas désiré de faire appel à l'API. C'est pour cela qu'il est possible de bouchonner les services au sein d'un module de test, comme pour les modules normaux.

Cela se fait en fournissant aux `providers` du `TestingModule`, un *mock* qui va venir s'injecter à la place du vrai service, grâce à la syntaxe suivante :

```
{ provide: TestService, useValue: mockTestService }
```

Ainsi, le test peut être écrit de la sorte :

Injecter un faux service / service "mock"

```
import { TestBed, inject } from '@angular/core/testing';
import { TestService } from './test.service';

describe('TestService', () => {

    let testService: TestService;

    beforeEach(() => {
        let mockTestService = {
            angular: 'Angular',
            doSomething: () => { return 5; }
        };

        TestBed.configureTestingModule({
            providers: [{ provide: TestService, useValue:
mockTestService }]
        });

        testService = TestBed.get(TestService);
    });

    it("test d'un composant…",()=>{
   // testService.doSomething() renvoie dorénavant 5 au lieu
de faire un appel d'API
    }
});
```

Le test doit injecter un faux service pour simuler les retours du service `TestService`. Pour cela, dans chaque `beforeEach`, un service est créé à la volée et possède la même structure de propriétés et de méthodes que le vrai service `TestService`. Or, au moment de configurer le module de test et ses providers, il est spécifié que pour le service `TestService`, c'est le service *mocké* qui va être utilisé.

Le `TestService` injecté est alors récupéré depuis le root injector à l'aide de `Test.get(TestService)`. Ensuite, dans les tests, lorsque le service est utilisé, c'est bien le service falsifié qui est utilisé, et non l'implémentation originale du `TestService`.

3. Les tests e2e

L'objectif du test e2e est de s'assurer du bon fonctionnement de ce composant. Pour cela, il doit simuler un clic sur le bouton puis vérifier que le composant affiche bien la nouvelle valeur incrémentée.

Il faut alors écrire le test en se mettant à la place d'un utilisateur qui utilisera cette application. Voici les étapes d'utilisation :

- Je dois naviguer vers la page de l'application.
- Je vois mon compteur qui est initialisé à 0.
- Je clique sur le bouton "Incrémenter !" .
- Je constate que mon compteur est passé à 1.

Trois besoins sont alors identifiés pour écrire le test e2e :

- Interagir avec le navigateur
- Récupérer un élément du DOM
- Interagir avec un élément du DOM

3.1 Ajouter Cypress à son projet

Historiquement, Protactor était utilisé pour les tests e2e sur Angular. Tout était préconfiguré et il suffisait de lancer la commande `ng e2e`.

Récemment, le choix de se passer de Protactor par défaut a été fait pour permettre aux développeurs de choisir leur librairie, notamment Cypress, qui est plus récent et plus fiable.

Pour cela, il suffit de lancer la commande `ng add @cypress/schematic` qui installe Cypress et configure le projet en ajoutant un dossier cypress et en configurant le fichier angular.json. La commande demande s'il faut utiliser `ng e2e` pour utiliser Cypress et propose même un guide de migration de Protractor vers Cypress.

3.2 Interagir avec le navigateur

Il est possible de naviguer sur une URL précise :

```
cy.visit('/');
cy.visit('/login');
```

Il est aussi possible de rafraîchir le navigateur :

```
cy.reload();
cy.reload(true); // reload sans utiliser le cache
```

Avec `cy.location()` il est possible d'effectuer des tests sur l'url du navigateur.

```
    cy.location().should((loc) => {
     expect(loc.hostname).to.eq('localhost')
   })
```

On peut aussi récupérer une partie de l'url en spécifiant l'information requise.

```
cy.location('pathname').should('eq', '/login')
```

Remarque

Pour plus d'informations sur Cypress et comprendre comment il fonctionne réellement, le site Internet https://docs.cypress.io contient toutes les informations nécessaires.

3.3 Récupérer un élément du DOM

Comme pour les tests unitaires, un système de requêtes est mis à disposition et permet de récupérer les éléments selon plusieurs méthodes. Parmi ces types de requêtage, il y a la possibilité d'utiliser des sélecteurs CSS classiques, des recherches directement par classe ou id, et aussi des utilitaires plus spécifiques aux tests e2e, comme la recherche d'un bouton ou d'un lien contenant un texte particulier.

La commande `cy.get` permet de récupérer des éléments avec tous les sélecteurs css conventionnels. À noter que cette commande recherche toujours à partir du document, donc la racine.

```
// Recherche avec un id
cy.get('#byId');

// Recherche avec une classe
cy.get('.byClass');

// Recherche avec un sélecteur css classique
cy.get('.parent > .child');
```

Avec la commande `within`, il est possible de chaîner pour que le get ne sélectionne que les éléments dans le get initial :

```
// On recherche .parent depuis le document
cy.get('.parent').within(() => {
 // On recherche .child uniquement dans .parent
 cy.get('.child');
})
```

Il est aussi possible de chaîner avec la commande `find`, qui recherche toujours à partir du contexte actuel :

```
cy.get('.parent).find('.child')
```

3.4 Interagir avec les éléments DOM

Pour pouvoir interagir avec les éléments de DOM, il suffit de chaîner les méthodes mises à disposition par Cypress à partir des éléments récupérés par la méthode `cy.get`.

Il est possible, par exemple, de cliquer sur un élément :

```
cy.get('button').click();
```

Ensuite, pour écrire dans un `input` ou une `textarea`, la méthode `type` prend en paramètre les éléments à envoyer.

```
cy.get('input').type('toto !');
```

Il est aussi possible de nettoyer le contenu d'un `input` avec la méthode `clear`.

```
cy.get('input').clear();
```

3.5 Tester le composant

Pour reprendre la liste des critères cités dans la partie précédente, le test à écrire est donc :

- Naviguer sur la bonne URL : c'est la racine du site dans l'exemple.
- Premier test : s'assurer que le compteur est à 0.
- L'utilisateur clique sur le bouton qui incrémente le compteur.
- Second test : s'assurer que le compteur est bien passé à 1.

```
describe('Tests du composant AppComponent', () => {
 beforeEach(() => {
   cy.visit('/');
 });
 it("Le compteur doit être initialisé à 0 et s'incrémenter lors
d'un clic sur le bouton", () => {
   cy.visit('/');
   cy.get('#data').contains('0');
   cy.get('button').click();
   cy.get('#data').contains('1');
 });
});
```

Avant le test, une navigation est faite pour se placer au bon endroit dans l'application. Puis, le test vérifie que l'interface affiche bien un compteur égal à `0`. Un clic est ensuite effectué sur le bouton, pour enfin vérifier que l'interface est bien mise à jour et possède la valeur `1`.

Une fois la commande `ng e2e` lancée, Cypress se lance et ouvre un navigateur qui exécute le test.

Chapitre 15
Le cross-platform avec Angular

1. Apache Cordova

Apache Cordova est un framework open source faisant partie de **Apache Software Foundation**. Il sert à effectuer des développements mobiles en utilisant les technologies web (HTML, CSS et JavaScript).

Ce framework agit comme un conteneur : son rôle est d'encapsuler une application web dans une application native, on parle alors d'application hybride. Techniquement, Cordova va embarquer les ressources de l'application web (fichiers HTML/JS/CSS, mais aussi images, fonts, etc.) dans l'application native puis les afficher à partir d'un composant **WebView** (customisé pour aller chercher les ressources en local plutôt que sur Internet).

Ce type d'application permet de capitaliser sur les connaissances en développement web afin de créer des applications mobiles. De plus, il permet de créer plusieurs applications natives, compatibles Android ou IOS, et un site web avec un maximum de code en commun.

Avec Apache Cordova, il est également possible d'accéder aux API natives de chaque plateforme. Il est par exemple possible de faire vibrer le téléphone ou de prendre une photo depuis l'application.

1.1 Créer un projet Apache Cordova

Apache Cordova, tout comme Angular, dispose d'une interface en ligne de commande (CLI) permettant de créer, lancer ou compiler un projet Cordova. Il faut donc commencer par installer cette CLI disponible sous forme de paquet Node.js. Pour cela, il faut utiliser la commande suivante :

```
npm install cordova --global
```

Cette commande va rechercher et installer le paquet Cordova en se servant de `npm` (*Node Package Manager*). Le flag "`--global`" permet de préciser que l'installation doit être faite sur la machine de manière globale et non simplement pour le projet courant.

Une fois cette commande exécutée, il est possible d'utiliser la commande cordova depuis n'importe quelle invite de commandes.

Pour créer un projet Cordova, il suffit d'utiliser la commande `cordova create`. Cette commande prend en entrée trois paramètres. Le premier est le dossier où le projet doit se créer. Le second est l'identifiant de l'application (cette notion d'identifiant d'application est spécifique au développement mobile et doit être unique pour chaque application sur le store des différentes plateformes). Le dernier paramètre correspond au nom de l'application. Les deux derniers paramètres peuvent toutefois être modifiés dans le fichier `config.xml` du projet Cordova.

```
cordova create angular-cordova hello.world.angular HelloWorld
```

La commande précédente permet de créer une application dans le dossier `angular-cordova`, ayant pour identifiant `hello.world.angular` et nommée `HelloWorld`.

Une fois cette commande exécutée, le dossier `angular-cordova` est créé. À l'intérieur se trouvent les dossiers suivants :

- `platforms` : ce dossier contient les exécutables de chaque plateforme que l'on souhaite cibler. Le contenu de ce dossier est généré par Cordova et ne doit pas être modifié, sous peine de perdre ses modifications à la prochaine génération de l'application Cordova.
- `plugins` : dans ce dossier se trouvent les plug-ins Cordova permettant d'accéder aux API native de l'OS du device.
- `www` : c'est dans ce dossier que se trouve l'application web qui est injectée dans l'application native. C'est donc ici que les fichiers compilés Angular doivent se trouver.
- `hooks` : ce dossier contient des scripts pouvant s'exécuter dans le workflow de compilation du projet Cordova. Cependant, celui-ci est déprécié et peut donc être supprimé.

À la racine de ce dossier `angular-cordova` se trouve également le fichier `config.xml`. Ce fichier contient la configuration du projet Cordova. On y retrouve donc des informations comme le nom de l'application, son identifiant, les différents plug-ins que le projet utilise, etc.

Remarque

Pour plus d'informations sur le contenu du fichier `config.xml`, vous pouvez vous référer à la documentation officielle à l'adresse suivante : https://cordova.apache.org/docs/fr/latest/config_ref/

Avant de lancer le projet, il va falloir ajouter une plateforme à cibler. Pour cela, il faut utiliser la commande `platform add` de la CLI Cordova. Par exemple, pour ajouter la plateforme Android, il suffit d'exécuter la commande suivante :

```
cordova platform add android
```

Pour ajouter la plateforme browser (navigateur) :

```
cordova platform add browser
```

Si pour la plateforme browser aucun prérequis n'est demandé, pour Android par exemple, il est nécessaire d'installer plusieurs outils sur l'environnement du développeur pour pouvoir compiler l'application.

La CLI Cordova fournit une commande qui permet de faire l'état des prérequis sur le poste du développeur.

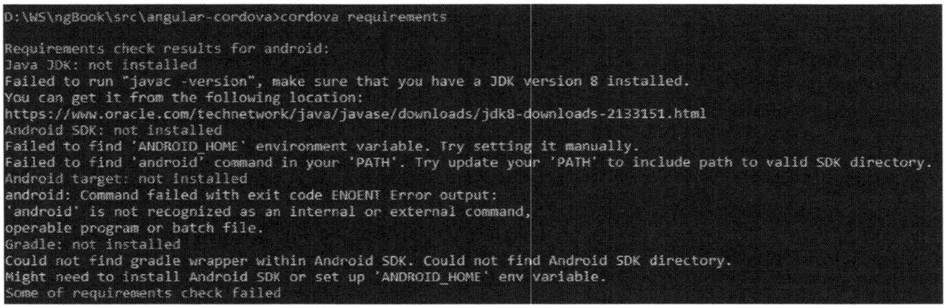

Remarque

Voir la documentation de Cordova pour installer les différents composants : https://cordova.apache.org/docs/en/latest/guide/platforms/android/index.html

Une fois la plateforme ajoutée, il est possible de lancer le projet. Pour cela, il faut utiliser la commande `run` de la CLI Cordova, en indiquant la plateforme cible. Par exemple pour lancer le projet sur un appareil Android :

```
cordova run android
```

L'appareil doit être branché en USB et avoir le mode débogage USB activé.

1.2 Angular dans Apache Cordova

Pour ajouter Angular dans un projet Apache Cordova, il suffit d'utiliser la CLI Angular. Il est possible de créer directement le projet Angular à la racine du projet Cordova, cependant il est préférable de créer un nouveau dossier au sein du projet Cordova, ou encore au même niveau que celui-ci afin de garder une meilleure séparation entre ce qui concerne Cordova et ce qui concerne Angular. Pour créer le projet, il faut donc utiliser la commande `new` de la CLI Angular. Cette commande prend en paramètre le nom du dossier dans lequel le projet doit être créé. Par exemple pour créer un projet Angular dans un dossier angular au sein du projet Cordova, utilisez la commande suivante :

```
ng new angular
```

Pour que les fichiers compilés du projet Angular soit utilisés dans le projet Cordova, il est nécessaire d'utiliser le paramètre `--output-path` de la commande `build` de la CLI Angular. En effet, par défaut cette commande va créer les fichiers compilés dans un dossier nommé `dist` au sein du projet Angular. Afin que ces fichiers soient utilisés par le projet Cordova, il faut que ceux-ci se trouvent dans le dossier www de celui-ci. Le paramètre `--output-path` permet de modifier le dossier de sortie de la commande `build`. Par exemple, dans le cas où le projet Angular est un dossier du projet de Cordova, il faut utiliser la commande suivante afin que la sortie se retrouve dans le projet Cordova :

```
ng build --output-path ../www
```

Afin d'automatiser ce processus lors de chaque build du projet Cordova, il est possible d'utiliser un hook Cordova. Un hook est un script Node.js qui vient s'ajouter lors du processus de compilation d'un projet Cordova.

```
const execSync = require('child_process').execSync;

module.exports = function(context) {
 console.log('Building Angular for Cordova');
 const angularPath = context.opts.projectRoot + '/angular';

 console.log(execSync(
     'npm run build-cordova',
      {
       cwd: angularPath
     }).toString('utf8')
 );
};
```

La première étape est d'exporter une fonction à la manière d'un module Node.js. Pour cela, il faut affecter une fonction à l'objet `module.exports`.

```
module.exports = function(context) {
  console.log('Building Angular  application into "./www" directory.');
});
```

La fonction attend un paramètre `context`, envoyé par Cordova qui contient des informations sur le contexte d'exécution du script.

Il faut ensuite pouvoir exécuter la commande de la CLI Angular pour compiler l'application, puis récupérer le processus de build courant afin de s'y greffer. Pour cela, il faut utiliser le module `Node.js child_process`. Pour récupérer ce module, il faut l'importer avec la syntaxe `CommonJs`. Celle-ci est assez simple : `require('nom du module')`. Dans ce module, seule la fonction `execSync` nous intéresse.

```
const execSync = require('child_process').execSync;
```

Le résultat de la fonction `execSync` expose une méthode `toString` permettant de récupérer la sortie de la commande exécutée. Il est donc possible d'afficher dans la sortie de la build Cordova les informations de build Angular. Pour cela, il suffit d'utiliser le traditionnel `console.log`.

Il faut maintenant utiliser cette fonction afin d'exécuter la build du projet Angular à l'aide de sa CLI. Cette fonction prend deux paramètres, le premier correspond à la commande à exécuter. Le deuxième paramètre de cette méthode correspond aux options de celle-ci. Ici, seule l'option `cwd` (*Current Working Directory*) nous intéresse. Celle-ci permet d'exécuter la commande dans un dossier différent du dossier courant.

Dans le script précédent, on peut voir que c'est la commande `npm run build-cordova` qui est appelée, c'est un script custom qu'il faut ajouter dans le `package.json` :

```
"build-cordova":"ng build --prod --base-href ./ --output-path ../www/"
```

La commande `ng build` est exécutée avec le paramètre `output-path` et le flag `prod`. Le paramètre `output-path` a été vu précédemment. Le flag `-prod` permet de se passer de tous les outils de débogage embarqués habituellement. Le paramètre `base-href` permet à Angular d'accéder aux fichiers dans le dossier, par opposition au / (slash seulement) habituel dans un serveur web.

Ensuite, il faut rajouter le fichier `cordova.js` dans notre `index.html` pour s'assurer que les API de Cordova sont bien chargées et que l'événement `deviceready` est bien levé.

L'application Angular doit être lancée lors du `deviceready` levé par Cordova, ainsi l'application se lancera uniquement lorsque les API de Cordova seront chargées et que les ressources de l'application seront prêtes. Pour cela, il suffit de modifier légèrement le fichier `main.ts` :

```
import { enableProdMode } from '@angular/core';
import { platformBrowserDynamic } from '@angular/platform-browser-
dynamic';

import { AppModule } from './app/app.module';
import { environment } from './environments/environment';

let onDeviceReady = () => {
 if (environment.production) {
   enableProdMode();
 }
 platformBrowserDynamic().bootstrapModule(AppModule).catch(err =>
console.error(err));
};

document.addEventListener('deviceready', onDeviceReady, false);
```

On peut ensuite ajouter ce script dans le workflow de compilation du projet Cordova. Pour cela, il suffit d'ajouter une entrée `hook` dans l'élément `widget` dans le fichier `config.xml`. Cette entrée dispose de deux attributs. Le premier, `src`, correspond au chemin vers le fichier de script à ajouter. Ce chemin est relatif au dossier racine du projet Cordova. Le deuxième est l'attribut `type`. Celui-ci se remplit en utilisant un type de hook mis à disposition par Cordova. Cela correspond à l'emplacement où le script va être exécuté dans le workflow de compilation de Cordova. Un hook utilisable pour la compilation du projet Angular est `before_prepare`. En utilisant ce type de hook, le script s'exécutera avant la compilation du projet Cordova lors de l'exécution de toutes ces commandes :

- `cordova prepare`
- `cordova platform add`
- `cordova build`
- `cordova run`

Pour un script de hook nommé ng-hook et situé dans un dossier hooks à la racine du projet Cordova, l'élément à ajouter dans le fichier config.xml est le suivant :

```
<widgetid="hello.world.angular" version="1.0.0" xmlns="http://
www.w3.org/ns/widgets" xmlns:cdv="http://cordova.apache.org/ns/1.0">
    <!-- reste du contenu du fichier config.xml -->
    <hook type="before_prepare" src="hooks/ng-hook.js"/>
</widget>
```

À présent, lorsque le projet Cordova est compilé, les lignes spécifiques à Angular apparaissent dans la console :

```
D:\WS\ngBook\src\angular-cordova>cordova run browser
Building Angular app

> angular@0.0.0 build-cordova D:\WS\ngBook\src\angular-
cordova\angular
> ng build --prod --base-href ./ --output-path ../www/

Date: 2021-10-27T19:24:24.633Z
Hash: fddd6bff4e9d4d9cf517
Time: 11047ms
chunk {0} runtime-es5.741402d1d47331ce975c.js (runtime) 1.41 kB
[entry] [rendered]
chunk {1} main-es5.c0251a284b6849affdb8.js (main) 242 kB [initial]
[rendered]
chunk {2} polyfills-es5.7f43b971448d2fb49202.js (polyfills) 111 kB
[initial] [rendered]

Date: 2021-10-27T19:24:33.171Z
Hash: bd0d1ab74c09479344c5
Time: 8507ms
chunk {0} runtime-es2015.858f8dd898b75fe86926.js (runtime) 1.41 kB
[entry] [rendered]
chunk {1} main-es2015.446879e631cda47a6d9e.js (main) 210 kB
[initial] [rendered]
chunk {2} polyfills-es2015.27661dfa98f6332c27dc.js (polyfills)
36.4 kB [initial] [rendered]
chunk {3} styles.3ff695c00d717f2d2a11.css (styles) 0 bytes
[initial] [rendered]

startPage = index.html
Static file server running @ http://localhost:8000/index.html
```

```
CTRL + C to shut down
200 /index.html
304 /cordova.js
200 /styles.3ff695c00d717f2d2a11.css
200 /runtime-es2015.858f8dd898b75fe86926.js (gzip)
200 /polyfills-es2015.27661dfa98f6332c27dc.js (gzip)
200 /main-es2015.446879e631cda47a6d9e.js (gzip)
304 /cordova_plugins.js
```

Maintenant, le projet lance bien la compilation Angular lorsque celle de Cordova est utilisée.

À ce stade, la structure du projet doit ressembler à cela :

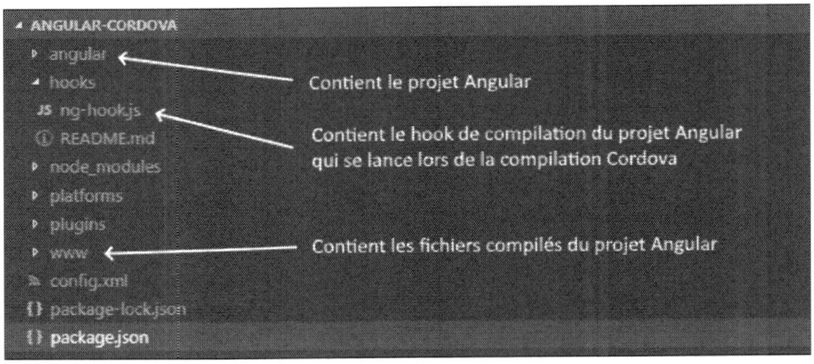

1.3 Utiliser un plug-in Apache Cordova

Afin d'accéder aux API natives d'un appareil mobile, il faut utiliser la notion de plug-ins Cordova. Ils permettent de communiquer avec du code natif directement en JavaScript, indépendamment de la plateforme cible. Un plug-in Cordova est composé d'un contrat JavaScript, définissant les fonctions qui seront exposées à l'application web, et d'une implémentation par plateforme (généralement iOS, Android et Windows Phone). À la génération d'une application, Cordova injectera l'implémentation correspondant à la plateforme cible, ce qui permet d'avoir un même code JavaScript qui fonctionnera sur toutes les plateformes (en tout cas celles supportées par le plug-in).

L'équipe Apache Cordova maintient un ensemble de plug-ins Core pour accéder aux fonctionnalités natives les plus communes. Cependant, il est possible de développer ses propres plug-ins (moyennant quelques connaissances sur les plateformes ciblées). Il existe donc un large environnement de plug-ins développés par des particuliers et disponibles sur les plateformes *open source* (plus de 1000 à ce jour).

Afin de pouvoir utiliser les plug-ins Cordova, il est nécessaire d'inclure le fichier `cordova.js` dans l'application. Ce fichier est généré lors de la compilation du projet Cordova et contient les différentes interfaces entre les API natives et JavaScript.

```
<script src="cordova.js"></script>
```

Pour installer un plug-in, il faut se servir de la commande `plug-in add` de la CLI Cordova. Par exemple pour utiliser le plug-in *Core* permettant l'accès à l'API native de la caméra ; la commande suivante est nécessaire :

```
cordova plugin add cordova-plugin-camera
```

Ce plug-in ajoute une propriété camera à l'objet global `navigator`. Ainsi, pour prendre une photo, il suffit d'appeler la méthode `getPicture` sur cette propriété. Cette méthode prend trois paramètres. Le premier est le *callback* de succès, mettant à disposition le chemin d'accès ou la chaîne de caractères au format *base64* de la photo prise. Le deuxième est un *callback* d'erreur et le dernier est un objet contenant les options de la prise de la photo.

Cependant, dans cette configuration, l'utilisation de l'objet camera provoque une erreur à la compilation TypeScript parce que TypeScript ne connaît pas de propriété `camera` sur le type `Navigator`.

```
Property 'camera' does not exist on type 'Navigator'
```

Pour pallier cette erreur, deux solutions. La première est simplement de typer l'objet navigateur en type `any`, permettant ainsi d'éviter la vérification de type sur cet appel :

```
(<any>navigator).camera.getPicture(...)
```

La deuxième solution, préférable, car plus facilement maintenable, est de vérifier l'existence d'un package `@types/<nom du plug-in>` dans le registre `npm`. Si ce package existe, il contient le détail des types qui sont utilisés par ce paquet. De plus, il étend les interfaces des objets globaux utilisés (ici `navigator`). Utiliser un paquet de type permet également d'activer l'autocomplétion de l'environnement de développement.

Remarque

Ce sujet est abordé plus en profondeur dans le chapitre sur TypeScript.

Pour le plug-in `cordova-plugin-camera`, il existe un paquet de type. Pour l'installer, il faut utiliser la commande suivante :

```
npm install --save-dev @types/cordova-plugin-camera
```

Cette commande va installer le paquet `@types/cordova-plugin-camera` et le sauvegarder en dépendance de développement pour le projet Angular grâce à l'option `--save-dev`. Il faut ensuite préciser à Angular qu'il doit référencer ce type lors de la compilation. Pour cela, il faut éditer le fichier `tsconfig.json`, situé dans le répertoire angular, pour y ajouter la référence vers les types du paquet `cordova-plugin-camera`. Cette référence s'ajoute dans le tableau de chaîne de caractères `types` de ce fichier :

```
{
 "compileOnSave": false,
 "compilerOptions": {
   "baseUrl": "./",
   "outDir": "./dist/out-tsc",
   "sourceMap": true,
   "declaration": false,
   "downlevelIteration": true,
   "emitDecoratorMetadata": true,
   "experimentalDecorators": true,
   "module": "esnext",
   "moduleResolution": "node",
   "importHelpers": true,
   "target": "es2015",
   "typeRoots": [
     "node_modules/@types"
   ],
   "lib": [
     "es2018",
```

```
      "dom"
    ],

    "types": ["cordova-plugin-camera"]   },

}
```

Voici un exemple d'utilisation de ce plug-in :

```
import { Component } from "@angular/core";
@Component({
 selector: "app-root",
 templateUrl: "./app.component.html",
 styleUrls: ["./app.component.css"]
})
export class AppComponent {
 imageSrc: string;

 takePicture() {
   navigator.camera.getPicture(
     image => {
       this.imageSrc = image;
     },
     error => {
       console.log(error);
     },
     {
       correctOrientation: true,
       targetHeight: 500
     }
   );
 }
}
```

Ce composant dispose d'une méthode `takePicture`. Cette méthode utilise la propriété `camera` mise à disposition par le plug-in `cordova-plugin-camera` pour utiliser la méthode `getPicture`. Cette méthode déclenche donc un appel à du code natif, qui affichera l'appareil photo via les API natives. Dans le *callback* de succès de cet appel, le résultat est affecté à une variable `imageSrc`.

Dans les options de l'appel à `getPicture`, `correctOrientation` sert à récupérer l'image dans le sens où l'utilisateur a pris la photo. L'option `targetHeight` sert à limiter la taille de l'image reçue.

Voici le template utilisé pour ce composant :

```
<h1>
  Awescme app
</h1>
<button (click)="takePicture()"> Take a picture ! </button>
<img [src]="imageSrc" *ngIf="imageSrc"/>
```

Dans cet exemple, lorsque l'utilisateur clique sur le bouton "`Take a Picture ! `", cela fait appel à la méthode `takePicture` du composant `AppComponent`. Cette méthode met à jour la propriété `imageSrc` avec la photo que l'utilisateur vient de prendre. Cette variable est elle-même liée à la propriété `src` de la balise `img`.

D'un point de vue fonctionnel, lorsque l'utilisateur clique sur le bouton "`Take a Picture ! `", la caméra s'active et l'utilisateur doit prendre une photo. Une fois qu'il l'a prise, celle-ci s'affiche dans l'application :

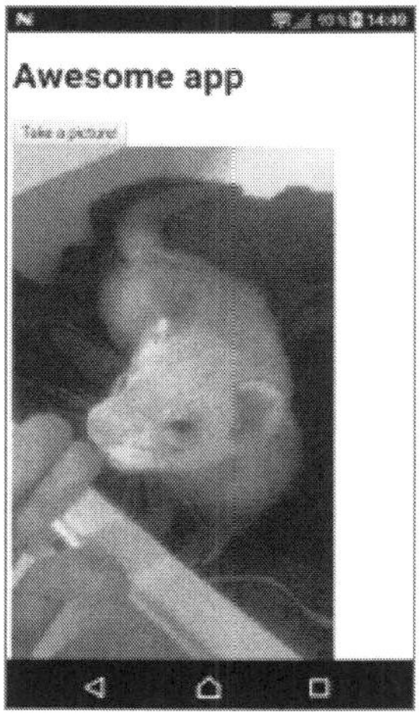

2. Ionic 6

Ionic 6 est un framework permettant le développement d'applications mobiles hybrides. Ionic a surtout pour but de conserver le *look and feel* d'une application native et fournit donc tout un ensemble d'éléments graphiques utilisables. Ces éléments seront parfois légèrement différents en fonction de la plateforme ciblée afin de respecter le design des éléments natifs.

De plus, allant de pair avec Ionic, l'équipe de Ionic met à disposition des développeurs une librairie appelée **Capacitor**. Cette librairie permet de développer des applications web, plus précisément Progressive Web Apps, dans un contexte natif en donnant un accès aux fonctionnalités natives telles que la caméra ou bien la géolocalisation.

2.1 Créer un projet Ionic

Ionic dispose également d'une interface en ligne de commande (CLI). Pour utiliser cette CLI, il faut commencer par l'installer. Elle est mise à disposition sous forme de paquet Node.js dans le registre npm. Il suffit donc d'utiliser la commande `install` de la CLI de npm avec le flag `-g` afin de l'installer de manière globale à la machine et non uniquement pour le dossier courant :

```
npm install -g @ionic/cli
```

Une fois installée, il est possible de se servir de la CLI via la commande `ionic`. Pour créer un projet, il faut utiliser la commande `start`. Cette commande prend en paramètre le nom de l'application (qui sera également le dossier dans lequel le projet sera créé) ainsi qu'un nom de template optionnel. Ce template permet de préremplir l'application avec quelques éléments. Il est par exemple possible d'utiliser le template `tabs` qui crée une application avec trois onglets. Pour créer une application avec trois onglets vides, il suffit d'utiliser la CLI avec la commande suivante :

```
ionic start angular-ionic tabs --type=angular --capacitor
```

2.2 Utiliser les composants Ionic

Contrairement à une application Angular classique, Ionic met à disposition tout un ensemble d'éléments sous forme de composants et directives qu'il est préférable d'utiliser afin d'avoir un rendu au plus proche d'une application native. Tous les éléments du framework Ionic sont préfixés par `ion`. Le markup proposé par défaut dans le template *tabs* d'une page Ionic est le suivant :

```
<ion-header [translucent]="true">
 <ion-toolbar>
   <ion-title>
     Tab 1
   </ion-title>
 </ion-toolbar>
</ion-header>

<ion-content [fullscreen]="true">
 <ion-header collapse="condense">
   <ion-toolbar>
     <ion-title size="large">Tab 1</ion-title>
   </ion-toolbar>
 </ion-header>

 <app-explore-container name="Tab 1 page"></app-explore-container>
</ion-content>
```

Ici, on définit un en-tête, contenant une barre de navigation, elle-même contenant le titre de la page courante. La présence de deux ion-header est liée au support iOS de la fonctionnalité des larges titres et petits titres.

En dessous se trouve l'élément `ion-content` qui contient le contenu principal de la page. À l'intérieur, le composant `app-expore-container` est un composant créé par le template tabs pour rediriger vers le site de la documentation Ionic.

Parmi les éléments les plus basiques, on retrouve également :

- ion-list : un élément servant à effectuer des listes *scrollables*. Cet élément est généralement utilisé avec la directive ngFor,
- ion-item : un élément utilisé pour générer les entrées d'un menu, une page de paramétrage ou simplement l'affichage d'information de manière ordonnée,
- ion-icon : un élément servant à afficher une icône. Ionic fournit plus de 300 icônes. Il suffit d'utiliser l'attribut name de cet élément afin d'afficher l'icône associée,
- ion-toolbar : un élément généralement placé dans un en-tête ou un pied de page afin d'ajouter des actions au niveau de ces éléments.

Plus concrètement, par exemple pour un écran simplifié de liste :

```
<ion-header>
 <ion-toolbar>
   <ion-title>Nombres</ion-title>
 </ion-toolbar>
</ion-header>
<ion-content>
 <ion-list>
   <ion-item *ngFor="let value of numbers">
     <ion-label>{{value}}</ion-label>
     <ion-input></ion-input>
   </ion-item>
 </ion-list>
</ion-content>
```

Ici, on se sert d'un ion-header afin d'afficher le titre de la page. Dans le ion-content, on utilise une ion-list afin d'afficher la liste des nombres dans numbers.

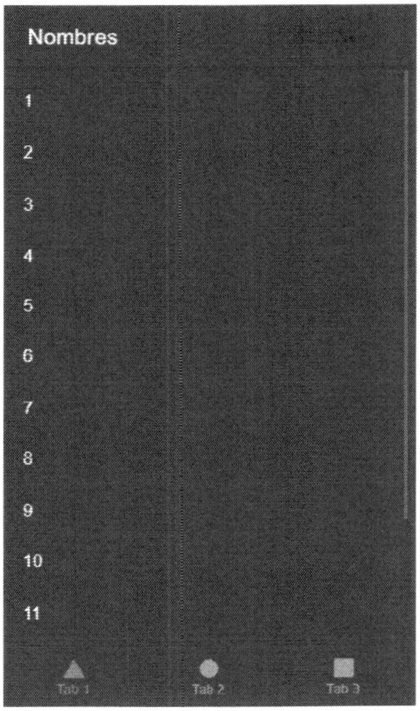

Pour cet exemple, aucun style n'a été ajouté. Seuls les éléments de base de Ionic sont utilisés. Comme le navigateur utilisé sur cet exemple est configuré pour utiliser les thèmes sombres, Ionic propose clé en main un thème sombre pour ses composants.

2.3 Lancer l'application

Pour lancer l'application sur son navigateur, il suffit d'utiliser la commande :

```
ionic serve
```

Pour la lancer sur son téléphone Android par exemple, il faut d'abord ajouter la plateforme avec la CLI de Capacitor, embarquée dans celle de Ionic :

```
ionic cap add android
```

Cette commande crée l'application native Android au sein du projet, dans un dossier `android`. Cette application native Android charge l'application Angular qui est compilée dans le dossier www et permet d'exécuter l'application web dans une WebView via un serveur local sur le mobile. Tout cela est transparent pour le développeur, si ce n'est qu'il faut mettre à jour le dossier www avec la commande `ionic cap copy`.

Si des portions de code natives sont ajoutées, comme l'ajout d'un nouveau plug-in Capacitor, il faut utiliser la commande `ionic cap sync` pour synchroniser les projets natifs.

Ainsi, pour lancer l'application Android sur son téléphone ou un émulateur, il est possible d'ouvrir le projet avec Android Studio comme un projet Android standard grâce à la commande :

```
ionic cap open android
```

Une fois le projet ouvert sous Android Studio, il suffit de sélectionner son téléphone préconfiguré en mode développeur et branché en USB puis de lancer l'application.

Remarque

Pour exécuter une application Android, il est nécessaire de configurer son environnement en installant et configurant Android Studio et le SDK Java/Android.

Il est aussi possible de lancer l'application en Live Reload, ce qui permet d'avoir l'équivalent du `ionic serve` sur son téléphone. Concrètement, la WebView est configurée pour pointer sur un serveur local de la machine du développeur et non embarquée dans l'application native. Pour que cela marche, il est nécessaire que le téléphone et l'ordinateur soient sur le même réseau.

La commande pour le *Live Reload* est :

```
ionic cap run android -l --external
```

2.4 Utiliser un plug-in avec Ionic Capacitor

Prenons l'exemple du plug-in `geolocation` qui permet d'accéder aux informations relatives à la géolocalisation du téléphone.

Il suffit de l'installer avec la commande `npm` suivante :

```
npm install @capacitor/geolocation
```

Ensuite, il faut penser à synchroniser les applications natives avec la commande :

```
ionic cap sync
```

L'utilisation du plug-in est très simple, le package `@capacitor/geolocation` fournit `Geolocation` qui propose des interfaces comme `getCurrentPosition` qui, comme son nom l'indique, permet de récupérer la position courante du téléphone au sein d'une Promise.

```
import { Component, OnInit } from '@angular/core';
import { Geolocation, Position } from '@capacitor/geolocation';

@Component({
 selector: 'app-tab2',
 templateUrl: 'tab2.page.html',
 styleUrls: ['tab2.page.scss'],
})
export class Tab2Page implements OnInit {
 position: Position;
 constructor() {}

 async ngOnInit() {
   this.position = await Geolocation.getCurrentPosition();
 }
}\
```

Dans l'exemple précédent, on importe `Geolocation` ainsi que le type `Position` pour profiter du typage en TypeScript. On utilise la méthode `getCurrentPosition` grâce à la syntaxe async/await qui renvoie une `Position` via une `Promise`, qu'on utilise pour initialiser la propriété position de notre composant `Tab2Page`.

On peut alors utiliser les données dans le template :

```
<ion-item>Latitude: {{position?.coords?.latitude}}</ion-item>
<ion-item>Speed: {{position?.coords?.speed}}</ion-item>
```

Une dernière étape est nécessaire pour que ce code fonctionne sur Android.

Il faut ajouter les permissions permettant à l'application d'accéder à la géolocalisation. Cela se fait dans le fichier `AndroidManifest.xml` présent dans le projet Android.

```
<uses-permission android:name="android.permission.ACCESS_COARSE_LOCATION" />
<uses-permission android:name="android.permission.ACCESS_FINE_LOCATION" />
<uses-feature android:name="android.hardware.location.gps" />
```

Remarque

Pour iOS, le code reste le même, mais la configuration est différente de celle pour Android. La documentation de Capacitor donne toutes les informations à ce sujet : https://capacitorjs.com/docs/apis/geolocation

Chapitre 16
Pour aller plus loin

1. Introduction

Dans ce chapitre, nous allons aborder certaines notions importantes qui n'ont pas été évoquées jusque-là. Cependant, il s'agit de notions avancées qu'il est toujours important de connaître.

Remarque

En anglais, le rendu côté serveur est appelé Server Side Rendering, c'est son acronyme, SSR, qui apparaît très souvent lorsqu'on parle du sujet.

2. Rendu côté serveur

Lorsqu'une application Angular traditionnel est chargée, le navigateur commence par télécharger le fichier HTML principal de l'application (généralement le fichier `index.html` à la racine du projet). S'en suivent tous les assets référencés à l'intérieur de ce fichier (JavaScript, CSS, images, etc.). Ensuite, le JavaScript est interprété puis exécuté. Dans cette phase d'exécution, le framework Angular est chargé. Une fois cette étape passée, Angular charge les composants à afficher dans lesquels le *binding* s'effectue avant d'afficher enfin la page.

La phase interprétation et d'exécution du JavaScript peut être plus ou moins longue en fonction de la puissance de la machine qui charge la page. Dans le cas d'un téléphone mobile, ces temps peuvent être assez élevés.

De plus, les *crawlers* des moteurs de recherche n'exécutent pas toujours le JavaScript, et se retrouvent donc à analyser une page vide lorsqu'ils visitent notre application.

Le rendu côté serveur permet de retourner une page HTML prérendue au navigateur. Les *crawlers* des moteurs de recherche sont donc en mesure d'interpréter le contenu de celle-ci même sans exécuter de JavaScript. De plus, cela permet au navigateur d'afficher la page dès qu'il a téléchargé le fichier HTML qui lui est retourné et donc avant toute la phase d'interprétation et d'exécution du JavaScript.

Grâce au rendu côté serveur, il est donc possible d'afficher la page plus rapidement. Cependant, celle-ci ne devient interactive que lorsque le JavaScript est interprété par le navigateur et que Angular a chargé l'application.

2.1 Principe de la mise en place

Le principe du rendu côté serveur est d'avoir un serveur Node.js (ou autre comme ASP.NET Core par exemple) qui utilise la même application Angular que le client.

Le serveur va se servir de cette application pour générer le HTML en fonction des arguments passés dans la requête HTTP.

Le module Angular que doit exécuter le serveur ne peut en revanche pas être le même que celui utilisé par le client. En effet le module dont se sert le client fait référence à des modules d'Angular qui nécessitent l'exécution au sein d'un navigateur (comme par exemple le module `BrowserModule`).

Voici comment communiquent ces différents éléments :

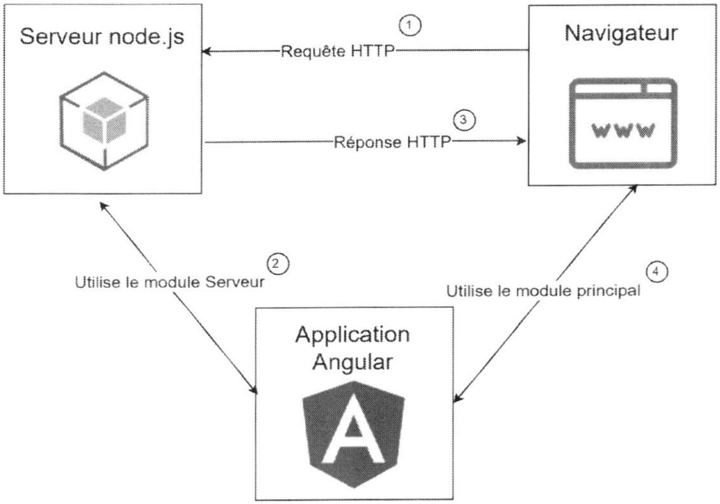

Dans le schéma ci-dessus, lorsque le navigateur effectue une requête HTTP (1), le serveur va utiliser le module spécifique au serveur dans l'application Angular pour générer le HTML (2). Il va ensuite retourner cet HTML dans la réponse HTTP vers le navigateur (3). Une fois que le navigateur a récupéré cet HTML, il va l'afficher puis charger l'application Angular en se servant du module principal (4).

2.2 Ajouter le rendu côté serveur

Partons d'une application nommée `ssr-app` créée tout simplement avec la CLI :

```
ng new ssr-app
```

Avant, il était plutôt laborieux de mettre en place le SSR dans son application Angular, du moins cela demandait pas mal de recherche car la documentation n'était pas complète. Depuis quelque temps, notamment avec les schematics, il est beaucoup plus aisé de le mettre en place.

Pour réaliser du SSR avec Angular, Angular Universal est utilisé. Il s'agit d'une technologie développée par les équipes d'Angular et qui est utilisable avec le schéma de projet `@nguniversal/express-engine`.

Il suffit alors de faire appel à `ng add` :

```
ng add @nguniversal/express-engine
```

Plusieurs fichiers sont ajoutés, et certains modifiés, comme on peut le voir ci-dessous :

```
CREATE src/main.server.ts (698 bytes)
CREATE src/app/app.server.module.ts (318 bytes)
CREATE tsconfig.server.json (396 bytes)
CREATE server.ts (2036 bytes)
UPDATE package.json (1453 bytes)
UPDATE angular.json (5165 bytes)
UPDATE src/main.ts (531 bytes)
UPDATE src/app/app.module.ts (438 bytes)
UPDATE src/app/app-routing.module.ts (285 bytes)
```

AppModule

Tout d'abord, le module `AppModule` est modifié pour y ajouter la notion de transition serveur :

```
import { BrowserModule } from '@angular/platform-browser';
import { NgModule } from '@angular/core';

import { AppRoutingModule } from './app-routing.module';
import { AppComponent } from './app.component';

@NgModule({
 declarations: [
   AppComponent
 ],
 imports: [
   BrowserModule.withServerTransition({ appId: 'serverApp' }),
   AppRoutingModule
 ],
 providers: [],
 bootstrap: [AppComponent]
})
export class AppModule { }
```

Module Serveur

Un module spécialement dédié au serveur est créé. Il importe l'AppModule ainsi que les modules nécessaires au rendu de l'application côté serveur.

Remarque

Tant que le module AppModule n'utilise rien que le SSR ne puisse gérer, il est possible de le garder tel quel. Cependant, si on ajoute un module propre au navigateur, il faut rajouter un découpage AppSharedModule + AppBrowserModule. Ainsi, le module du browser et le module du serveur peuvent importer tous deux le AppSharedModule pour tout ce qui est commun aux deux modules.

```
import { NgModule } from '@angular/core';
import { ServerModule } from '@angular/platform-server';

import { AppModule } from './app.module';
import { AppComponent } from './app.component';

@NgModule({
  imports: [
    AppModule,
    ServerModule,
  ],
})
export class AppServerModule {}
```

Jusque-là, le point d'entrée de l'application était le main.ts. Pour le SSR, un nouveau point d'entrée est créé pour l'application : main.server.ts. Cela veut dire qu'il y a deux points d'entrées, un pour la version du navigateur et l'autre pour le serveur.

```
/*****************************************************************************************************
 * Initialize the server environment - for example, adding DOM built-in types to the global scope.
 *
 * NOTE:
 * This import must come before any imports (direct or transitive) that rely on DOM built-ins being
 * available, such as '@angular/elements'.
 */
import '@angular/platform-server/init';
```

```
import { enableProdMode } from '@angular/core';

import { environment } from './environments/environment';

if (environment.production) {
  enableProdMode();
}

export { AppServerModule } from './app/app.server.module';
export { renderModule, renderModuleFactory } from
'@angular/platform-server';
```

On y exporte les éléments dont le serveur node aura besoin pour faire le rendu de l'application.

Ensuite, il est nécessaire d'ajouter de la configuration au niveau de TypeScript, notamment pour référencer le module serveur, dans un nouveau fichier `tsconfig.server.json`. Les fichiers `tsconfig.json` et `tsconfig.app.json` ne sont donc pas impactés.

```
{
  "extends": "./tsconfig.app.json",
  "compilerOptions": {
    "outDir": "./out-tsc/server",
    "target": "es2019",
    "types": [
      "node"
    ]
  },
  "files": [
    "src/main.server.ts",
    "server.ts"
  ],
  "angularCompilerOptions": {
    "entryModule": "./src/app/app.server.module#AppServerModule"
  }
}
```

Mise à jour du fichier de configuration angular.json

Enfin, tout est orchestré par le fichier `angular.json`. Un nouveau projet est ajouté au fichier et permet de compiler l'application pour le serveur, en utilisant les ressources que nous avons vues jusque-là :

```
        "server": {
          "builder": "@angular-devkit/build-angular:server",
          "options": {
            "outputPath": "dist/ssr-app/server",
            "main": "server.ts",
            "tsConfig": "tsconfig.server.json",
            "inlineStyleLanguage": "scss"
          },
          "configurations": {
            "production": {
              "outputHashing": "media",
              "fileReplacements": [
                {
                  "replace": "src/environments/environment.ts",
                  "with": "src/environments/environment.prod.ts"
                }
              ]
            },
            "development": {
              "optimization": false,
              "sourceMap": true,
              "extractLicenses": false
            }
          },
          "defaultConfiguration": "production"
        },
```

À ce stade, cela veut dire que nous pouvons générer le bundle client et le bundle serveur.

La commande `ng run` permet d'appeler une commande spécifiée dans `angular.json` avec la syntaxe :

```
// Syntaxe
ng run <Nom de l'application>/<Nom de la commande>

// bundle d'application pour le browser
ng build
```

```
ng run ssr-app:build

// bundle d'application pour le serveur
ng run ssr-app:server
```

Deux dossiers sont alors créés dans le dossier `dist`, pour le navigateur et pour le serveur :

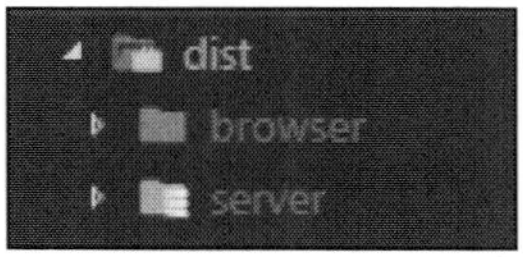

Il est important de comprendre qu'il est nécessaire de générer les deux bundles. Dans un premier temps, nous voulons permettre à Node.js de servir l'application via le bundle server, puis le bundle browser prendra le relais.

Le serveur Node.js

Maintenant que les bundles sont prêts, il ne reste plus qu'à ajouter le serveur Node.js.

Là aussi, la commande `ng add` a déjà tout préparé dans le fichier `server.ts`.

Pour effectuer le rendu de l'application côté serveur, c'est le package `@nguniversal/express-engine` qui est utilisé conjointement avec `express`, qui est un serveur web minimal et flexible en Node.js.

Le premier point intéressant est de voir l'import des éléments mis à disposition dans le bundle du serveur ; on y retrouve les éléments exportés dans le `main.server.ts`.

```
import { AppServerModule } from './src/main.server';
import { ngExpressEngine } from '@nguniversal/express-engine';

const server = express();
 // Our Universal express-engine (found @ https://github.com/
angular/universal/tree/master/modules/express-engine)
 server.engine('html', ngExpressEngine({
   bootstrap: AppServerModule,
 }));
```

La fonction ngExpressEngine est un wrapper qui permet de transformer les requêtes des clients en pages HTML générées par le serveur.

Remarque

Dans ce cas, c'est @nguniversal/express-engine qui est utilisé, mais plusieurs packages sont disponibles sur le GitHub Angular, comme @nguniversal/aspnetcore-engine par exemple. Voir : https://github.com/angular/universal

Ensuite, on spécifie le « view engine » et on configure les vues en spécifiant qu'elles se trouvent dans le DIST_FOLDER qui correspond au dossier de l'application pour le navigateur. La vue est représentée par le fichier index.html.

```
const distFolder = join(process.cwd(), 'dist/ssr-app/browser');
server.set("view engine", "html");
server.set("views", distFolder);
```

Pour le reste du fichier, l'ordre est important car c'est dans cet ordre que l'application web va essayer de traiter la requête.

Par défaut, aucune API n'est configurée, nous allons donc rajouter un nœud et dire, pour l'exemple, que toute URL qui commence par /api/data va retourner un json :

```
server.get("/api/data", (req, res) => {
 const result = {
   text: "from server"
 };
 res.json(result);
});
```

Ensuite, on met à disposition tous les fichiers statiques de notre distFolder (assets, etc.) :

```
// Serve static files from /browser
server.get('*.*', express.static(distFolder, {
 maxAge: '1y'
}));
```

Enfin, pour le reste, on utilise le moteur Universal d'Angular, puis on lance le serveur Node.js tout simplement :

```
// All regular routes use the Universal engine
server.get('*', (req, res) => {
   res.render(indexHtml, { req, providers: [{ provide:
APP_BASE_HREF, useValue: req.baseUrl }] });
 });

// Start up the Node server
server.listen(port, () => {
   console.log(`Node Express server listening on
http://localhost:${port}`);
 });
```

Lancer l'application

L'application est déjà préconfigurée avec des scripts pour les différents usages.

Pour lancer l'application avec du rendu côté serveur :

```
npm run dev:ssr
// Disponible sur localhost:4200 par défaut
```

Pour compiler l'application et le serveur pour la production :

```
npm run build:ssr
```

Pour lancer le serveur Node :

```
// D'abord build l'application pour que le serveur puisse l'exposer
ng run build:ssr
npm run serve:ssr
// Disponible sur localhost:4000 par défaut
```

Pouvoir exploiter l'API

Pour utiliser l'API, nous allons créer un service nommé `ApiService` :

```
import { HttpClient } from "@angular/common/http";
import { Injectable } from "@angular/core";
import { Observable } from "rxjs";

@Injectable({
 providedIn: "root"
})
export class ApiService {
```

```
  constructor(private http: HttpClient) {}

  getData(): Observable<ApiData> {
    return this.http.get<ApiData>("http://localhost:4000/api/data");
  }
}

export interface ApiData {
  text: string;
}
```

Remarque

À noter qu'il faut utiliser des URL absolues côté serveur lorsqu'on fait un appel d'API.

Pour utiliser le `HttpClient`, on met à jour le module `AppModule` pour y ajouter le `HttpClientModule` :

```
@NgModule({
  declarations: [AppComponent],
  imports: [
    BrowserModule.withServerTransition({ appId: "serverApp" }),
    AppRoutingModule,
    HttpClientModule
  ],
  providers: [],
  bootstrap: [AppComponent]
})
export class AppModule {}
```

Enfin, dans le composant `AppComponent`, on ajoute par injection de dépendance le service `ApiService` et on appelle la méthode `getData` :

```
import { Component, OnInit } from "@angular/core";
import { ApiService } from "./api.service";

@Component({
  selector: "app-root",
  templateUrl: "./app.component.html",
  styleUrls: ["./app.component.scss"]
})
export class AppComponent implements OnInit {
  title = "ssr-app";
```

```
 constructor(private apiService: ApiService) {}

 ngOnInit() {
   this.apiService.getData().subscribe(res => {
     console.log(res);
   });
 }
}
```

Utiliser les API du navigateur

Il n'est pas possible d'utiliser les API du navigateur côté serveur, il faut alors trouver un moyen de faire ces appels uniquement côté navigateur. Pour cela, Angular met à disposition un token dans l'injection de dépendance : PLATFORM_ID.

On peut alors mettre à jour le constructeur du composant AppComponent :

```
import { PLATFORM_ID } from "@angular/core";

constructor(
   private apiService: ApiService,
   @Inject(PLATFORM_ID) private platformId: string
 ) {}
```

Ensuite, une méthode est aussi disponible pour déterminer si la plateforme est un navigateur. C'est la méthode isPlatformBrowser qui prend en paramètre le platformId récupéré par injection.

Ainsi on peut, par exemple, au retour des données de notre API http, appeler une méthode propre au navigateur :

```
import { isPlatformBrowser } from "@angular/common";

 ngOnInit() {
   this.apiService.getData().subscribe(res => {
     this.title = res.text;

     if (isPlatformBrowser(this.platformId)) {
       // use browser API
       alert(res.text);
     }
   });
 }
```

3. La détection de changement

3.1 Pourquoi la détection de changement ?

Une application est basée sur un ensemble de modèles. L'objectif est de présenter ces modèles sous une forme ou une autre en tant qu'interface pour l'utilisateur. Dans le cas d'une application Angular, l'interface est le DOM, et donc le modèle est alors converti en un ensemble d'éléments DOM : des blocs, des listes, des éléments HTML 5, etc.

L'affichage de cette interface est relativement simple. D'une part, il y a une entrée, le modèle de l'application, il peut être sous forme d'objets, de tableaux, de références d'objets. D'autre part, il y a une sortie, le DOM. Ainsi, si l'on s'en tient à du rendu basique, une simple méthode de rendu suffirait.

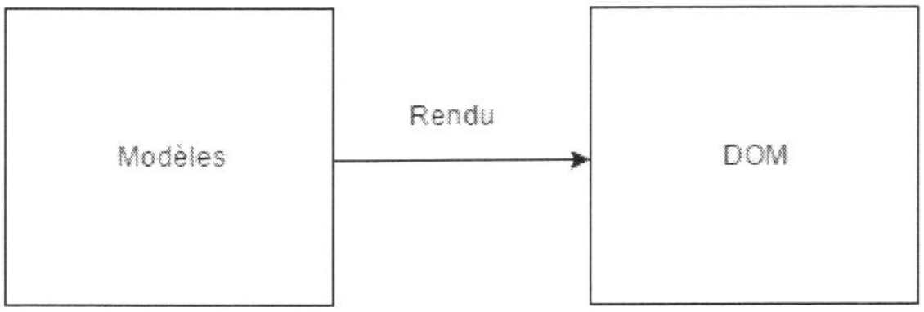

Or, le modèle change, et l'application doit traquer les changements du modèle pour pouvoir réajuster le DOM en conséquence pour l'utilisateur. Cela doit être fait rapidement pour offrir à l'utilisateur une expérience fluide et intuitive.

Ainsi, lorsque le modèle change, l'application doit accéder au DOM et cela est coûteux. En réalité, l'objectif est de minimiser le plus possible ces accès aux DOM.

Pour ainsi projeter les données dans l'interface utilisateur et la mettre à jour dynamiquement, de manière efficace, il faut d'abord identifier les sources qui peuvent provoquer des changements, elles sont au nombre de trois : les événements, les XHR et les timers.

Les événements

Les événements qui sont levés depuis le DOM, comme les clics ou même les validations de formulaires, activent une détection de changement. Ci-dessous, voici un exemple avec un composant qui affiche une entité framework.

```
interface Framework {
    name: string;
    version: number;
}
```

Le composant possède donc une propriété `framework` qui est initialisée dans le constructeur. Une méthode `upgrade` met à jour la version du framework, et cette méthode se lance lorsque l'utilisateur appuie sur le bouton mis à disposition.

```
@Component({
    selector: 'app-root'
    template: `
    <pre>{{framework | json}}</pre>
    <button (click)="upgrade()">Upgrade !</button>
    `
})
export class AppComponent {
    framework: Framework;
    constructor() {
            this.framework = {
            name: "Angular",
            version: 2
        };
     }

     upgrade() {
            this.framework.version = 4;
    }
}
```

En appuyant sur le bouton, un événement est déclenché, la détection de changement se lance donc.

Les XHR

Les requêtes envoyées à un serveur distant sont aussi une source de modification de l'état de l'application. Cela veut dire qu'une requête XHR active la détection de changement.

```
export class AppComponent {

    framework: Framework;

    constructor(private http: Http) {
    }

     ngOnInit() {
       this.http.get('http://apiUrl/getFramework')
      .subscribe(data => {
             this.framework = data.json();
         });
    }
}
```

Dans cet exemple, au moment de l'initialisation `ngOnInit` du composant `AppComponent`, une requête HTTP est faite vers une URL factice. Une détection de changement sera alors lancée par Angular.

Les timers

Les *timers* tels que `setInterval` ou `setTimeout` sont également sujets à modifier l'état de l'application.

```
SetTimeout(() => {
     this.framework.version = 12;
}, 1000);
```

Remarque

Le point commun entre toutes ces opérations est le fait qu'elles soient asynchrones.

Il faut alors lancer une détection de changement lorsque ces opérations asynchrones sont lancées, et mettre à jour le DOM en conséquence.

3.2 Les Zones, ou comment notifier Angular ?

Pour notifier Angular du moment auquel la détection de changement doit être effectuée, ce sont les **Zones** qui sont utilisées. Pour comprendre le concept des Zones, il est important de comprendre comment la *call stack* (pile d'exécution) fonctionne en JavaScript. JavaScript étant *mono thread*, il ne peut faire qu'une seule chose à la fois, ainsi, un code synchrone va remplir la *call stack* normalement puis la vider tout aussi normalement.

```
function methodB() {
}

function methodA() {
    methodB();
}

function main() {
    methodA();
}

main();
```

Ainsi la *call stack* passe par les états suivants :

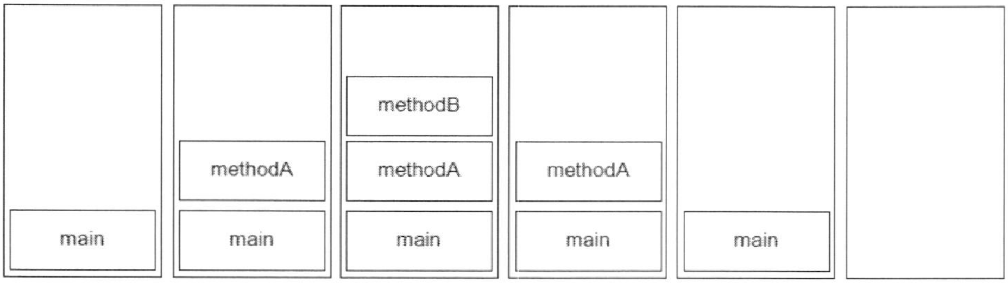

La méthode `main` est ajoutée dans la *call stack*, elle appelle la méthode `methodA` qui est aussi ajoutée à la *call stack*. La méthode `methodeB` est ensuite appelée par la méthode `methodA`, puis la *call stack* se vide tout naturellement.

Ce qu'il faut savoir, c'est que dans le cas des opérations asynchrones vues précédemment, le comportement est différent. Ainsi, les opérations asynchrones sont envoyées dans une queue du navigateur appelée `event queue`. Ensuite, dès que la *call stack* est vide, le premier *event* de l'`event queue` est enfin exécuté, et ainsi de suite.

C'est à ce moment-là que les Zones interviennent. Les Zones permettent de déclencher des actions lorsqu'un code commence à être exécuté ou bien à la fin de l'exécution de ce code, de cette Zone. Il est aussi possible d'associer un contexte à une zone et de manipuler des variables dans ce contexte, et c'est ce que fait Angular en utilisant la librairie `zone.js`. Ainsi, Angular étend du code existant, sans modifier le code original, pour rajouter les connexions nécessaires avec la détection de changement : on parle ici de *Monkey Patch*.

```
zone.run(() => {
    methodA();

    setTimeout(() => {
      // Code asynchrone
    });

    methodB();
}
```

Cela veut dire que, dans le code ci-dessus, le `setTimeout` qui est appelé n'est pas celui natif, mais une version "Monkey Patch" de la Zone, qui étend du code avant et après l'appel du vrai `setTimeout`. Cela se fait grâce à des `hooks` de Zone : `beforeTask`, `afterTask`...

Et Angular dans tout ça ?

En réalité, Angular utilise sa propre Zone `NgZone`, qui est une Zone qui met à disposition plusieurs APIs basées sur les observables. Justement, un des hooks mis à disposition est `onTurnDone`, et c'est en s'abonnant à ce hook qu'Angular lance une fonction nommée `tick`.

Cette fonction `tick` est essentielle, car elle parcourt tous les détecteurs de changement et leur demande de s'exécuter.

3.2.1 Le comportement de la détection de changement

La fonction `tick` exécute tous les détecteurs de changement, cela veut dire qu'il y en a plusieurs. En réalité, chaque composant possède son propre détecteur de changement, et cela est une bonne nouvelle, car il va alors être possible de gérer la détection de changement pour un composant spécifique, si besoin.

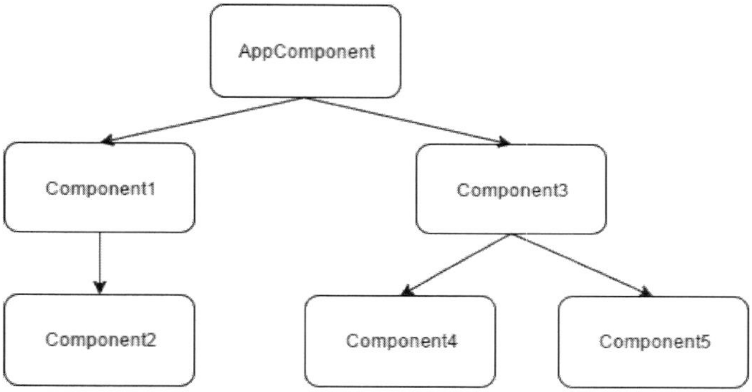

L'application Angular est un arbre de composant. Comme chaque composant possède un détecteur de changement, cela veut dire qu'il y a aussi un arbre de détecteur de changement. On parle ici du graphe de détection de changement, qui est un arbre dirigé et dont le flux de données est unidirectionnel. Cela signifie que le chemin est prévisible et donc plus rapide à parcourir.

Aussi, il faut savoir que la détection se fait toujours dans le même ordre, et cela de haut en bas, depuis la racine.

Remarque

En termes de performance, la détection de changement d'Angular est très rapide, car Angular génère du code adapté à la machine virtuelle JavaScript.

Dans l'état, tout cela veut dire qu'à chaque événement asynchrone, une détection des changements est faite, pour chaque composant de l'arbre.

Cependant, même si le code est optimisé, il est possible que l'état de l'application n'ait pas réellement changé, ou du moins qu'un composant n'ait pas changé et qu'il ne soit pas obligatoire d'exécuter son détecteur de changement.

3.2.2 L'immuabilité et la stratégie de détection de changement OnPush

La première question à se poser est : pourquoi Angular parcourt-il l'arbre entier à chaque fois qu'une détection de changement est lancée ?

Pour répondre à cette question, il faut d'abord comprendre le concept d'immuabilité et non-immuabilité (variable).

Tout d'abord, un objet JavaScript dont les propriétés sont modifiées garde la même référence. Cela veut dire qu'Angular ne peut pas savoir s'il y a eu un changement et doit donc se comporter comme si tout pouvait changer. C'est pour cela qu'Angular doit vérifier tous les composants dont les objets peuvent avoir des propriétés modifiées.

Par opposition, un objet immuable est un objet qui ne peut pas changer. En JavaScript, il n'y a donc pas cette immuabilité par défaut, sauf pour les primitives car ce sont des types valeurs et non des types références.

Il faut alors utiliser des librairies en JavaScript pour créer des objets immuables, ou développer le mécanisme soi-même. Ainsi, pour changer la propriété d'un objet, un nouvel objet avec une nouvelle référence doit être créé.

```
let objectA = {
name:"Daniel",
age:10
};

let objectB = Object.assign({},objectA,{age:10});
// objectA === objectB renvoie false
```

Par exemple, en utilisant `Object.assign`, le premier paramètre spécifie qu'il faut créer un objet vide, qui va être rempli avec les propriétés du deuxième paramètre, qui est la variable `objectA`. Puis la troisième variable spécifie qu'il faut changer la propriété age et lui assigner `10`.

Ensuite, en vérifiant l'égalité par référence de l'objet `objectA` et l'objet `objectB`, c'est bien `false` qui est renvoyé. Les objets sont bien deux objets différents avec une nouvelle référence pour l'objet `objectB`.

Remarque

La méthode `Object.assign` est disponible en JavaScript sans librairie externe, cependant certains navigateurs ne la supportent toujours pas. Pour utiliser la logique d'assignation, la librairie lodash est une bonne solution par exemple. De manière plus générale, des librairies comme `Immutable.js` permettent de manipuler des objets immuables de manière plus poussée.

Avec ce concept d'immuabilité, il est possible d'utiliser une nouvelle stratégie de changement, dite `OnPush`. En effet, avec un composant qui ne dépend que de ses inputs et dont la stratégie de détection de changement est définie en `OnPush`, Angular lancera le détecteur de changement de ce composant uniquement lorsqu'une référence d'un des inputs change.

Pour se faire une meilleure idée, voici un exemple avec le composant `FrameworkComponent`, qui prend un framework en input et qui l'affiche tout simplement. Le `FrameworkComponent` possède une stratégie de détection de changement `OnPush`.

Le composant FrameworkComponent

```
@Component({
    selector: 'app-framework',
    template: '<pre>{{framework | json}}</pre>',
    changeDetection: ChangeDetectionStrategy.OnPush
})
export class FrameworkComponent {
    @Input() framework: Framework;
}
```

En adaptant le composant `AppComponent` pour utiliser le `FrameworkComponent` et lui envoyer un objet `Framework`, la modification ne fonctionne plus.

```
@Component({
    selector: 'app-root',
    template: `
    <app-framework [framework]="framework" ></app-framework>
    <button (click)="upgrade()">Upgrade !</button>
```

```
`
})
export class AppComponent {
    framework: Framework;

    constructor() {
         this.framework = {
            name: "Angular",
            version: 2
        };
     }

    upgrade() {
        this.framework.version = 8;
    }
}
```

Le composant `FrameworkComponent` est bien utilisé et l'`input` est bien fourni. Cependant, la méthode `upgrade` modifie la propriété `version` de la propriété `framework`. Avec les nouvelles connaissances acquises, nous savons maintenant que la référence de l'objet `framework` est inchangée. Cela veut dire qu'Angular n'exécute pas la détection de changement du composant `FrameworkComponent`, car il est en stratégie `OnPush`.

Il faut alors réécrire la méthode `upgrade` pour que la propriété `framework` devienne un nouvel objet avec une nouvelle référence.

Une méthode upgrade qui change la référence de la propriété framework

```
upgrade() {
    //Retourne une nouvelle référence
    this.framework = Object.assign({}, this.framework,
{ version: 4 });
}
```

L'application fonctionne maintenant correctement, et le détecteur de changement ne se lance que lorsque la référence de `framework` change.

Pour rappel, l'arbre de composant, et donc des détecteurs de changement, est unidirectionnel, cela veut dire que si un composant dont la stratégie est `OnPush` se retrouve proche de la racine, tous les détecteurs de changement des composants enfants qui suivent dans l'arbre ne seront pas sollicités non plus.

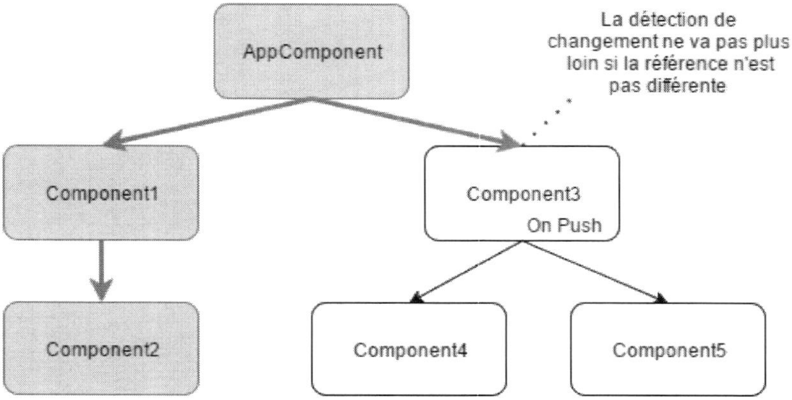

3.3 Encore plus de contrôle sur la détection de changement

Dans le composant, il est possible d'interagir avec le détecteur de changement du composant. Cela se fait en injectant `ChangeDetectorRef` venant de `@angular/core`.

```
import { ChangeDetectorRef } from '@angular/core';
...
constructor(private changeDetectorRef: ChangeDetectorRef) {
}
```

Il est alors possible de détacher complètement le détecteur de changement pour un composant et de le rattacher lorsque c'est nécessaire. Pour cela, il suffit d'appeler les méthodes `detach` et `reattach` du `ChangeDetectorRef`.

```
// Détacher le détecteur de changement
    this.changeDetectorRef.detach();

// Réattacher le détecteur de changemen
    this.changeDetectorRef.reattach();
```

Attacher et détacher le détecteur de changement permet d'implémenter une détection de changement locale du composant, à des fins d'optimisations. Par exemple, avec une grande quantité de données, qui de surcroît change plusieurs fois par seconde, il est intéressant de détacher le détecteur de changement et de lancer la détection manuellement, avec la méthode `detectChanges`, selon une logique interne.

Cela pourrait être un *timer* de cinq secondes qui s'en occupe, comme dans l'exemple ci-dessous.

```
constructor(private changeDetectorRef: ChangeDetectorRef) {
     this.changeDetectorRef.detach();
     setInterval(() => {
        this.changeDetectorRef.detectChanges();
    }, 5000);
}
```

4. Le cycle de vie d'un composant

Au cours du développement d'une application Angular, il est important d'être conscient du cycle de vie de cette application. L'application étant composée de composants, cela passe alors principalement par le cycle de vie des composants en soi.

Le cycle de vie d'un composant est géré par Angular, et c'est donc Angular qui s'occupe de créer le composant, puis de le rendre avec ses propriétés, et enfin de le détruire lorsque c'est nécessaire.

Angular fournit des hooks sur lesquels le développeur peut se brancher pour interagir avec le cycle de vie d'un composant, le terme exact étant **lifecycle hooks**.

4.1 La présentation des lifecycle hooks

4.1.1 Les différents hooks

Les *lifecycle hooks* sont disponibles sur les composants ainsi que les directives, les composants possédant quelques hooks spécifiques que les directives n'ont pas.

Les *lifecycle hooks* sont les suivants :

- `ngOnChanges` : est appelé lorsqu'un input est défini ou modifié. La méthode fournit un paramètre possédant les valeurs avant et après modifications des inputs concernés.
- `ngOnInit` : est appelé une seule fois après le premier `ngOnChanges`. Il permet d'initialiser le composant ou la directive après que les premiers *bindings* soient faits, les inputs sont chargés dans le composant à ce moment-là.
- `ngDoCheck` : est appelé après chaque détection de changement. Il permet de détecter soi-même des changements qu'Angular ne détecte pas par lui-même.
- `ngAfterContentInit` : est appelé après que le contenu externe soit projeté dans le composant (notamment avec la transclusion).
- `ngAfterContentChecked` : est appelé suite à la vérification du contenu externe projeté dans le composant.
- `ngAfterViewInit` : est appelé une fois que les vues du composant et de ses enfants sont initialisées.
- `ngAfterViewChecked` : est appelé après chaque vérification des vues du composant et de celles de ses enfants.
- `ngOnDestroy` : est appelé juste avant qu'Angular détruise le composant ou la directive.

Remarque

Les méthodes `ngAfterContentInit`, `ngAfterContentChecked`, `ngAfterViewInit` et `ngAfterViewChecked` sont exclusives aux composants. Les autres sont disponibles pour les composants ainsi que les directives.

4.1.2 Utiliser un lifecycle hook

L'utilisation des *lifecycle hooks* se fait en important `@angular/core`, les différentes interfaces y étant exposées.

```
import { OnInit, OnChanges, OnDestroy, AfterContentChecked,
AfterContentInit, AfterViewChecked, AfterViewInit, DoCheck } from
'@angular/core';
```

Il est ainsi possible d'implémenter chacune de ces interfaces en fonction des besoins du composant.

Implémentation de l'interface OnInit

```
import { OnInit } from '@angular/core';

export class LifecycleComponent implements OnInit {
     ngOnInit(): void {
     }
}
```

Ainsi, avec l'interface `OnInit`, il faut implémenter la méthode `ngOnInit`.

Remarque

Les interfaces n'existant pas au niveau du runtime JavaScript, Angular vérifie uniquement que les méthodes, dont `ngOnInit`, sont bien définies. Il n'est alors pas obligatoire d'implémenter l'interface. Il est tout de même conseillé de le faire pour la compréhensibilité du code.

4.2 Le cycle de vie d'un composant

Pour mieux comprendre l'ordre d'appel des *lifecycle hooks* principaux, un exemple permet de mieux se faire une idée. Pour cette partie, un composant `LifecycleComponent` va implémenter toutes les méthodes du cycle de vie d'un composant Angular, chaque méthode effectuant un simple `console.log`. Ce composant possède aussi un input `count`.

Composant LifecycleComponent avec des logs indicatifs

```
@Component({
    selector: 'app-lifecycle',
    template: `{{count}}`
})
export class LifecycleComponent implements OnInit, OnChanges,
OnDestroy, AfterContentChecked, AfterContentInit, AfterViewChecked,
AfterViewInit, DoCheck {

    /** count Getter/Setter */
    _count: number;
    get count(): number {
        return this._count;
    }
    @Input()
    set count(val: number) {
        console.log('count setter called with value : ' + val);
        this._count = val;
   }

    constructor() {
        console.log('Constructor called, count value is : ' +
this.count);
    }

    /** Lifecycle hooks implementations */
    ngOnInit(): void {
        console.log('ngOnInit called, count value is : ' +
this.count);
    }

    ngOnChanges(changes: SimpleChanges): void {
        console.log('ngOnChanges called with changes :');
        console.log(changes);
    }

    ngDoCheck() {
     console.log('ngDoCheck called');
    }

     ngAfterContentChecked(): void {
     console.log('ngAfterContentChecked called');
     }

     ngOnDestroy(): void {
```

```
        console.log('ngOnDestroy called');
    }

    ngAfterContentInit(): void {
        console.log('ngAfterContentInit called');
    }

    ngAfterViewChecked(): void {
        console.log('ngAfterViewChecked called');

    }

    ngAfterViewInit(): void {
        console.log('ngAfterViewInit called');
    }
}
```

L'input `count` est donc un setter avec un getter tout à fait normal. Cela permet de voir, à l'aide de `console.log` dans le setter, le `ngOnInit` et le constructeur du composant, l'état de la propriété `count`.

Le composant `AppComponent` possède alors un `LifecycleComponent` dans son template et lui fournit l'input `count` avec une valeur de `10`.

```
@Component({
    selector: 'app-root',
    template: `<app-lifecycle [count]="count"></app-lifecycle>`
})
export class AppComponent {
    count: number = 10;
}
```

Une fois lancée, l'application affiche sans surprise un simple **10** dans le navigateur, et en ouvrant la console du navigateur, la sortie est la suivante :

```
Constructor called, count value is : undefined
count setter called with value : 10
ngOnChanges called with changes :
▼Object {count: SimpleChange}
  ▼count: SimpleChange
      currentValue: 10
      firstChange: true
      previousValue: undefined
    ▶__proto__: Object
  ▶__proto__: Object
ngOnInit called, count value is : 10
ngDoCheck called
ngAfterContentInit called
ngAfterContentChecked called
ngAfterViewInit called
ngAfterViewChecked called
Angular is running in the development mode. Call enableProdMode() to enable the production mode.
ngDoCheck called
ngAfterContentChecked called
ngAfterViewChecked called
```

- Le constructeur est appelé en premier et l'input `count` n'est pas encore initialisé avec la valeur fournie par l'`AppComponent`.
- Le setter `count` est ensuite appelé, puis c'est le hook `ngOnChanges` qui est appelé une première fois en indiquant qu'un changement a eu lieu. En effet, la propriété `count` est passée de `undefined` à `10` et un booléen indique que c'est le premier changement de cette propriété.
- La méthode `OnInit` est appelée dans laquelle la propriété `count` est bien initialisée.
- Ensuite, la détection de changement s'y mêle et lance alors un premier `ngDoCheck` pour ensuite lancer les hooks `ngAfterContentInit` et `ngAfterContentChecked`, puis `ngAfterViewInit` et `ngAfterViewChecked` qui le sont.
- Enfin, `ngAfterContentChecked` et `ngAfterViewChecked` sont appelés une seconde fois, cette fois-ci sans leur homologue d'initialisation.

4.2.1 Le constructeur

Le constructeur n'est pas un *lifecycle hook*, mais c'est tout de même une phase du composant en soit : sa création. Il est appelé avant tous les *lifecycle hooks*. C'est à cet endroit que les dépendances sont injectées par Angular.

Il faut bien être conscient qu'au niveau du constructeur, les propriétés d'input ne sont pas encore renseignées.

Le constructeur est fait pour les initialisations non complexes et qui n'ont pas besoin d'utiliser les inputs du composant. Il faut vraiment voir le constructeur comme l'entité qui "construit" le composant, et non comme celui qui initialise le composant, ce sont deux concepts différents. C'est pour cela que le constructeur doit rester simple, léger, et n'initialiser que les variables locales du composant.

4.2.2 ngOnInit

L'initialisation du composant se fait dans la méthode `ngOnInit`. Les inputs sont renseignés à ce moment-là.

Pour effectuer une initialisation plus complexe et qui nécessite les données envoyées en input au composant, il faut utiliser ce hook. Il est appelé le plus vite possible après le constructeur, il n'y a alors pas d'inquiétude à avoir en termes d'expérience utilisateur. Ce hook étant un hook d'initialisation, il n'est appelé qu'une seule fois.

4.2.3 ngOnChanges

Le hook `ngOnChanges` est appelé à chaque fois qu'un input du composant est modifié par son appelant.

Cela veut dire que si le composant lui-même modifie la propriété, `ngOnChanges` ne sera pas appelé.

```
export class LifecycleComponent {
    changeValue(): void {
        this.count = 20;
    }
}
```

Dans l'exemple précédent, le setter sera bien appelé et le rendu du composant sera mis à jour, mais pas le hook `ngOnChanges` puisque le changement est effectué directement au sein du component.

La méthode `ngOnChanges` fournit les détails des modifications de chaque propriété, et cela se fait avec un paramètre `changes` de type `SimpleChanges`.

Structure de l'interface SimpleChanges venant de `lifecycle_hooks.d.ts (@angular/core)`

```
export interface SimpleChanges {
    [propName: string]: SimpleChange;
}
```

Ainsi, il est possible d'accéder aux données de la sorte :

Manipuler le `SimpleChanges` du `ngOnChanges`

```
ngOnChanges(changes: SimpleChanges): void {
    console.log('ngOnChanges called with changes :');

    let countChange = changes['count'];
    console.log(`count changed : '${countChange.previousValue}'
-> '${countChange.currentValue}'`);
}
```

Dans l'exemple précédent, le changement est récupéré sur la propriété `count`.

```
ngOnChanges(changes: SimpleChanges): void {
    for (let key in changes) {
        let change = changes[key];
        console.log(`${key} changed : '${change.previousValue}'
- > '${change.currentValue}'`);
    }
}
```

Dans l'exemple précédent, une boucle est effectuée sur tous les changements.

4.2.4 ngDoCheck

Le hook `ngDoCheck` est utilisé pour étendre la détection de changements. La détection de changements par défaut étant une comparaison par référence, cette méthode permet, par exemple, d'aller comparer les propriétés sous-jacentes des propriétés du composant. Cependant, cette méthode est énormément appelée et sa logique doit être la plus minime possible.

Remarque

Pour mieux comprendre la détection de changement, voir la section La détection de changement dans ce chapitre.

4.2.5 ngAfterContentInit

Le hook `ngAfterContentInit` est appelé après le premier `ngDoCheck` qui a suivi `ngOnInit`.

Mais concrètement, il est appelé une fois que le contenu externe a été projeté dans le composant courant via une balise `ng-content`.

Pour comprendre ce qui se passe réellement, prenons l'exemple d'une application qui possède un composant `CounterComponent`, qui affiche un nombre entier. Un autre composant `PopupComponent` existe et permet, en projetant du contenu au sein de celui-ci, de rendre ce contenu dans une popup. Cela se fait grâce à la balise `ng-content`.

Le composant `PopupComponent` avec `ng-content`

```
@Component({
    selector: 'popup',
    template: '<div class="popup"><ng-content></ng-content></div>'
})
export class PopupComponent {
}
```

Le composant est très simple, il possède une `div` avec une classe `popup`, puis la balise `ng-content`. Cela veut dire que le contenu projeté dans le composant `PopupComponent` sera placé à cet endroit.

Le composant `CounterComponent`

```
@Component({
    selector: 'counter',
    template: '<div>{{count}}</div>'
})
export class CounterComponent {
    @Input() count: number = 0;
}
```

Ainsi, le composant `AppComponent` peut projeter le `CountComponent` dans le `PopupComponent`.

```
@Component({
    selector: 'app-root',
    template: '<popup><counter count="10"></counter></popup>'
})
export class AppComponent {
}
```

Récupérer l'instance du CountComponent au sein du PopupComponent

Le composant `PopupComponent` n'est pas conscient qu'un `CounterComponent` est projeté. Cependant, grâce au décorateur `ContentChild` venant de `@angular/core`, il est possible de récupérer une référence du `CounterComponent`. Le `PopupComponent` devient alors :

Le `PopupComponent` et sa référence de `CounterComponent`

```
export class PopupComponent {
    @ContentChild(CounterComponent) counterComponent:
CounterComponent;

    ngAfterContentInit() {
       console.log(this.counterComponent.count);
    }
}
```

Grâce au hook `ngAfterContentInit`, il est assuré que l'instance du `CounterComponent` est bien définie, car Angular a donc fini d'initialiser le contenu du `PopupComponent`, et donc, par extension le `CounterComponent`.

4.2.6 ngAfterContentChecked

Le hook `ngAfterContentChecked` est appelé après chaque vérification du contenu projeté dans le composant.

La méthode est appelée après `ngAfterContentInit` pour la première fois, puis après chaque `ngDoCheck`.

4.2.7 ngAfterViewInit

Une fois que la vue du composant et celle de tous ses composants sont initialisées, le hook `ngAfterViewInit` est appelé.

La méthode est appelée une seule fois, après le premier `ngAfterContentChecked`.

Comme pour le `ngAfterContentInit`, le `ngAfterViewInit` permet de récupérer une instance d'un composant au sein de la vue. C'est exactement le même concept que le couple `ContentChild/ngAfterContentInit`, mais cette fois-ci seuls les composants directement intégrés dans le composant sont concernés. Ainsi, les composants insérés via une projection de contenu dans une balise `ng-content` ne sont pas concernés.

En reprenant l'exemple précédent du composant `AppComponent` possédant un `PopupComponent` dans son template directement, il est possible de récupérer une référence du `PopupComponent` à l'aide de `ViewChild`.

Le composant `AppComponent` et sa référence de `PopupComponent`

```
export class AppComponent {
    @ViewChild(PopupComponent) popupComponent: PopupComponent;

     ngAfterViewInit() {
      console.log(this.popupComponent);
    }
}
```

Ainsi, le hook `ngAfterViewInit` permet de savoir le moment où le `PopupComponent` est bien initialisé, et donc le moment où la propriété `PopupComponent` est définie.

4.2.8 ngAfterViewChecked

Lorsque les liaisons du composant et de ses composants enfants ont été vérifiées, le hook `ngAfterViewChecked` est appelé, même si rien n'a changé. En général, ce hook permet de gérer les cas où le composant en question attend une modification d'un composant enfant.

`ngAfterViewChecked` est appelé après `ngAfterViewInit`, puis après chaque `ngAfterContentChecked`.

4.2.9 ngOnDestroy

C'est le hook permettant de réaliser le nettoyage adéquat du composant avant sa destruction. C'est ici que le composant doit se désabonner de ses observables et *event handlers* auxquels il s'est abonné.

!

A

B

C

F

G

H

I

J

K

L

M

N

O

P

T

U

V

Z